INHALT

SUPPEN

HAUPTSPEISEN

DESSERT

NACHSCHLAG

VORWORT

Ein richtig gutes Hotel erkennt man erst beim Frühstück. Nicht an Sternen (die Klassifizierung hängt von der Ausstattung ab), nicht an Bewertungen im Internet (was ist dem Menschen hinter der Hymne oder dem Verriss wichtig?), nicht nur an der Qualität der Betten (wobei: je älter ich werde, desto mehr weiß ich auch die zu schätzen), nicht am Abendessen (da kann die Küche sich einerseits verwirklichen, aber andererseits bei der Produktqualität tarnen und täuschen) und auch nicht an der Anzahl und Größe der Schwimmbäder (auf die Wasserratten wie ich gern reinfallen). Sondern am Frühstück.

Das Frühstück sagt alles über ein Haus. Wonach riecht es, wenn man aus dem Zimmer kommt? Das ist ja ein heikler, intimer Moment, weil der Übergang zwischen Schlafen und Tatendurst normalerweise nicht unter Beobachtung fremder Menschen stattfindet. Wenn sich der penetrante Geruch von Aufbackbrötchen breitmacht oder der von billigstem Speck von armen Schweinen, dann wird das mit dem guten Tag schwierig. Beim Buffet gilt auch der erste Blick dem Brot: gummiges Mischbrot aus der Bäckerei, aufgeblasene Maschinsemmeln und bröseliges Vollkornbrot, mit viel Malz dunkel gefärbt? Einzeln in Plastik verpackte Butter, Honig, Frischkäse, Leberwurstaufstrich, alles fade Industrieware von garantiert nicht artgemäß gehaltenen Tieren? Aufschnitt und Käse in tausend Formen, aber ohne Hinweis auf Herkunft und Tierhaltung? Nach Kühlhaus riechender Fruchtsalat aus faden Äpfeln, harten Birnen und ganzjährig gut gespritzten Trauben aus Spanien oder Südafrika? Wer sich da beim Ei noch zu fragen traut, ob es vielleicht mit etwas Glück aus Freilandhaltung kommt, weil das Wort „bio" außer auf Früchteteepackerln gänzlich unbekannt zu sein scheint, bekommt den morgendlichen Tapferkeitsorden.

Ich habe diese Geringschätzung der Gäste, der Lieferantinnen, der Bauern wirklich satt. Es geht nicht um besonders viel Auswahl, sondern um ein Mindestmaß an Qualität. Es gibt nur wenige Hotels, in denen ich länger als eine Nacht bleiben mag. Der Daberer steht ganz oben auf der Liste, weil hier alles anders ist. Der Daberer duftet den ganzen Tag. Zart, natürlich, nach Holz, Kräutern und gutem, hausgemachtem Brot. Das Restaurant ist voller Licht und lässt den Blick frei ins Grün. Es gibt für jeden Gusto Frühstück. Eine Woche reicht nicht, um die Vielfalt an hervorragenden Lebensmitteln – viele davon aus persönlich bekannter Herkunft – allein beim Frühstück durchzukosten: die Rohmilchkäse und den Hirschleberaufstrich, das täglich wechselnde warme Getreidefrühstück (der Apfel-Mohn-Porridge steht auf S. 98, juhu!), die Gemüse, Aufstriche und Früchte, das hausgemachte Granola, den gebeizten Fisch, den richtig guten Kaffee, Eierspeisen mit kleinem Twist und Kräutern. Und natürlich inkl. Schinken oder Speck #allesbio. Wer Fermentiertes oder pikante Suppe mag: alles da. Hier esse ich als Vollkorn-Geschädigte (in meiner Jugend hatte meine Mama einen Bioladen, natürlich aßen wir das alte Brot, das nicht verkauft wurde) wieder Vollkornbrot, ungläubig, wie gut und saftig selbst Dinkelweckerl schmecken können. So geht Hotelfrühstück.

Ich könnte mit einer ähnlichen Huldigung der Mittagssalate und -suppen, des Nachmittagskuchens (die Mohnpotize!) und vor allem des wahnsinnig guten, abwechslungsreichen Abendmenüs von Florian Bucar und seinem Team fortsetzen. Die Küche beim Daberer ist der Hauptgrund, warum wir immer wieder kommen. In keinem anderen mir bekannten Hotel kann ich mehrere Tage hintereinander zu jeder Tageszeit so gut essen, aus so guten Zutaten, wie ich sie auch zuhause kaufe und verwende. Mit vielen Ideen und Zubereitungen, die ich wegen des Aufwands scheuen würde, oder sie würden mir nicht einfallen. Hier kann ich spielerisch sogar ein mehrgängiges veganes Abendmenü probieren (die Einschätzung, dass gute pflanzliche Gerichte immer wichtiger werden, teile ich mit Souschefin Stefanie Sonnleitner), nach dem ich in Wien lange suchen – und es selbst dann nicht in Bio-Qualität finden – würde.

Dank Marianne Daberers Sinn für modernes, geradliniges, nachhaltiges Design und natürliche Materialien fühlt man sich an jedem Platz im und ums Haus so wohl, dass man schon beim Ankommen traurig ist, irgendwann wieder wegfahren zu müssen. Dass sie nun in diesem Buch die Daberer-Küche mit uns teilt, finde ich großzügig – und gefinkelt. Denn natürlich ist es super, Florians Kniffe und Rezepturen bei der Hand zu haben, den Daberer-Spirit für zuhause. Aber was der eigentliche Zweck dahinter ist, ist uns doch allen klar: das alles im Gailtaler Schlaraffenland mit dem Ausblick, dem Service, der Luft, dem Verwöhntwerden beim Daberer morgens, mittags, nachmittags und abends serviert zu bekommen. Und folglich gleich den nächsten Urlaub am Lieblingsort zu buchen, bei denen mit dem Vogel. Mission accomplished!

Katharina Seiser

Autorin und Herausgeberin erfolgreicher Kochbücher, darunter Bestseller wie Immer schon vegan, Immer wieder vegan, Österreich vegetarisch u.v.a.m.

VOM LOCKDOWN ZUM KOCHBUCH.
ES IST DAS, WAS WIR DARAUS MACHEN.

Ein Kochbuch vom Daberer. Das wünschen sich viele unserer Gäste. Schon lange. In meinem Kopf schwirrt der Gedanke auch schon länger. Ein oder zweimal habe ich das auch bei unserem Küchenchef Florian angesprochen. Begeisterungsstürme habe ich dafür keine geerntet. Also lassen wir es. Ist auch viel Arbeit. Und dann ... dann kam der März 2020 und alles wurde anders.

Mit dem März 2020 kam Corona. Und wir mussten unser Haus von heute auf morgen schließen. Eine surreale Situation. Da ist es wohl vielen ähnlich ergangen. Am Tag als die letzten Gäste abgereist sind, habe ich einen Spaziergang durch den Wald gemacht. Es lag kein Schnee mehr. Ich bin an der Westseite des Waldteichs den Berg nach oben geklettert. Quer durch den Wald. Keine Ahnung was ich da oben gesucht habe. Vielleicht war ich einfach auf der Suche nach einer neuen Perspektive.

Meine Gedanken waren klar. Wie das Wasser im Waldteich. Ich habe versucht über die nächsten Schritte nachzudenken. Was ist ein Hotel, in dem man nicht urlauben kann, wert? Wie bleiben wir trotzdem in Erinnerung? Wie bringen wir all den Gästen, denen wir absagen müssen, den Daberer nachhause? Wie bleibe ich selbst mit der Außenwelt in Kontakt? Was tut mir jetzt gut?

Und so kam es, dass wir in Zeiten von #stayathome unseren eigenen Hashtag entwickelt haben – #dabererathome. Instagram war unsere Homebase und unser Kontakt nach außen. Florian hat mir direkt aus seiner privaten Küche Rezepte und dazu passende Fotos geschickt. Und ich habe sie online gestellt. Es hat uns gutgetan, eine Aufgabe zu haben, und die Daberer-Community hat sich über die Hacks aus unserer Küche gefreut.

So wurde die Rezeptsammlung immer größer und die Fotos wurden immer mehr. Anfang Juni 2020 haben wir unser Hotel dann wieder eröffnet und die Rezepte wurden weniger. Waren wir doch glückselig, endlich wieder Gäste im Hotel zu haben. Ja und dann, dann ging das Spiel wieder von vorne los. Wir mussten unser Hotel vom 1. November 2020 bis 19. Mai 2021 geschlossen halten. Damit hatte niemand gerechnet.

Noch dazu war der Winter so schneereich wie selten. Und auch die Sonne hat uns verwöhnt. Einfach schräg, dass wir bei *dem* Wetter geschlossen halten mussten. Während meine drei Männer jeden Tag auf der Skipiste waren, habe ich mich gefragt, wie es weitergehen soll. Wie beschäftigen wir unsere Mitarbeiter in Kurzarbeit sinnvoll? Wie nutzen wir die Zeit? Ja, und da war er dann wieder, der Gedanke vom Beginn.

> **„Was ist ein Hotel, in dem man nicht urlauben kann, wert?**

Machen wir doch ein Kochbuch! Im Guerilla-Style. Ohne Fotografen-Fotos. Einfach so echt und authentisch, wie es entstanden ist. Florian in seiner privaten Küche. Das Handy in der Hand. Seine Frau und seine zwei hungrigen Kinder in der Warteschleife. Die Rezepte von #dabererathome als Basis. Ergänzt um weitere. Verfeinert um Tipps und Tricks und Geschichten vom Daberer. So einfach. So gut. Und weil das ja viel mehr Arbeit ist, als man so im ersten Leichtsinn denkt, war es gut, uns mit Stefanie, unserer Souschefin, und Bianca, unserer Rezeptionschefin, zwei weitere Stützen ins Team zu holen. Bianca hat uns Struktur gegeben und das Projekt vorangetrieben. Stefanie hat Florian bei der Rezeptfindung und bei den Tipps und Küchenhacks unterstützt.

Und dann begann die wahre Arbeit. Ja! Wir haben die Idee verflucht. Mehr als einmal. Erfahrene Buchautoren haben mir bestätigt, dass ein gewisses Maß an Frust durchaus im Rahmen ist. Da muss man durch. Und da stehen wir jetzt. Zehn Monate später.

Habt Freude beim Lesen, beim Kochen, beim Schmökern. Denkt an uns und lasst den besonderen Charme dieses auf eigene Art und Weise entstandenen Buchs auf euch wirken.

Marianne Daberer

UNSERE LIEBLINGS-KÜCHENTOOLS

Messer
Ein gutes, großes Messer muss scharf sein, lange scharf bleiben und sich gut nachschärfen lassen. Daher lohnt es sich in ein hochwertiges Messer zu investieren. Billige Messer sind auf lange Sicht immer teurer, da sie die oben genannten Kriterien nicht erfüllen. Und mit ein wenig Übung ist es sogar leichter, mit einem großen Messer zu schneiden als mit einem kleinen.

Übrigens: Messer gehören NIE in die Spülmaschine. Das macht sie schneller stumpf.

Ein schmäleres, flexibles Messer wird zum Zuputzen von Fleisch und zum Filetieren von Fischen verwendet.

Tournier- oder Schälmesser
Ein Tournier- oder Schälmesser ist ein kleines Messer mit einer gebogenen Klinge. Es wird zum Schälen von Gemüse, wie z.B. blanchierten Tomaten, verwendet. Man kann damit – wie der Name schon sagt – aber auch Gemüse tournieren, also in Form schneiden.

Sparschäler
Ein Sparschäler gehört in jede Küche. Zum Gemüseschälen, aber auch für große Streifen von Zitronen- oder Orangenschalen.

Messerschleifer
Einen Wetzstahl oder Messerschleifer verwendet man zum händischen Nachschleifen von Messern. Sie sind für den Alltag gedacht. Gute Messer sollten – je nach Häufigkeit des Einsatzes – zusätzlich regelmäßig vom Fachmann geschliffen werden.

Schmortopf
Ein guter Schmortopf ist meist schwerer als herkömmliche Töpfe und hat vor allem einen gut schließenden Deckel. Er eignet sich hervorragend für die Zubereitung von Schmorgerichten wie Gulasch, aber auch Sauce Bolognese.

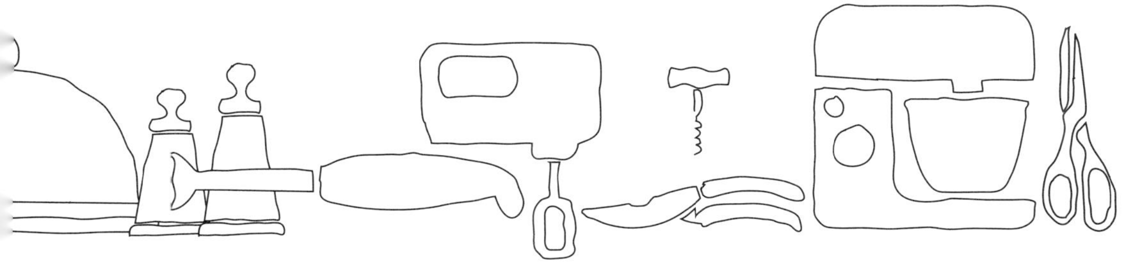

Pfannen
Pfannen mit oder ohne Beschichtung haben jeweils ihre Vorteile. In Pfannen mit Beschichtung lässt sich ohne Anlegen anbraten. Pfannen ohne Beschichtung eignen sich hingegen für höhere Temperaturen, wie sie beim Frittieren benötigt werden.

Mörser
Einen Mörser oder eine Gewürzmühle verwendet man zum Zerkleinern getrockneter Kräuter bzw. Gewürze. In einem Steinmörser kann man auch frische Kräuter zerkleinern und z.B. Pesto händisch herstellen.

Stabmixer
Für einen Stabmixer gibt es im Haushalt viele Einsatzbereiche. Die zu mixenden Mengen sind oft nicht so groß, dass man einen großen Mixbecher braucht. Achten sollte man auf eine gute Motorleistung, sonst können Stabmixer bei festeren Massen schnell kaputtgehen.

Küchenmixer
Der Küchenmixer ist ein weiteres Gerät, bei dem sich sparen nicht lohnt. Ein Hochleistungsmixer definiert sich über die Motorleistung. D.h. er mixt schneller und hält auch mehr aus. Es lohnt sich, lieber mehr auszugeben und dafür lange Freude am Mixer zu haben.

Feinreibe
Feinreiben sind kleine, sehr scharfe Reiben, sie haben oft die Form einer Feile. Sie liefern – wie der Name schon sagt – ein sehr feines Ergebnis und sind enorm praktisch zum Reiben von Zitronenschale oder Muskatnuss.

Gemüsehobel
Ein Gemüsehobel erleichtert das Schneiden feiner Scheiben, z.B. von Radieschen, Gurken und Fenchel.

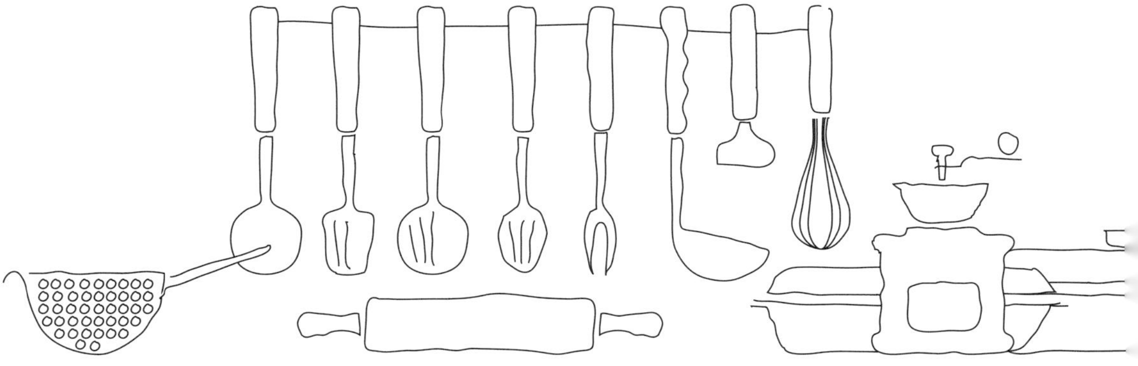

Pinzette
Eine große Pinzette oder Zange hat in der Haushaltsküche viele Einsatzbereiche. Sie kann beim Anrichten helfen, ist aber auch ein nützliches Tool beim Anbraten oder Frittieren. Mit ihr lässt es sich deutlich leichter wenden als mit jedem anderen Werkzeug.

Palette
Paletten sind echte Alleskönner in der Küche. Man kann sie zum Verstreichen von Teig, zum Anrichten, zum Wenden, zum Dekorieren und für vieles mehr verwenden.

Teigkarte
Eine Teigkarte ist beim Brotbacken unverzichtbar. Wir brauchen sie auch für Gnocchi oder Buchteln.

Teigspachtel
Ohne eine Teigspachtel können wir uns unsere Küche gar nicht vorstellen. Nicht nur für Teige, sondern auch zum sauberen Umfüllen in allen anderen Bereichen der Küche.

Passiertuch/Etamin
Ein Passiertuch verwendet man, um Flüssigkeiten von Trüb- und Schwebstoffen zu trennen. Es kommt also bei der Klärung von Suppen, der Herstellung von Essigen und auch für grüne Öle zum Einsatz. Zum Passieren von Fonds oder klaren Suppen eignet sich auch eine Stoffwindel sehr gut.

Küchentuch
Ein robustes Küchentuch zeichnet sich durch einen hohen Leinenanteil und eine ebensolche Webdichte aus. Je besser das Hangerl, desto weniger verbrennt man sich. Müssen wir mehr sagen? Und sie halten länger.

Latzschürze
Eine Latzschürze hat den Vorteil, dass das Oberteil sauber bleibt. Schürze weg und schon kann man sich auch bei den Gästen sehen lassen.

Schamotte
Schamotte sind künstlich hergestellte Platten oder Steine, die besonders hitzebeständig sind. Sie speichern Hitze enorm gut und verbessern damit im Haushalt die Ergebnisse beim Backen von Brot, Pizza und Flammkuchen deutlich.

Schneidbrett
Ein großes, massives Schneidbrett ist ebenfalls eine Investition, die sich lohnt. Mit einem großen Messer schneidet es sich schlecht auf einem kleinen Brett. Große Bretter verrutschen außerdem nicht und erleichtern so das flüssige Arbeiten.

Rührwerk
Ein Rührwerk bzw. eine Küchenmaschine verwendet man zum Vermischen von Teigen oder Aufschlagen von Eiern. Auch hier macht die Stärke des Motors einen echten Unterschied. Außerdem sollte das Augenmerk darauf sein, dass der Kessel für den geplanten Einsatzbereich groß genug ist.

Nudelholz
Beim Nudelholz zählt die Größe. Auch wenn ein kleines Nudelholz praktisch ist für Stückgebäck wie Kipferln oder Salzstangerln. Für das Ausrollen der meisten Teige ist es gut, wenn das Nudelholz groß ist. Ein großes Nudelholz hat ein größeres Eigengewicht, das hilft beim Ausrollen.

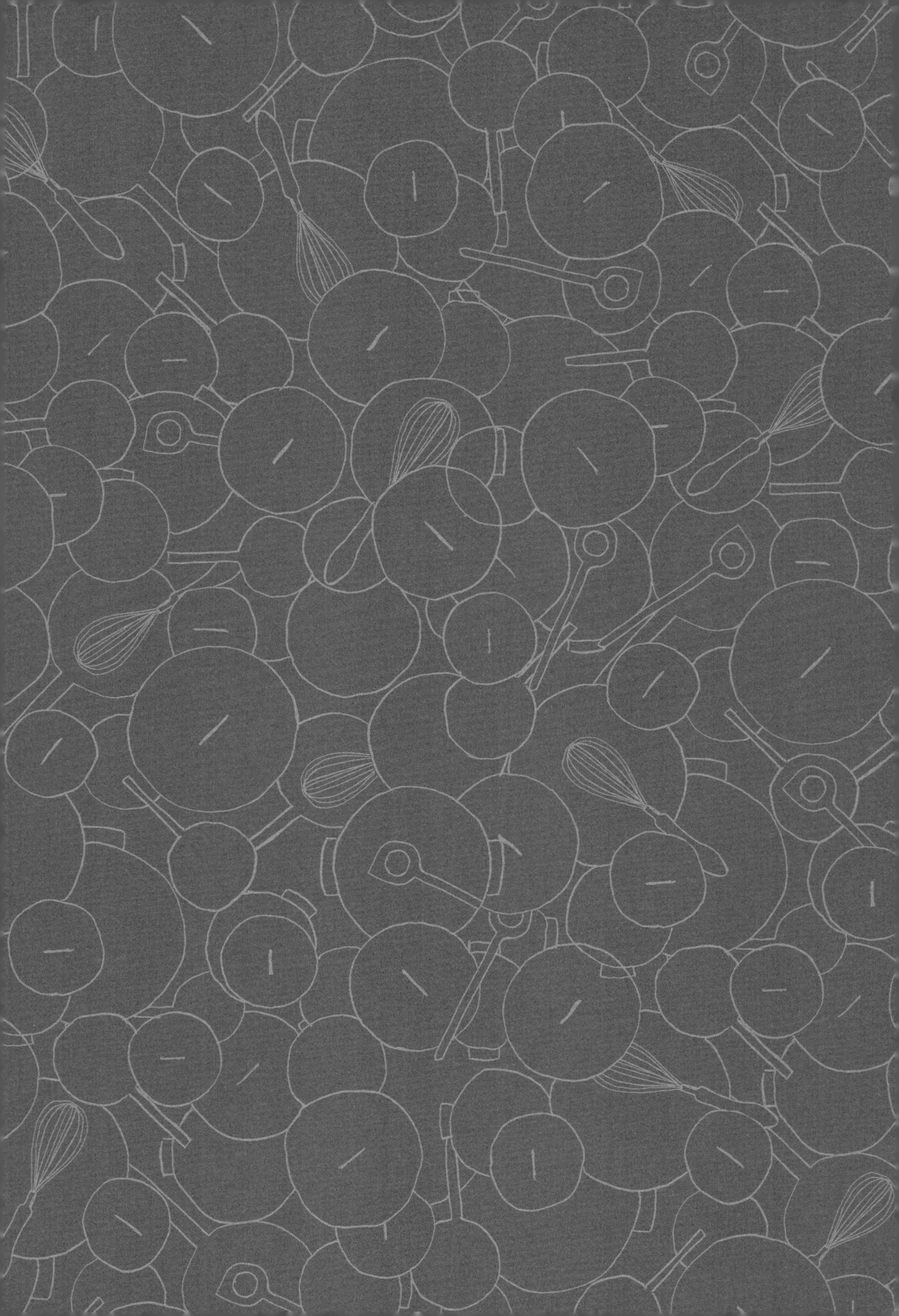

VORRÄTE

VEGETARISCH, VEGAN MÖGLICH

MAIWIPFERLESSIG

IM FRÜHLING SIEHT MAN FLORIAN DURCH UNSEREN WALD HINTER DEM HAUS HUSCHEN. UNTER DEM ARM EINEN GROSSEN KORB, IN DEM DIE MAIWIPFERL FÜR DEN ESSIG UND DEN SIRUP LANDEN. WAS FÜR EIN LUXUS.

Zutaten für ca. 1 l

500 g Fichten- oder Tannenwipferl

6 Wacholderbeeren, angedrückt

1 l guter Apfel- oder Weißweinessig

optional Waldhonig

außerdem

1 Einmachglas à ca. 3 l

Flaschen mit Korken, Bügel- oder Twist-off-Verschlüssen

Wipferl sammeln, waschen und anschließend in einer Salatschleuder trocknen. Das Einmachglas auswaschen. Wipferl und Wacholderbeeren in das Glas geben und mit Essig aufgießen. Das Glas gut verschließen und den Essig für 2 Monate bei Raumtemperatur lichtgeschützt ziehen lassen.

Wenn man den aromatisierten Essig etwas lieblicher mag, mit etwas Waldhonig abschmecken. Den fertigen Essig durch ein Etamin (Passiertuch) filtrieren und in sterilisierte Flaschen abfüllen. Bei Raumtemperatur lichtgeschützt gelagert hält er mindestens 1 Jahr.

Der Maiwipferlessig passt sehr gut zu Pilzgerichten, Wurzelgemüse, Wildgerichten oder Ente.

VEGAN

MAIWIPFERLSIRUP

ESSBARER WALD. DA GEHÖREN MAIWIPFERL DEFINITIV DAZU. BEI DER ERNTE BITTE NIE DEN HAUPTTRIEB VERWENDEN, SONDERN NUR EIN BIS ZWEI WIPFERL PRO AST.

Zutaten für ca. 1 l

500 g Fichten- oder Tannenwipferl

1,5 kg brauner Zucker

außerdem

2 Einmachgläser à 750 ml

Einmachgläser zum Abfüllen

Die Wipferl sammeln, waschen und anschließend in einer Salatschleuder trocknen. Die 2 Einmachgläser heiß auswaschen, damit sie möglichst steril sind.

Abwechselnd Wipferl und braunen Zucker einschichten, bis die Gläser gut gefüllt sind. Die oberste Schicht muss mit Zucker abschließen, damit die obersten Triebe nicht zu faulen beginnen. Die Gläser gut verschließen und für 1 Monat auf eine sonnige Fensterbank stellen.

Inhalt der Gläser durch ein Sieb in einen Topf gießen. Sirup aufkochen und bei niedriger Hitze reduzieren, bis er eine honigartige Konsistenz hat.

Die Deckel in Wasser abkochen. Die Gläser gut auswaschen und bei 180 °C Heißluft für 10 Minuten zum Sterilisieren ins Backrohr stellen.

Den Sirup noch heiß in die Gläser abfüllen und sofort verschließen. Der Sirup ist dann mindestens 1 Jahr haltbar.

..... T!PP ....

Damit der Sirup nicht nach ein paar Monaten zu kristallisieren beginnt, müssen Gläser und Deckel vor dem Befüllen vollständig trocken sein. Deshalb gut abtrocknen.

Angebrochene Gläser im Kühlschrank lagern und innerhalb von 1 Monat aufbrauchen.

Die verwendeten Wipferl können mit Essig bedeckt in einem Einmachglas gelagert und gehackt für Desserts oder in Wildsauce als Gewürz eingesetzt werden.

VEGETARISCH, VEGAN MÖGLICH

FRUCHTESSIG

WIR SIND ESSIGFANS. WOHLDOSIERT KANN ER VOM SALAT BIS ZUM DESSERT ÜBERALL EINGESETZT WERDEN.

Zutaten für ca. 1,1 l

1 l Weißweinessig (mindestens 7% Säuregehalt)

250 g Beeren oder Früchte (Himbeeren, Schwarzbeeren, Ribiseln, Dirndln, entkernte und in Spalten geschnittene Zwetschken, Kirschen, Marillen ...), sortenrein oder gemischt

optional 1–3 EL Honig

außerdem

1 Einmachglas à ca. 2 l

Flaschen mit Korken, Bügel- oder Twist-off-Verschlüssen

Essig mit Beeren oder Früchten in einem Einmachglas mischen, verschließen und für rund 3 Wochen lichtgeschützt an einem warmen Ort stehen lassen. Währenddessen öfters aufschütteln.

Nach dieser Zeit eine Kostprobe nehmen. Falls das Fruchtaroma noch zu schwach ausgeprägt ist, den Essig noch ein paar Tage ziehen lassen.

Den fertigen Essig durch ein Sieb abseihen. Anschließend durch ein Etamin (Passiertuch) filtrieren, damit sich später keine Fruchtfleisch-Reste am Boden der Flasche absetzen. Nach Geschmack Honig einrühren, um den Geschmack abzurunden. Den fertigen Essig in Flaschen abfüllen.

VEGETARISCH, VEGAN MÖGLICH

BLÜTEN- UND KRÄUTERESSIG

APFELESSIG IST EIN SAURER ALLESKÖNNER. WIR PRODUZIEREN UNSEREN APFELESSIG SELBST UND VERWENDEN IHN PUR ODER IN DEN HIER BESCHRIEBENEN VEREDELTEN VERSIONEN. PRÄDIKAT: SAUER, GESUND UND MMMMH.

Blüten vorsichtig ausschütteln, um sie zu reinigen. Essig mit Blüten oder Kräutern im Einmachglas mischen, verschließen und für rund 3 Wochen lichtgeschützt an einem warmen Ort stehen lassen. Währenddessen öfters aufschütteln.

Nach dieser Zeit eine Kostprobe nehmen. Falls das Aroma noch zu schwach ausgeprägt ist, den Essig noch ein paar Tage ziehen lassen.

Den fertigen Essig durch ein Sieb abseihen. Anschließend durch ein Etamin (Passiertuch) filtrieren, damit sich später keine Reste von den Blüten und Kräutern am Boden der Flasche absetzen. Nach Geschmack Honig einrühren, um den Geschmack abzurunden. Den fertigen Essig in sterilisierte Flaschen abfüllen.

Zutaten für ca. 1 l

1 l Apfel- oder Weißweinessig (mindestens 7% Säuregehalt)

100 g Blüten (Hollerblüten, Rosenblüten, Lindenblüten oder Kapuzinerkresse) oder Kräuter

optional 1–3 EL Honig

außerdem

1 Einmachglas à ca. 2 l

Flaschen mit Korken, Bügel- oder Twist-off-Verschlüssen

..... T!PP ....

Blüten und Früchte, die nach dem Abseihen übrig bleiben, können zum Verfeinern von Gerichten verwendet werden. Besonders gerne verwenden wir Hollerblüten, Maiwipferl und Dirndln weiter. Beerenobst eignet sich dafür weniger, weil es beim Einlegen meistens die Struktur verliert.

VEGAN, BASISCH

GRÜNES KRÄUTERÖL

ES GRÜNT SO GRÜN, WENN WIR KRÄUTER FÜR DEN WINTER KONSERVIEREN. NEIN. HEUTE WIRD NICHT GETROCKNET. HEUTE MACHEN WIR EIN GRÜNES ÖL.

Einen Topf mit Wasser zum Kochen bringen und gut salzen. Die Kräuter für 5 Sekunden blanchieren. Anschließend sofort in einer Schüssel mit kaltem Wasser und Eiswürfeln abschrecken. Aus dem Wasser heben und kräftig ausdrücken, bis kein Wasser mehr austritt.

Die Kräuter grob hacken. Zusammen mit dem Öl und 1 guten Prise Salz in einen Standmixer geben. Für 5 Minuten kräftig mixen. Dadurch gehen die ätherischen Öle und das Chlorophyll in das Öl über.

In der Zwischenzeit ein Sieb mit einem Kaffeefilter oder Teebeutel auslegen und eine Schüssel darunterstellen.

Das Öl aus dem Mixer in das ausgelegte Sieb schütten und abtropfen lassen. Nicht durch das Sieb drücken, sondern auf natürliche Weise abtropfen lassen. Das dauert ca. 30 Minuten. In der Schüssel ist dann klares, tiefgrünes Öl.

Zutaten für 150–190 ml

Salz

100 g frische Kräuter (Schnittlauch, Petersilie, Basilikum, Kapuzinerkresse, Fenchelgrün, frische Lorbeerblätter, Selleriegrün ...), sortenrein oder gemischt

1 Handvoll Eiswürfel

200 ml Traubenkernöl oder neutrales Sonnenblumen- oder Rapsöl

außerdem

Gläser mit Deckel oder Eiswürfelförmchen (siehe Tipp)

..... T!PP ....

Kräuteröl herzustellen ist eine gute Möglichkeit, die Kräuter, die im Garten, auf dem Balkon oder der Fensterbank wachsen, zu verarbeiten und für die Zeit, in der es keine frischen Kräuter gibt, zu konservieren.

Meistens setzen sich etwas Wasser und Kräuter-Reste am Boden ab. Dagegen hilft ein einfacher Trick: das Öl in einen Einwegspritzsack geben und diesen mit einer Schnur aufhängen, am besten über Nacht. Das Wasser setzt sich mit der Zeit in der Spitze ab. Am nächsten Tag das untere Ende aufschneiden und das Wasser abrinnen lassen. Das nachkommende Öl in einer Flasche oder in einem Glas auffangen.

Kräuteröle halten im Kühlschrank rund 2 Wochen. Danach verlieren sie an Aroma und Farbe. Daher ist es sinnvoll, Kräuteröle in einer Eiswürfelform zu portionieren und einzufrieren. So halten sie max. 1 Jahr.

..... !NFO ....

Ein Shrub besteht immer aus drei Zutaten: Früchte, Essig und Zucker.

Die Geschichte dieses Getränks ist lang. Seinen Ursprung hat der Shrub wahrscheinlich im heutigen Nahen Osten. Da früher oft kein Wasser zur Verfügung stand, das sauber genug war, um es pur zu trinken, wurde es mit Essig versetzt. Die desinfizierende Wirkung des Essigs machte das Wasser erst genießbar.

Die Entstehung war aber wohl ein Zufall. Da reif geerntete Früchte nicht kühl gelagert werden konnten, wurden sie mit Zucker haltbar gemacht. Wurden sie nicht verbraucht, begann die entstehende Flüssigkeit zu gären. Mithilfe von Sauerstoff und Essigbakterien aus der Luft wurde sie schließlich zu Essig. Verdünnt mit Wasser entstand daraus ein süß-säuerliches, erfrischendes Getränk, das besonders in heißen Regionen zu einem beliebten Durstlöscher wurde und es bis heute noch immer ist.

Shrubs sind weniger süß als Limonaden. Der Essig verleiht ihnen eine erfrischende Säure und macht den Geschmack mehrdimensionaler. Shrubs werden wie Sirup mit Wasser oder Sodawasser aufgegossen. Durch das spannende Spiel von Süß und Sauer sind Shrubs auch ideale alkoholfreie Speisenbegleiter.

In Kombination mit Obst, Gemüse und Kräutern ist fast alles möglich. Auch zu aromatischen Speisen wie Schmorgerichten, Gegrilltem oder Eintöpfen passen Shrubs perfekt. Weniger gut harmonieren sie mit Speisen, die mit Milchprodukten hergestellt werden, zum Beispiel Rahmsaucen, Cremesuppen oder Béchamelsauce.

Das Rezept kann nach Lust, Laune und Warenkorb abgewandelt werden.

Beliebte Shrub-Kombinationen beim Daberer
Apfel mit Rosmarin und Zitronenschale
Birne mit Ingwer und Minze
Rote Rübe mit Apfel und Salbei
Gurke mit Dill
Erdbeere mit Basilikum

VEGAN

QUITTEN-INGWER-SHRUB

WIR LIEBEN ES, MIT ALKOHOLFREIEN GETRÄNKEN ZU EXPERIMENTIEREN. SO SIND WIR SOZUSAGEN AUF DEN SHRUB GEKOMMEN. HERRLICH ERFRISCHEND AN HEISSEN SOMMERTAGEN, ABER EBENSO IDEAL ALS SPEISENBEGLEITER.

Die Quitten mit einer groben Reibe raspeln. Den Ingwer mit einer feinen Reibe raspeln. Quitten, Ingwer und Zucker in einer Schüssel miteinander vermischen. Abdecken und 1 Tag im Kühlschrank ziehen lassen. Der Zucker zieht den Saft aus den Quitten und dem Ingwer. Ab und zu umrühren, damit sich der Zucker vollständig auflöst.

Am nächsten Tag die Mischung in ein Passiertuch geben, Essig hinzufügen. Das Tuch zusammendrehen. Von allen Seiten den Saft fest ausdrücken und in einer Schüssel auffangen. In sterilisierte Flaschen umfüllen. So kann er im Kühlschrank problemlos bis zu 6 Monate gelagert werden.

Zutaten für ca. 1 l
1 kg reife Quitten, geschält und entkernt

130 g frischer Ingwer

250 g Rohrzucker

250 ml guter Apfelessig

außerdem

Flaschen mit Korken, Bügel- oder Twist-off-Verschlüssen

VEGAN

SLOE GIN

OB LIKÖR ODER GIN MAG MAN DISKUTIEREN. UNBESTRITTEN IST DER BEERIG-FRUCHTIGE GESCHMACK MIT MEHR ODER WENIGER SÜSSE. DIE SONST SO HERBEN BIS WÜRZIGEN GESCHMACKS-NOTEN DES GINS TRETEN IN DEN HINTERGRUND.

Zutaten für ca. 800 ml

500 g Schlehenbeeren

450 ml Gin (am besten über 40 Vol.-%, ideal wären 46 Vol.-%.)

250 g brauner Kandiszucker (siehe Tipp)

außerdem

1 Einmachglas à ca. 2 l mit Gummidichtung

Likör- oder Schnapsflaschen mit Verschlüssen

Die Schlehen waschen. Mit Gin und Kandiszucker in ein heiß ausgewaschenes Einmachglas geben, Glas verschließen.

Vor Sonneneinstrahlung geschützt bei Raumtemperatur für 8 Wochen stehen lassen. Zweimal pro Woche das Glas schütteln, damit sich der Kandiszucker auflöst und die Aromen der Schlehenbeeren sich besser vermischen.

Nach 8 Wochen den Likör durch ein Sieb gießen und dann durch ein Etamin (Passiertuch) filtrieren. In heiß ausgewaschene Flaschen abfüllen. Bevor der Sloe Gin trinkfertig ist, sollte er nochmals für weitere 4 Wochen in der Flasche ruhen.

VEGAN

SLOE GIN FIZZ

SLOE GIN KANN AUF VIELERLEI ARTEN GETRUNKEN WERDEN. WIR MÖGEN DIESE HIER BESONDERS GERNE.

Sloe Gin, Gin, Zitronensaft und Zuckersirup mit Eis in einen Shaker geben. Den Cocktail gut shaken. In ein Longdrinkglas mit Eiswürfeln abseihen und mit Soda auffüllen. Mit Rosmarin oder Zitrone garnieren.

Zutaten für 1 Glas

30 ml Sloe Gin

20 ml Gin

30 ml Zitronensaft

ca. 10 ml Zuckersirup (Verhältnis Wasser zu Zucker 1:1)

einige Eiswürfel

100–150 ml Sodawasser

1 Zweig Rosmarin oder 1 Scheibe Zitrone

..... !NFO ....

Schlehenbeeren besitzen einen hohen Anteil an Bitterstoffen, was sie zum rohen Verzehr eher ungenießbar macht. Mit dem ersten Frost verlieren sie einen großen Teil der Bitterstoffe und entwickeln ein deutlich süßeres Aroma. Werden die Beeren vor den ersten Frösten geerntet, sollte man sie vor dem Verarbeiten einmal im Tiefkühler einfrieren.

Sloe Gin ist besonders in Großbritannien eine beliebte Spirituose. Aufgrund des geringen Alkoholgehalts ist eigentlich nicht mehr von Gin zu sprechen, sondern von einem Likör. Die Bezeichnung „Sloe Gin“ hat sich jedoch durchgesetzt.

Optisch hebt sich Sloe Gin durch seine rote Färbung deutlich von den übrigen Gin-Sorten ab. Auch im Geschmack ist ein klarer Unterschied vorhanden. Durch die Beigabe von Schlehen und Kandiszucker wird der Gin süß und beerig-fruchtig. Je nach Reifegrad der Beeren und Dauer der Mazeration reicht die Farbe des Gins dabei von hell- bis tiefrot.

VEGAN, BASISCH

ZUCCHINI-AUFSTRICH

ZUCCHINI MACHEN SICH BESONDERS GUT MIT STARKEN BEGLEITERN. HEUTE SIND KOKOS UND CURRY MIT VON DER PARTIE.

Zutaten für ca. 400 g

2 EL Kokosöl

1 Zwiebel, in kleine Würfel geschnitten

2 Knoblauchzehen, gehackt

1 daumengroßes Stück Ingwer, gerieben

300 g Zucchini (vorzugsweise gelbe), in grobe Stücke geschnitten

Salz

1 EL mildes Currypulver

1 EL Kokosmus

100 ml Gemüsefond (S. 156) oder Wasser

100 ml Kokosmilch

2 Zweige Basilikum (vorzugsweise Thaibasilikum), abgezupft

Saft von 1/2 Zitrone

außerdem

Gläser mit Deckel

Kokosöl in einen Topf geben und bei mittlerer Hitze erwärmen. Zwiebel, Knoblauch und Ingwer darin anschwitzen. Zucchini zufügen, leicht salzen und zugedeckt einige Minuten im eigenen Saft dünsten lassen. Curry zufügen und kurz mitrösten. Kokosmus, Gemüsefond bzw. Wasser und Kokosmilch aufgießen und einkochen lassen, bis der Saft um die Zucchinistücke nicht mehr zu flüssig ist. Zum Schluss Basilikum und Zitronensaft zufügen und den Aufstrich fein pürieren. Wenn man eine cremigere und glatte Konsistenz bevorzugt, den Aufstrich durch ein Sieb streichen. Nochmals mit Salz abschmecken. Vor dem Verzehr erkalten lassen, der Aufstrich schmeckt gekühlt besser als warm.

Den fertigen Aufstrich in heiß ausgewaschene Gläser abfüllen und gut verschließen. So hält der Aufstrich mindestens 1 Woche im Kühlschrank.

..... T!PP ....

Alle veganen Aufstriche in diesem Buch eignen sich hervorragend zum Einrexen. Sie sind dann mindestens 3 Monate im Kühlschrank haltbar.

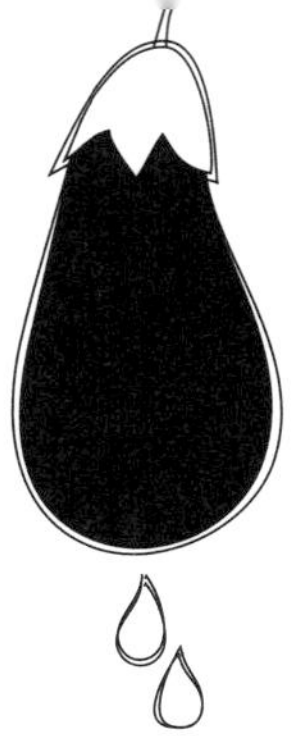

VEGAN

MELANZANI-AUFSTRICH

MELANZANI ALS AUFSTRICH. MIT EINER LEICHTEN SCHÄRFE. DA SIND WIR FEUER UND FLAMME.

Zutaten für ca. 350 g
- 1 Melanzani (ca. 300 g)
- 3 EL Öl
- 1/2 TL schwarze Senfkörner
- 1 Prise Bockshornkleesamen
- 5 Curryblätter, zerrieben
- 1 Knoblauchzehe, gehackt
- 20 g Ingwer, gerieben
- 1 TL Sambal Oelek
- 1 EL Tomatenmark
- 3 EL dunkler Balsamico
- 4 EL Zucker

für die Gewürzpaste
- 2 Knoblauchzehen, fein gehackt
- 20 g Ingwer, gerieben
- 1 TL Kreuzkümmel, gemahlen
- 1 TL Koriander, gemahlen
- 1 TL Senfpulver
- 1 TL Kurkuma, gemahlen

außerdem
- Gläser mit Deckel

Für die Gewürzpaste alle Zutaten gut vermischen. Die Melanzani in feine Würfel schneiden (ca. 5 mm Kantenlänge).

Öl in einem weiten Topf erhitzen. Die ganzen Senfkörner zufügen und braten, bis sie springen. Bockshornkleesamen, Curryblätter, Knoblauch, Ingwer und Sambal Oelek zugeben und anbraten. Die Melanzaniwürfel zufügen und braten, bis sie schön weich sind. Gelegentlich umrühren. Bei Bedarf etwas Wasser dazugeben. Tomatenmark, Essig und Zucker zufügen. Weiter köcheln lassen, bis die Mischung eine musige Konsistenz hat. Gewürzpaste unterrühren.

Den fertigen Aufstrich in heiß ausgewaschene Gläser abfüllen und gut verschließen. So hält der Aufstrich mindestens 1 Woche im Kühlschrank.

..... T!PP ....

Wer kein Senfpulver zuhause hat, kann Senfsamen mahlen oder die Senfsamen im Ganzen verwenden.

Für mehr Schärfe die Menge an Sambal Oelek erhöhen. Aber Achtung beim Abschmecken: Die volle Intensität der Aromen entwickelt sich erst nach 1–2 Tagen.

VEGAN

OLIVENTAPENADE

DIESEN AUFSTRICH LIEBEN NICHT NUR UNSERE BASENFASTENDEN GÄSTE. INTENSIV UND RUND IM GESCHMACK. PERFEKT AUCH ALS DIP ZU GEMÜSESTICKS.

Zutaten für ca. 450 g

200 g schwarze Oliven (vorzugsweise Kalamata-Oliven), entkernt

100 g Mandeln, blanchiert

50 g Kapern

Saft von 1 Zitrone

Pfeffer

1/2 TL getrockneter Oregano

wenig Salz

ca. 100 ml Olivenöl

außerdem

Gläser mit Deckel

Alle Zutaten bis auf das Olivenöl in eine Küchenmaschine geben und zerkleinern. Das Olivenöl in einem dünnen Strahl langsam zufügen, bis die Masse cremig und homogen wird. Die fertige Tapenade sollte schön cremig und dick sein, auf keinen Fall ölig und geronnen. Wenn man zu viel Öl erwischt hat, kann man noch etwas Oliven und Mandeln zufügen. Abschmecken.

Die fertige Tapenade in heiß ausgewaschene Gläser abfüllen und gut verschlossen im Kühlschrank aufbewahren. So hält sich die Tapenade mindestens 2 Wochen.

VEGAN

TOMATEN-WALNUSS-AUFSTRICH

TOMATEN UND WALNÜSSE TREFFEN SICH GERNE. IN DIESEM REZEPT VERWANDELN SIE SICH IN EINEN UNSERER LIEBSTEN BROTAUFSTRICHE.

Von den getrockneten Tomaten das Öl gut abtropfen lassen. Die Walnüsse abseihen, dabei ein bisschen Wasser auffangen. Alle Zutaten in eine Küchenmaschine geben und sehr fein pürieren. Bei Bedarf etwas vom Einweichwasser der Walnüsse zufügen. Der Aufstrich sollte eine cremige, aber dicke Konsistenz haben. Abschmecken.

In heiß ausgewaschene Gläser abfüllen und gut verschlossen im Kühlschrank lagern. So hält der Aufstrich bis zu 1 Woche.

Zutaten für ca. 500 g

200 g getrocknete Tomaten in Öl

200 g Walnusskerne, über Nacht in kaltem Wasser eingeweicht

10 Salbeiblätter, gehackt

etwas Zitronenabrieb

1 MS Cayennepfeffer

Salz

Pfeffer

außerdem

Gläser mit Deckel

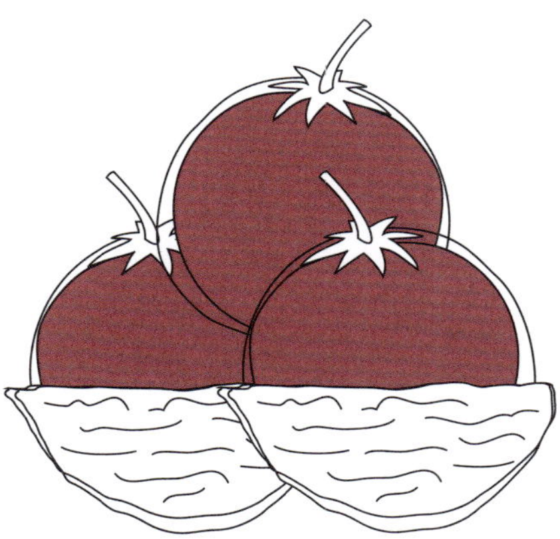

VEGAN, BASISCH

KRÄUTERSALZ / KNOSPENSALZ

DIE ERSTEN KNOSPEN NACH DEM WINTER. DA IST RICHTIG POWER DRIN. DIESE KRAFT VERWANDELN WIR IN EIN HERRLICH AROMATISCHES SALZ. EINFACH UND RICHTIG GUT.

Zutaten für ca. 270 g

200 g Kräuter oder Knospen aus dem Garten oder aus Wildsammlung nach Jahreszeit und Wunsch

200 g Salz, unbehandelt und unjodiert

außerdem

Gläser mit Deckel

Knospen leicht antrocknen, Kräuter und Blüten durchtrocknen. Mörsern und mit Salz mischen.

In Gläser abfüllen und gut verchließen. So bleibt das Salz für mindestens 1 Jahr voll aromatisch.

..... T!PP ....

Kräuter und Knospen kann man gut in einem Dörrer trocknen. Alternativ kann man sie auf einem Papier oder Tuch ausbreiten und an der Luft trocknen lassen.

Die Kräutersaison beginnt bereits Ende Februar mit dem Knospensammeln. Die Kraft der Pflanzen liegt im Frühling in den Knospen. Besonders aromatisch schmecken die Knospen von Holler, Linde, Haselnuss, Birke und schwarzen Ribiseln. Später im Jahr kann man für das Kräutersalz alle aromatischen Küchenkräuter und Blüten verwenden, aber auch Wildkräuter wie Bärlauch, Brennnesseln oder Schafgarbe.

VEGAN, BASISCH

LIEBSTÖCKELPASTE

LIEBSTÖCKEL-LIEBE. HAT MAN DIESE SELBSTGEMACHTE LIEBSTÖCKELPASTE IM KÜHLSCHRANK, KANN MAN GEKAUFTE SUPPENWÜRZE GETROST LINKS LIEGEN LASSEN. WIE PRAKTISCH.

Liebstöckel und Suppengemüse durch einen Fleischwolf faschieren (mittlere Scheibe) oder in einer Küchenmaschine nicht zu fein hacken. Das zerkleinerte Gemüse gut mit Salz mischen, in saubere Gläser abfüllen und gut verschließen. Im Kühlschrank hält die Liebstöckelpaste mindestens 6 Monate. Sparsam statt gekaufter Suppenwürze verwenden.

Zutaten für 800 g

200 g Liebstöckel inkl. Stiele, grob geschnitten

500 g Suppengemüse (Karotten, Sellerie, Petersilienwurzeln, Lauch, Zwiebel), in grobe Stücke geschnitten

100 g Salz

außerdem

Gläser mit Deckel

..... T!PP ....

Da sich die Aromen von Liebstöckel schnell verflüchtigen, sollte man Liebstöckelpaste nicht zu lange in Suppen oder Fonds mitkochen, sondern gegen Ende der Kochzeit zufügen.

RHABARBERCHUTNEY

DIE SÄURE DES RHABARBERS UND DER ÄPFEL HARMONIERT WUNDERBAR MIT DER GEWÜRZVIELFALT. SO VERLÄNGERN WIR DIE KURZE RHABARBERSAISON UND HABEN IMMER ETWAS AUF VORRAT.

Die Deckel der Einkochgläser in einem Topf mit Wasser abkochen. Die Gläser gut auswaschen und bei 180 °C Heißluft für 10 Minuten zum Sterilisieren ins Backrohr stellen.

In der Zwischenzeit Rhabarber-, Apfel-, und Zwiebelwürfel in einen Kochtopf geben. Wasser zufügen und zugedeckt für 10 Minuten leicht köcheln lassen. Immer wieder umrühren.

Garam Masala, Kreuzkümmel, Ingwer, Sambal Oelek, Salz und die Hälfte des Essigs zufügen. Das Chutney für rund 30 Minuten einkochen. Dabei immer wieder umrühren, damit nichts anbrennt.

Den Zucker im restlichen Essig auflösen. Ebenfalls zum Chutney geben und für weitere 10 Minuten einkochen, bis das Chutney eindickt. Zum Schluss den Honig hinzufügen. Das heiße Chutney in die vorbereiteten Gläser abfüllen, die Gläser sofort verschließen und auf ein Blech stellen. Fingerbreit kochend heißes Wasser auf das Blech gießen und das Chutney bei 130 °C Ober-/Unterhitze 30 Minuten einkochen. Alternativ im Dampfgarer bei 95 °C 20 Minuten einkochen. Auskühlen lassen.

Die Gläser an einem kühlen, dunklen Ort lagern. Vor dem Öffnen soll das Chutney noch ca. 3 Wochen ziehen. Erst dann entfalten die Gewürze ihr volles Aroma. Angebrochene Gläser im Kühlschrank lagern und innerhalb von 2 Wochen aufbrauchen.

Zutaten für ca. 600 ml

500 g Rhabarber, abgezogen und in Würfel geschnitten

1 säuerlicher Apfel, geschält, entkernt, in Würfel geschnitten

2 rote Zwiebeln, geschält und in Würfel geschnitten

40 ml Wasser

2 TL Garam Masala

1 TL Kreuzkümmel, gemahlen

1 EL Ingwer, gerieben

1/2 TL Sambal Oelek (oder frischer Chili)

1/2 TL Salz

180 ml Apfelessig

160 g brauner Zucker

20 g Honig

außerdem

Gläser mit Deckel

..... T!PP ....

Das Rhabarberchutney passt hervorragend zu Weichkäse, Geflügel, Wild oder zu süßlich schmeckenden Gemüsesorten, beispielsweise Rote Rüben.

VEGAN

SCHWARZES RIBISELKOMPOTT

ALS KIND ZIEHT MAN DIE ROTEN OFT DEN SCHWARZEN RIBISELN VOR. ABER DANN, IRGENDWANN, WANDELT SICH DAS. WIR MÖGEN BEIDE GLEICH GERN. UND IM KOMPOTT IST SCHWARZ ROT WEIT ÜBERLEGEN.

Zutaten für ca. 800 ml

1 kg schwarze Ribiseln, abgerebelt und verlesen

50 ml Wasser

500 g Zucker

außerdem

Gläser mit Deckel

Die Gläser gut auswaschen und bei 180 °C Heißluft für 10 Minuten zum Sterilisieren ins Backrohr stellen. Die Deckel der Einkochgläser in einem Topf mit Wasser abkochen.

Ribiseln und Wasser in einen weiten Topf geben und langsam aufkochen lassen. Für 15 Minuten bei mittlerer Hitze kochen lassen und dabei nicht umrühren, damit die Früchte möglichst ganz bleiben. Der Topf kann gelegentlich leicht gerüttelt werden, um zu kontrollieren, dass die Früchte am Boden nicht anbrennen. Gegebenenfalls etwas Wasser dazugeben. Den Zucker zufügen und vorsichtig im Topf auflösen. Für weitere 15 Minuten kochen. In vorbereitete Gläser abfüllen und sofort verschließen.

Die Gläser an einem kühlen, dunklen Ort lagern. Angebrochene Gläser im Kühlschrank lagern und innerhalb von 2 Wochen aufbrauchen.

..... T!PP ....

Ribiselkompott passt hervorragend ins Joghurt oder auf ein warmes Getreidefrühstück, aber auch zu Wildgerichten und Desserts.

Auf die gleiche Art können rote Ribiseln, Schwarzbeeren und Preiselbeeren eingekocht werden.

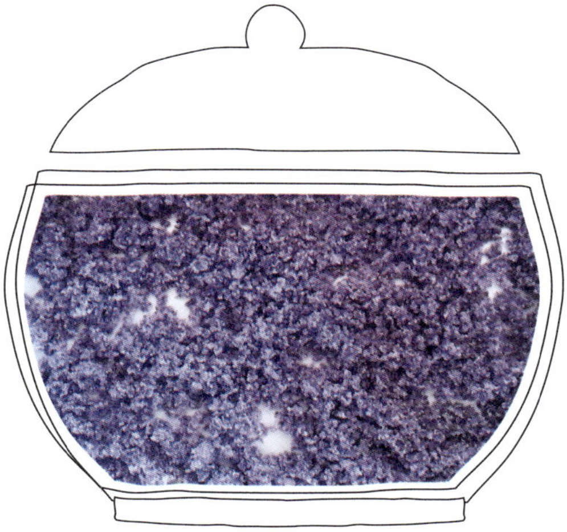

VEGAN

VEILCHENZUCKER

DIE NATUR HAT SO WUNDERBARE FARBEN. VEILCHENBLAU IST EINE DER SCHÖNSTEN. MIT DEM VIOLETTEN HIGHLIGHTER SCHMECKEN SÜSSE SPEISEN GLEICH DOPPELT SO GUT.

Zutaten für ca. 130 g

2 Handvoll Veilchenblüten

120 g Zucker

Veilchen reinigen und auf kleine Insekten überprüfen. Auf Küchenrolle ausbreiten, für die Weiterverarbeitung müssen die Blüten vollständig trocken sein.

Veilchen und Zucker in der Küchenmaschine fein hacken.

Den Veilchenzucker auf ein mit Butterpapier ausgelegtes Blech legen und 1 Tag trocknen lassen. Falls der Zucker dann noch nicht vollständig getrocknet ist, die Klumpen zerbröseln und weiter trocknen lassen. Den fertig getrockneten Veilchenzucker je nach Verwendungszweck zu Staubzucker mahlen oder als Kristallzucker verwenden.

..... T!PP ....

Veilchenzucker eignet sich gut zum Aromatisieren von Desserts oder zum Bestreuen von Mehlspeisen.

VEGAN

KÜRBISKETCHUP

SELBSTGEMACHTES KETCHUP
IST SOWIESO DAS BESTE.
UND WARUM EIGENTLICH
IMMER TOMATE.
HIER KOMMT MISTER KÜRBIS.

Die Deckel der Gläser oder Flaschen in einem Topf mit Wasser abkochen. Die Gläser oder Flaschen gut auswaschen und bei 180 °C Heißluft für 10 Minuten zum Sterilisieren ins Backrohr stellen.

Olivenöl in einem großen Topf erhitzen, Zwiebel, Knoblauch und Paprika anschwitzen. Kürbis- und Apfelstücke dazugeben und so lange dünsten, bis alle Zutaten weich werden. Mit Apfelessig, Apfelsaft und Tamari aufgießen und die restlichen Zutaten (außer Erdäpfelstärke) dazugeben.

Das Ketchup für ca. 40 Minuten offen köcheln lassen. Anschließend fein pürieren und durch ein feines Sieb in einen zweiten Topf passieren. Nochmals aufkochen und mit Erdäpfelstärke binden, sodass das Ketchup eine cremige Konsistenz bekommt.

Ketchup in die Gläser oder Flaschen abfüllen, Flaschen oder Gläser verschließen und auf ein Blech stellen. Fingerbreit kochend heißes Wasser auf das Blech gießen und das Ketchup bei 130 °C Ober-/Unterhitze 30 Minuten einkochen. Alternativ im Dampfgarer bei 95 °C 20 Minuten einkochen. Auskühlen lassen.

Vor dem Öffnen sollte das Kürbisketchup mindestens 3 Wochen an einem kühlen und dunklen Ort ziehen, erst dann entfalten die Gewürze ihr volles Aroma. Angebrochene Gläser im Kühlschrank lagern und innerhalb von 2 Wochen aufbrauchen.

Zutaten für ca. 1,25 l

50 ml Olivenöl

80 g rote Zwiebel, in grobe Stücke geschnitten

2 Knoblauchzehen, gehackt

100 g roter oder gelber Paprika, entkernt und in grobe Stücke geschnitten

1 kg Hokkaido-Kürbis, entkernt und in grobe Stücke geschnitten

80 g Apfel, entkernt und in grobe Stücke geschnitten

250 ml Apfelessig

80 ml Apfelsaft

80 ml Tamari (oder eine andere Sojasauce)

ca. 40 g Ingwer, gerieben

250 g Rohrzucker

25 g mildes Curry

1 TL Sambal Oelek (oder etwas frischer Chili)

Pfeffer

25 g Erdäpfel- oder Maisstärke, mit Wasser angerührt

außerdem

Gläser oder Weithalsflaschen mit Deckel

..... T!PP ....

Kürbisketchup passt hervorragend zu gegrilltem Fleisch, Erdäpfeln und Ofengemüse.

Um zu verhindern, dass sich im Glas nach einiger Zeit Flüssigkeit absetzt, kann man das Kürbisketchup zusätzlich mit etwas Johannisbrotkernmehl binden. Dadurch bleibt es homogener.

VEGAN

EINGELEGTE VOGELBEEREN

UNSER GARTEN IST VOLLER VOGELBEERBÄUME. WIR WÄREN NICHT #DIEMITDEMVOGEL, WENN WIR NICHT AUCH ETLICHE DEN VÖGELN ÜBERLASSEN WÜRDEN. ES BLEIBEN IMMER NOCH GENUG FÜR UNS ÜBRIG.

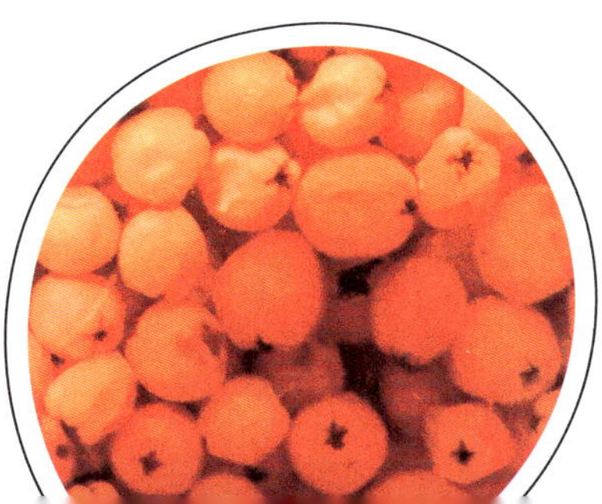

Zutaten für ca. 1,8 l

400 ml Wasser

600 g Zucker

700 g Vogelbeeren, abgerebelt, verlesen und idealerweise eingefroren (siehe Tipp)

außerdem

Gläser mit Deckel

Die Deckel der Einkochgläser in einem Topf mit Wasser abkochen. Die Gläser gut auswaschen und bei 180 °C Heißluft für 10 Minuten zum Sterilisieren ins Backrohr stellen.

Wasser aufkochen und den Zucker darin auflösen. Die Vogelbeeren in die Gläser aufteilen. Die Gläser können dabei fast voll gemacht werden, da die Vogelbeeren beim Einkochen etwas kleiner werden. Die Gläser mit heißem Sirup auffüllen. Sofort verschließen und auf ein Blech stellen. Fingerbreit kochend heißes Wasser in das Blech gießen. Die Vogelbeeren bei 130 °C Ober-/Unterhitze 1 Stunde einkochen. Alternativ im Dampfgarer bei 95 °C rund 45 Minuten einkochen.

Vor dem Verzehr sollten die Vogelbeern ca. 3 Wochen an einem kühlen und dunklen Ort ziehen, erst so entfaltet sich ihr volles Aroma und der Sirup wird gut aufgenommen. Angebrochene Gläser im Kühlschrank lagern und innerhalb von 2 Wochen aufbrauchen.

..... T!PP ....

Landläufig gelten Vogelbeeren fälschlicherweise als giftig. Richtig ist, dass die Früchte der Eberesche in rohem Zustand eine Vorstufe der Sorbinsäure enthalten, die in größeren Mengen verzehrt zu Durchfall und Erbrechen führen kann. Wenn man Vogelbeeren jedoch kocht, wird die Säure abgebaut und die Beeren werden bekömmlich. Wenn man sie vor dem Kochen einfriert, werden Bitterstoffe und Säuren ebenfalls abgebaut. Dadurch erzielt man beim Einkochen einen noch besseren Geschmack.

Vogelbeeren schmecken herb und besitzen ein leichtes Marzipan-, sprich Bittermandelaroma. Sie passen besonders gut zu Wild, Ente und Gans. Ebenso zu Desserts in Verbindung mit Äpfeln.

Wer mag, kann einen Schuss Gin in die Gläser geben. Das Wacholderaroma passt gut zu den Vogelbeeren. Die Kombination aus Gin und Vogelbeere ist perfekt für Wildgerichte.

Die Früchte werden erst geerntet, wenn die Dolden auf den Ästen schwer herunterhängen. Vor dem Verarbeiten gründlich abrebeln, weil die Stiele sehr bitter sind.

Nicht nur die Beeren selbst sind ein Gedicht, sondern auch der Sirup, z.B. mit Sekt aufgegossen als Aperitif.

MANDARINENMOSTARDA

ECHTE MANDARINEN HABEN EIN WUNDERBAR INTENSIVES SCHALENAROMA, EINEN SÜSSEN GESCHMACK UND EINE AUSGLEICHENDE SÄURE. ALL DIESE PRÄDIKATE TREFFEN SICH IN DIESER MOSTARDA. DER WINTER DES SÜDENS IN EINEM GLAS.

..... T!PP ....

Die Mandarinenmostarda passt hervorragend zu Käse, gekochtem oder gebratenem Fleisch, aber auch zu Wurst. Dieses Rezept kann man je nach Jahreszeit auch mit Äpfeln, Birnen, Marillen, Zwetschken oder Orangen abwandeln.

..... !INFO ....

Senffrüchte (auf Italienisch mostarda di frutta) sind eine italienische Spezialität, bei der verschiedene Früchte in einem Mostardasirup (einer Mischung aus starkem Läuterzucker und Senfessenz) kandiert werden. Verwendet werden klassischerweise Zitrusfrüchte, Kern- oder Steinobst. Der Geschmack ist scharf und oft sehr süß.

Unser Rezept hat eher die Konsistenz einer Marmelade, ist weniger süß und hat eine angenehme Frucht- und Essigsäure.

Zutaten für ca. 1,5 l

1 kg Mandarinen, ungeschält

500 g Zucker

10–15 g Apfelpektin

200 ml weißer Balsamico

40 ml Zitronensaft

4 EL gelbe und/oder braune Senfkörner

2 Stk. Sternanis

50 g Honig

evtl. 1 TL Senfpulver

außerdem

Gläser mit Deckel

Mandarinen heiß abwaschen, den Stielansatz entfernen und die Mandarinen mit Schale in Stücke schneiden. Die Kerne so gut wie möglich entfernen. Mandarinenstücke mit den restlichen Zutaten bis auf Honig und Senfpulver in einen Topf geben. Alles gut verrühren, zudecken und über Nacht im Kühlschrank stehen lassen. Dadurch tritt Saft aus den Mandarinen aus und die Senfkörner geben ihre Schärfe besser frei.

Am nächsten Tag aufkochen, dabei immer wieder gut umrühren und ca. 10 Minuten köcheln lassen.

In der Zwischenzeit die Deckel in Wasser abkochen und die Gläser gut auswaschen und bei 180 °C Heißluft für 10 Minuten zum Sterilisieren ins Backrohr stellen.

Die Mostarda mit einem Mixstab fein pürieren oder die Masse durch einen Fleischwolf faschieren, dadurch bekommt die Mostarda eine etwas gröbere Konsistenz und die Senfkörner bleiben ganz.

Mostarda nochmals aufkochen. Eine Gelierprobe machen: Etwas Mostarda auf einen kleinen Teller geben und abkühlen lassen. Wenn sie beim Abkühlen geliert, ist sie fertig, andernfalls noch weiter auf die gewünschte Konsistenz einkochen. Zum Schluss den Honig zugeben und abschmecken. Wenn man die Mostarda noch etwas schärfer haben möchte, Senfpulver mit Wasser glattrühren und zum Schluss hinzufügen.

Die heiße Mostarda in die vorbereiteten Gläser abfüllen, die Gläser sofort verschließen und auf ein Blech stellen. Fingerbreit kochend heißes Wasser in das Blech gießen. Die Mostarda bei 130 °C Ober-/Unterhitze 1 Stunde einkochen. Alternativ im Dampfgarer bei 95 °C rund 45 Minuten einkochen.

Die Gläser an einem kühlen, dunklen Ort lagern. Vor dem Öffnen der Gläser sollte die Mostarda noch rund 3 Wochen ziehen, erst dann entfaltet der Senf in der Mostarda sein volles Aroma. Angebrochene Gläser im Kühlschrank lagern und innerhalb von 2 Wochen aufbrauchen.

..... T!PPS DAS RICHTIGE HALTBARMACHEN

Haltbarmachen durch Pasteurisieren
Das Prinzip des Haltbarmachens durch Pasteurisieren besteht darin, dass man Keime beim Erhitzen in einem geschlossenen Gefäß weitgehend abtötet. Während dieses Prozesses entsteht im Glas ein Überdruck aus Luft und Wasserdampf. Beim anschließenden Abkühlen zieht sich die Luft wieder zusammen und der Dampf kondensiert. Dadurch wird im Glas Unterdruck erzeugt, wodurch der Deckel und das Glas fest aneinandergepresst werden.

Um ein gutes Vakuum zu erzeugen, muss etwas Luft im Glas Platz haben. Daher die Gläser nicht zu voll machen. Ideal sind 1–2 cm Platz zwischen Einfüllgut und Deckel. So können auch von außen keine Keime mehr ins Glas eindringen. Eingemachtes kann entweder im Backrohr, im Dampfgarer oder in einem Einkochautomat oder Topf haltbar gemacht werden.

Nicht nur Marmeladen, Kompotte, Chutneys oder sauer eingelegtes Gemüse kann pasteurisiert werden. Ebenso Suppen, Fonds, Pasteten, Aufstriche (ohne Milchprodukte wie Topfen oder Frischkäse, da diese beim Erhitzen gerinnen) und sogar ganze Gerichte wie Gulasch oder Eintöpfe.

So wird es gemacht
Im Backrohr: Die Gläser auf ein Blech stellen. Fingerbreit kochend heißes Wasser hineingießen. Die Gläser bei 130 °C Ober-/Unterhitze 1 Stunde einkochen.

Im Dampfgarer: Die Gläser auf ein Lochblech stellen. Bei 95 °C 45 Minuten pasteurisieren.

Im Einkochautomat oder im Topf: Hier werden die Gläser in einem heißen Wasserbad eingekocht. Bei Automaten am besten der Anleitung des Herstellers folgen, im Topf die Gläser 1 Stunde einkochen.

Bei kleineren Gläsern kann man die Zeit um 10 Minuten verkürzen. Wichtig ist, dass die Gläser während des Pasteurisierens nicht zu eng nebeneinander stehen. In der Wärme dehnen sie sich leicht aus und können zerspringen.

Gläser und Deckel
Als Einkochgläser eignen sich grundsätzlich alle Arten von Gläsern. Man kann sie über das Jahr sammeln und immer wieder verwenden.

So genannte Twist-off-Deckel sollte man nur einmal verwenden. Gebrauchte Twist-off-Deckel nehmen gerne Gerüche an. Auf der Innenseite haben sie einen Dichtungsring, der beim Einkochen fest gegen das Glas gepresst wird und sich zusammenzieht. Das kann bei einer wiederholten Verwendung nicht mehr garantiert werden. Die Dichtung kann hart und spröde werden und dadurch nur mehr schlecht abdichten.

Falls man Weck- oder Bügelverschlussgläser mit Gummidichtung verwendet, können die Gummiringe ein zweites Mal verwendet werden. Allerdings nur wenn der Gummi nicht spröde, verformt, verfärbt oder überdehnt ist.

Vor dem Befüllen die Gläser, Klammern und Bügel überprüfen. Zum Keimfreimachen die Gläser gründlich mit Spülmittel reinigen, gut ausspülen und anschließend im heißen Backrohr erhitzen. Alternativ in einem Topf mit Wasser abkochen. Deckel und Gummiringe ebenfalls abkochen. Wer einen Dampfgarer hat, kann Deckel und Gläser vor dem Befüllen darin sterilisieren.

Sauberkeit und Hygiene
Zum Einkochen nur einwandfreie Lebensmittel verwenden. Überreifes Obst und Gemüse oder gar solches mit faulen oder schimmeligen Stellen kann die Haltbarkeit drastisch minimieren – auch wenn beim Pasteurisieren ein Großteil der Keime abgetötet wird. Die zu verarbeitenden Lebensmittel unbedingt vorher waschen.

Die Sauberkeit beim Abfüllen der Gläser ist wichtig. Wenn beim Einfüllen der Rand schmutzig wird, unbedingt mit einem sauberen und feuchten Tuch die Lebensmittelrückstände gründlich entfernen. Ansonsten kann der Deckel nicht richtig abschließen und es kann sehr rasch zu Schimmelbildung kommen. Am einfachsten gelingt das, wenn man einen Einfülltrichter mit passender Öffnung verwendet. So bleiben die Glasränder garantiert sauber.

Haltbarkeit
Die Haltbarkeit von pasteurisierten Lebensmitteln hängt von einigen Faktoren ab. Produkte, die wenig Zucker enthalten wie Suppe, Aufstriche, Eintöpfe und Ähnliches, müssen auch nach dem Pasteurisieren im Kühlschrank gelagert werden und innerhalb von 3 Monaten verzehrt werden.

Zuckerreiche Produkte wie Marmeladen oder Kompotte und in Essig oder Öl Konserviertes ist mindestens 1 Jahr haltbar. Abweichende Haltbarkeit ist bei den Rezepten angegeben.

Die Gläser an einem kühlen und dunklen Ort lagern, der zudem vor Frost oder starken Temperaturschwankungen geschützt ist. Ideal ist ein Platz in einem trockenen Keller oder in einer Speisekammer. Wärme und Tageslicht können sowohl die Konsistenz als auch die Farbe bzw. das optische Erscheinungsbild verändern. Die dunkle Lagerung unterstützt bei Marmeladen das Gelieren im Glas.

Geöffnete Gläser immer im Kühlschrank lagern und so bald wie möglich aufbrauchen.

Hin und wieder kann es passieren, dass der Inhalt mancher Gläser zu schimmeln oder gären beginnt. Deswegen immer nur so viel produzieren, wie man in absehbarer Zeit (ca. 1 Jahr im Voraus) verbrauchen kann, und beim Öffnen der Gläser darauf achten, ob das Vakuum intakt ist.

NAME:
FLORIAN BUCAR
BEIM DABERER SEIT:
2015, ALS GAST SEIT IMMER
MEIN LIEBLINGSPLATZ BEIM DABERER:
DIE KÜCHE, DER WALDTEICH UND DIE WALDSAUNA

Wenn ich mich für ein Gemüse entscheiden müsste, wäre es?
Zwiebel: Total unterschätztes Gemüse, vielseitig einsetzbar und auch sehr gesund. Zwiebeln sind der Grundstock für viele Gerichte und einfach unersetzlich.

Meine Superkraft beim Kochen ist ...
von Gerichten, die ich noch nie gekocht habe und die nur in meinem Kopf existieren, schon zu wissen, wie sie schmecken und aussehen werden, wenn sie dann fertig auf dem Teller sind.

Mein „wahres" Alter ist ...
auf alle Fälle ein jugendliches ...

Diese Koch-Weisheit sollten viel mehr Menschen kennen:
„Mutter Natur ist die wahre Künstlerin und meine Aufgabe als Koch ist es, sie leuchten zu lassen." – Marco Pierre White

Bei diesem Gericht kommen bei mir Glücksgefühle auf:
ein perfekt gebackenes Brot oder ein richtig gut gelungener Braten.

Auf dieses Essen kann ich nicht verzichten.
Rindsgulasch. Aus Stücken von der Wade und sehr lange geschmort. Aber noch wichtiger als das Fleisch ist der Gulaschsaft. Viel Zwiebel, kräftiges Aroma durch das lange Schmoren vom Rindfleisch, fruchtig und harmonisch scharf vom Paprika, nicht zu knapp Kümmel und Majoran, leichte Säure vom Essig und ein Hauch Frische von der Zitronenschale. Dazu eine resche Semmel und ein kühles Bier.

Kein Tag ohne ...
Kaffee, Brot, Lachen.

Welches Lebensmittel kommt nicht in deine Küche?
Billigfleisch aus Massentierhaltung, Fertiggerichte, vegane Wurst

Das schiebe ich in der Daberer-Küche immer wieder auf ...
Handbucheinträge im Hotelkit anlegen. Generell Büroarbeiten.

DIES ODER DAS

- [x] Hauptspeise — [ ] Dessert
- [x] Selberkochen — [ ] Bekochen lassen
- [x] Kaffee — [ ] Tee
- [x] Gemüse — [ ] Obst
- [x] Messer — [ ] Herdplatte
- [x] Erdbeereis — [ ] Schokoladeneis
- [x] Honig — [ ] Zucker
- [ ] Ordnung — [x] Chaot
- [ ] Wein — [x] Bier
- [ ] 1 Gericht — [x] 6 Gänge

WENN ICH FREI HABE

- [ ] Greife ich keinen Kochlöffel an.
- [ ] Bin ich vom Handy nicht wegzubringen.
- [x] Verlaufe ich mich in der Natur.
- [x] Esse ich den ganzen Tag.
- [x] Mach ich am liebsten nichts.
- [ ] Singe ich laut unter der Dusche.
- [ ] Verschlafe ich immer.
- [ ] Koche ich das Gleiche wie beim Daberer

FERMENTIERTES

WASSERKEFIR

EIN PRICKELNDES GESCHMACKSERLEBNIS FAST GANZ OHNE ALKOHOL. UND GLEICHZEITIG IST EIN WASSERKEFIR-GETRÄNK ZUCKERARM UND SUPERGESUND. EINE LOBESHYMNE AUF DEN WASSERKEFIR ALSO!

Den Zucker in 100 ml erwärmtem Wasser vollständig auflösen. Zusammen mit dem restlichen, kalten Wasser in das Einmachglas geben. Dadurch kühlt das Zuckerwasser wieder ab und man kann schneller mit dem Ansetzen des Wasserkefirs beginnen. Die Wasserkefirkristalle dürfen auf keinen Fall mit zu heißer Flüssigkeit in Berührung kommen, da die Kultur sonst abstirbt.

Zitronenscheiben oder Zitronensaft ins Glas geben und verrühren. Dörrobst (je nach Größe im Ganzen oder in Stücken) und Wasserkefirkristalle zufügen, das Gefäß mit einem Stück Stoff abdecken und diesen mit dem Gummiring fixieren. Nicht fest verschließen, da die entstehende Kohlensäure entweichen muss.

Bei Raumtemperatur von 21–27 °C an einem nicht zu hellen Ort 2–3 Tage ziehen lassen. Direkte Sonnenlichteinstrahlung vermeiden, da die Kultur empfindlich darauf reagieren kann.

Während dieser Zeit wandeln die Kefirkristalle einen Großteil des Zuckers in Kohlensäure um und durch den Fermentationsprozess entstehen neben kleinsten Mengen Alkohol auch diverse Stoffwechselprodukte wie Milchsäure, organische Säuren und Hefen, die sich, ähnlich wie beim Kombucha (S. 52), positiv auf die Gesundheit und vor allem auf die Verdauung auswirken können.

Den fertigen Wasserkefir durch ein Sieb und mit Hilfe eines Trichters in sterilisierte Flaschen abfüllen. Die Flaschen nur bis unter den Flaschenhals befüllen, da in den Flaschen großer Druck entstehen kann.

Der Wasserkefir ist jetzt bereits trinkfertig.

Wenn man noch mehr Geschmack und Kohlensäure im Wasserkefir haben möchte, kann man noch eine zweite Fermentation anschließen. Dabei sind der Fantasie kaum Grenzen gesetzt. Man kann z.B. 1 Schuss Fruchtsaft, Zitronen- oder Orangenschale, Beeren, Ingwerscheiben, frische Kräuter oder Gewürze in die Flasche geben und verschlossen 1 weiteren Tag bei Raumtemperatur fermentieren. Wichtig ist, dass man die Flaschen danach vorsichtig öffnet, damit der Druck entweichen kann.

Durch die Zugabe von Früchten oder Säften wird der darin enthaltene Zucker durch die Hefe im Wasserkefir in Kohlensäure und geringe Mengen Alkohol umgewandelt. Der Alkoholgehalt eines fertigen Wasserkefirs liegt bei 0,5–1,5 Vol.-% Alkohol.

Wenn der gewünschte Kohlensäuregehalt erreicht ist, sollte der Wasserkefir im Kühlschrank gelagert werden und innerhalb von 10 Tagen ausgetrunken werden.

Zutaten für 1 l

60 g Rohrohrzucker, Rohrzucker oder weißer Zucker

1 l Wasser

2 Zitronenscheiben oder 20 ml Zitronensaft

30 g ungeschwefelte Trockenfrüchte (z.B. Rosinen, Feigen, Datteln, Mangostücke)

30 g Wasserkefirkristalle

außerdem

1 Einmachglas à ca. 1,25 l

1 Stück Stoff zum Abdecken

1 Gummiring

2 Bügelflaschen à 500 ml

..... T!PPS ZUM WASSERKEFIR ....

Wasserkefirkristalle
Wasserkefirkristalle sind eine Symbiose aus Milchsäurebakterien und Hefen und nicht zu verwechseln mit der geläufigeren Milchkefirkultur.

Die Kultur als Kristalle zu bezeichnen, mag ein bisschen irreführend sein. Es handelt sich zwar um durchscheinend weiße Gebilde mit einer kristallinen Form, jedoch ist die Konsistenz weich und gummiartig. Diese Gebilde können 2–10 mm groß sein und vermehren sich bei jedem Ansatz.

Wasserkefirkristalle können im Kühlschrank in einem verschließbaren Glas mit Wasser und Zucker gelagert werden: Kristalle mit Wasser bedecken, auf 250 ml Wasser 1 EL Zucker verwenden. Wegen der Kohlensäure-Bildung lieber ein etwas größeres Glas verwenden. Nach 2 Wochen sollte die Flüssigkeit gewechselt oder wieder Wasserkefir angesetzt werden.

Wasserkefirkristalle bekommt man oft in Reform- oder Bioläden sowie in Drogeriemärkten, aber auch in Onlineshops wird man schnell fündig.

Flüssigkeit
Beim Wasser gilt: Je mineralhaltiger – also härter –, desto besser geeignet ist es, um eine ideale Grundlage für den Wasserkefir zu bilden. In entmineralisiertem oder destilliertem Wasser würde die Kultur nicht lange überleben.

Wasserkefirkristalle können grundsätzlich jede kohlehydratreiche Flüssigkeit fermentieren. Meistens wird Zuckerwasser mit Dörrobst und Zitrusfrüchten verwendet. Man könnte aber auch ein paar Kristalle in Apfelsaft geben und fermentieren, der Geschmack erinnert dann an Cider. Es besteht auch die Möglichkeit, statt Wasser Haferdrink, Mandeldrink oder Kokoswasser zu verwenden. Sie werden durch den Kefir erfrischender und schmecken angenehm säuerlich.

Zitrusfrüchte
Die Säure der Zitrusfrüchte dient in erster Linie dazu, den Wasserkefir vor Keimen oder Schimmelbefall zu schützen. Wenn man Zitronenscheiben samt Schale hinzufügt, wird der Kefir später leicht bitter sein und vom Geschmack her an Bitter Lemon erinnern. Es können aber auch andere Zitrusfrüchte wie Limetten und Orangen verwendet werden.

Dörrobst
Dörrobst dient dem Wasserkefir vorwiegend als Stickstoffquelle. Verwendet man z.B. vorrangig süßes Dörrobst wie getrocknete Feigen oder Rosinen, merkt man im Endergebnis kaum etwas vom Geschmack der Früchte. Hingegen verleihen Trockenfrüchte mit dominanterem und säuerlichem Aroma, beispielsweise getrocknete Sauerkirschen oder Mangostücke, dem Wasserkefir neben einer schönen Farbe auch ein fruchtiges und säuerliches Aroma. Grundsätzlich ungeeignet ist geschwefeltes Dörrobst, es kann die Wasserkefirkristalle beschädigen.

Zucker
Zucker dient als Nahrungsquelle für die Wasserkefirkristalle und wird wie im Rezept beschrieben großteils umgewandelt. Deshalb sollte man die im Rezept angegebene Menge an Zucker auch nicht reduzieren.

Die besten Ergebnisse erzielt man mit Rohrohrzucker, gefolgt von Rohrzucker und weißem Zucker. Kleine Mengen Rohrzuckermelasse können eine müde Kultur wieder aufpeppeln.

Weniger geeignet ist extrahierter Zucker aus verschiedenen Pflanzen wie Agavensirup, Kokosblütenzucker oder Ahornsirup. Diese Zuckersorten sind zu nährstoffreich und können daher nur in sehr geringen Mengen zugefügt werden. Auch Zuckerersatzstoffe wie Stevia, Erythrit oder Xylith bieten keine ideale Nahrungsquelle für die Wasserkefirkultur. Da Honig eine eigene Mikroflora besitzt, könnte er den Wasserkefir schädigen und ist ungeeignet für dessen Herstellung.

Beliebte Wasserkefir-Kombinationen beim Daberer
Hollerblüten – Zitronensaft – Zitronenschale
Erdbeeren – Basilikum
Brombeeren – Lavendel
Ingwer – Orangensaft – Orangenschale

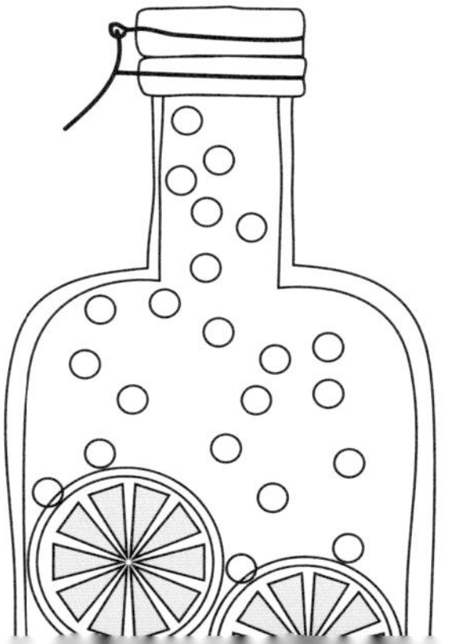

VEGAN

KOMBUCHA

DER KOMBUCHA-PILZ IST EIN FAMOSES WUNDERWERK. HAT MAN DEN DREH ERSTMAL RAUS, KANN MAN GAR NICHT MEHR AUFHÖREN ZU VARIIEREN. KOMBUCHA, WIR KOMMEN!

In einem Topf 1 l Wasser aufkochen und den Tee zufügen. Verwendet man grünen Tee, sollte das Wasser etwa 80 °C haben, da grüner Tee sonst zu bitter wird. Den Tee für 8 Minuten ziehen lassen, danach in das große Einmachglas abseihen und im heißen Tee den Zucker komplett auflösen.

Mit den restlichen 2 l Wasser auffüllen, dadurch kühlt der Tee schneller ab. Dies ist wichtig, weil die Kombuchakultur sonst abstirbt, wenn die Flüssigkeit zu heiß ist.

Bei Erreichen der Raumtemperatur die Starterflüssigkeit und den Kombucha-Pilz dazugeben. Das Gefäß mit einem Stück Stoff abdecken, den Stoff mit dem Gummiring fixieren. Nicht fest verschließen, da Kombucha zum Fermentieren Luft benötigt.

Bei Raumtemperatur von 21–27 °C an einem nicht zu hellen Ort 2–3 Tage ziehen lassen. Direkte Sonnenlichteinstrahlung vermeiden.

Während dieser Zeit wandelt der Kombucha-Pilz einen Großteil des Zuckers in Kohlensäure um und durch den Fermentationsprozess entstehen neben kleinsten Mengen Alkohol auch diverse Stoffwechselprodukte wie Essigsäure, Milchsäure, organische Säuren und verschiedene

Enzyme, die sich positiv auf die Gesundheit und vor allem auf die Verdauung auswirken können.

Nach 7 Tagen erstmals probieren, ob der Kombucha schon sauer genug ist. In der Regel dauert es 10–12 Tage, bis der Kombucha den idealen Säuregehalt erreicht hat.

Wenn der gewünschte Säuregehalt erreicht ist, den Pilz aus dem Glas nehmen, den Kombucha umrühren und ca. 300 ml Flüssigkeit für den nächsten Kombuchaansatz entnehmen.

Den fertigen Kombucha durch ein Sieb und mit Hilfe eines Trichters in sterilisierte Flaschen füllen. Die Flaschen sollten nicht mehr als 3/4 befüllt sein, da in den Flaschen großer Druck entstehen kann.

Der Kombucha ist jetzt bereits trinkfertig.

Wenn man noch mehr Geschmack und Kohlensäure im Kombucha haben möchte, kann man noch eine zweite Fermentation anschließen. Dabei sind der Fantasie kaum Grenzen gesetzt. Man kann z.B. 1 Schuss Fruchtsaft, Zitronen- oder Orangenschale, Beeren, Ingwerscheiben, frische Kräuter oder Gewürze in den Kombucha geben und ihn für weitere 1–2 Tage bei Raumtemperatur in den Flaschen fermentieren. Wichtig ist, die Bügelverschlüsse mindestens einmal täglich zu öffnen und den Druck vorsichtig entweichen zu lassen.

Durch die Zugabe von Früchten oder Säften wird der darin enthaltene Zucker durch die Hefe im Kombucha in Kohlensäure und geringe Mengen Alkohol umgewandelt. Der Alkoholgehalt eines fertigen Kombuchas liegt bei 0,5–1,5 Vol.-% Alkohol.

Wenn der gewünschte Kohlensäuregehalt erreicht ist, sollte der Kombucha im Kühlschrank gelagert werden und innerhalb von 2 Wochen ausgetrunken werden.

»

Zutaten für ca. 3 l

3 l Wasser

24 g Schwarz- oder Grüntee

1 Kombucha-Teepilz

240 g Rohrohrzucker, Rohrzucker oder weißer Zucker

ca. 300 ml fertiger Kombucha vom letzten Ansatz (bei neu gekauften Pilzen wird immer Flüssigkeit mitgeliefert)

für die zweite Fermentation

z.B. etwas Fruchtsaft (Orange, Zitrone, Apfel ...) oder ein paar Beeren, Zitronen- oder Orangenschale (mit einem Gemüseschäler dünn abgeschält), frische Kräuter und Gewürze

außerdem

1 großes Einmachglas à mindestens 3,5 l

1 Stück Stoff zum Abdecken

1 Gummiring

Bügelflaschen

..... T!PPS ZUM KOMBUCHA ....

Scoby
Der Kombucha-Pilz ist genau genommen gar kein Pilz, er wird nur umgangssprachlich so bezeichnet. In der Fachsprache wird er Scoby genannt. Diese Abkürzung steht für Symbiotic Colony of Bacteria and Yeast. Übersetzt heißt das: symbiotische Kolonie aus Bakterien und Hefen.

Der Scoby ist eine gummiartige, weiß- bis cremefarbige Scheibe und vergleichbar mit einer Essigmutter. Bei jedem Fermentationsvorgang wächst er an der Oberfläche der Flüssigkeit um ein paar Millimeter.

Bei richtiger Lagerung ist der Scoby mindestens 1 Monat haltbar, wenn man ihn in ein sauberes Einmachglas gibt, mit Ansatzflüssigkeit bedeckt, das Glas gut verschließt und im Kühlschrank lagert.

Mit der Zeit wird der Scoby zu groß. Wenn er nicht mehr ins Glas passt, kann man einzelne Scheiben problemlos abziehen und verschenken oder auf dem Kompost entsorgen.

Ein neuer Scoby wird oft in Reform- oder Bioläden sowie in Drogeriemärkten angeboten, aber auch in Onlineshops wird man relativ schnell fündig.

Wasser
Um Kombucha herzustellen, kann Leitungswasser genauso wie stilles Mineralwasser verwendet werden. Jedoch wächst der Scoby in weichem Wasser vergleichsweise besser als in einem Wasser mit hohem Härtegrad.

Tee
Traditionell wird Kombucha mit Schwarz- oder Grüntee angesetzt. Der Scoby benötigt, um zu wachsen, im wesentlichen Nährstoffe wie Stickstoff, Theanin und Koffein. Diese Nährstoffe lassen sich alle in echtem Tee finden. Zwischendurch kann man auch mit anderen Teesorten experimentieren. Lediglich auf Tees, die mit ätherischen Ölen aromatisiert sind, wie beispielsweise Earl Grey, sollte man verzichten, da sie dem Scoby schaden können.

Da sich der Koffeingehalt des Tees während der Fermentation um bis zu 2/3 reduziert, können Personen, die empfindlich auf Koffein reagieren, Kombucha aus Schwarz- oder Grüntee vorsichtig in kleinen Mengen probieren.

Zucker

Die Zuckermenge im Rezept mag hoch erscheinen und kaum jemand würde Tee so süß trinken. Zucker dient aber als Nahrung für den Scoby. Im fertig gebrauten Kombucha sind je nach Länge der Fermentation nur mehr sehr geringe Mengen an Zucker vorhanden. Der Großteil des Zuckers wird, wie im Rezept beschrieben, umgewandelt. Daher sollte man die im Rezept angegebene Menge an Zucker auch nicht reduzieren.

Die besten Ergebnisse erzielt man mit Rohrohrzucker, gefolgt von Rohrzucker und weißem Zucker. Nicht geeignet sind extrahierter Zucker aus verschiedenen Pflanzen, z.B. Agavensirup, Kokosblütenzucker oder Ahornsirup, sowie Zuckerersatzstoffe, z.B. Stevia, Erythrit oder Xylith.

Auch Honig verträgt der klassische Kombucha nur sehr schlecht. Es gibt aber den sogenannten Jun-Kombucha. Dieser wird mit Grüntee und Honig fermentiert und benötigt nur 3–4 Tage, bis er trinkfertig ist. Auch diese Kultur findet man gelegentlich zu kaufen. Wenn man schon einen Scoby hat, der groß genug ist, um ihn zu teilen, kann man eine Scheibe davon ablösen und langsam an den Honig gewöhnen. Das gelingt, indem man bei jedem Brauvorgang immer mehr Zucker durch Honig ersetzt.

Beliebte Kombucha-Kombinationen beim Daberer

Schwartee – Apfelsaft – Minze
Schwarztee – Orangensaft – Orangenschale
Grüntee – Himbeere – Zitronenverbene
Hibiskusblütentee – Zitronensaft – Zitronenschale – Minze

VEGAN

GINGER BEER

ZUGEGEBEN, DIE ZUBEREITUNG DAUERT EIN WEILCHEN. ABER ES IST SCHON AUCH SPANNEND, DEN GINGER BUG ZU BEOBACHTEN, WIE ER ZUM LEBEN ERWACHT. UND DAS SELBSTGEBRAUTE GINGER BEER ENTSCHÄDIGT DANN SOWIESO.

GINGER BUG

Bevor man mit dem Brauen von Ginger Beer beginnt, muss man einen sogenannten Ginger Bug züchten. Der Ginger Bug ist ein lebender Organismus, eine Flüssigkeit, die zur Fermentation des Ginger Beers beiträgt. Wie der Sauerteig beim Brotbacken.

Durch die antibiotischen Eigenschaften der ätherischen Ingweröle siedeln sich nur Hefen und Mikroorganismen an, die sich mit Ingwer gut vertragen. Dadurch entsteht kaum Alkohol.

1 EL mitsamt der Schale geriebenen Ingwer mit 1 EL Rohrzucker und dem Wasser im Glas verrühren. Die Öffnung mit Küchenrolle oder Stoff abdecken, mit dem Gummiring fixieren. Nicht fest verschließen, der Ginger Bug benötigt Luft zum Fermentieren.

Bei Raumtemperatur von 21–27 °C an einem nicht zu hellen Ort ziehen lassen. Direkte Sonnenlichteinstrahlung vermeiden. Täglich je 1 EL geriebenen Ingwer und Rohrzucker zufügen und vorsichtig umrühren. Nach 5–7 Tagen ist der Ginger Bug einsatzbereit. Kohlensäure steigt auf und die Oberfläche wirft Blasen.

Den fertigen Ginger Bug abseihen. Den Ingwer gut ausdrücken. 150 ml Ginger Bug für das Ginger Beer beiseitestellen.

Den Rest in ein sauberes Glas umfüllen. Verschließen und im Kühlschrank lagern. Spätestens alle 2 Wochen die Kultur mit je 1 EL geriebenem Ingwer und Rohrzucker versorgen. So bleibt sie aktiv. Wenn man wieder Ginger Beer brauen möchte, füllt man den Ginger Bug wieder mit Wasser auf und füttert ihn täglich wie oben beschrieben.

»

Zutaten

für den Ginger Bug

Ingwer, ungeschält

Rohrzucker

300 ml Wasser

außerdem

1 Einmachglas à ca. 500 ml

1 Stück Küchenrolle, Kaffeefilter oder Stoff zum Abdecken

1 Gummiring

für das Ginger Beer

2 l Wasser

70 g Ingwer, ungeschält in dünne Scheiben geschnitten

ein paar Streifen Zitrusschale, mit einem Gemüseschäler abgeschält

150 g Rohrzucker

ca. 150 ml Zitrussaft (Orangen, Zitronen, Limetten)

außerdem

4 Bügelflaschen à 750 ml

GINGER BEER

Am letzten Tag der Ginger-Bug-Anzucht den Ingwertee vorbereiten: 500 ml vom Wasser mit Ingwer aufkochen. 10 Minuten leicht köcheln lassen. Zitrusschalen-Streifen dazugeben.

Zucker zufügen und auflösen. Nach 10 Minuten mit dem restlichen, kalten Wasser aufgießen. Zitrussaft dazugeben und anschließend die gesamte Flüssigkeit durch ein feines Sieb gießen.

Den auf Zimmertemperatur abgekühlten Ingwertee mit dem Ginger Bug versetzen. Gut umrühren. Die vorbereiteten Bügelflaschen zu ¾ befüllen und verschließen. Bei der Fermentation wird Zucker in Kohlensäure, Hefe, Milchsäure und andere organische Säuren sowie kleine Mengen Alkohol umgewandelt. Der Alkoholgehalt beträgt am Ende der Fermentation zwischen 0,5 und 2 Vol.-%. Die Flaschen dürfen nicht zu voll gefüllt werden, da sonst der Druck bei der Fermentation zu groß wird.

Die Flaschen für die Fermentation bei Raumtemperatur an einem nicht zu hellen Ort 2–4 Tage ziehen lassen. Zweimal täglich öffnen, um festzustellen, ob sich schon Kohlensäure gebildet hat. Nach ca. 2 Tagen sollte sich merkbar Kohlensäure gebildet haben. Beim Öffnen der Flaschen vorsichtig sein, da der Druck in den Flaschen sehr stark sein kann.

Ab und zu eine Kostprobe entnehmen. Wenn das Ginger Beer noch zu süß ist oder zu wenig Kohlensäure hat, 1 weiteren Tag ziehen lassen.

Wenn der gewünschte Geschmack erreicht ist, die Kohlensäure entweichen lassen. Dafür die Flaschen vorsichtig öffnen. Die Flaschen anschließend im Kühlschrank lagern. Dadurch wird die Fermentation stark verlangsamt. Das Ginger Beer innerhalb von 10 Tagen austrinken.

..... T!PP ....

Da die meisten Inhaltsstoffe des Ingwers, so wie bei vielen Obst- und Gemüsesorten, direkt unter der Schale sitzen, ist es sinnvoll. den Ingwer für dieses Rezept mit der Schale zu verwenden. Grundvoraussetzung ist Ingwer in Bio-Qualität.

Je nach Jahreszeit kann der Tee für das Ginger Beer beispielsweise mit Hollerblüten, Zitronenverbene, Minze, Zitronengras, Rosenblüten oder Lavendel verfeinert werden. Der Fantasie sind keine Grenzen gesetzt.

VEGAN, BASISCH

SALZZITRONEN

IST MAN ERST MAL IM #TEAMSALZZITRONE, KANN MAN GAR NICHT MEHR AUFHÖREN. WAS FÜR EIN GAMECHANGER!

Das Glas und den Deckel heiß auswaschen. Die Zitronen der Länge nach über Kreuz einschneiden, jedoch nicht ganz durchschneiden, sodass der Stielansatz die Frucht noch zusammenhält. In die Schnittstellen Salz füllen. Die Zitronen mit dem restlichen Salz in das Glas schichten. Von oben immer wieder daraufdrücken, damit der Saft austritt. Das Glas verschließen und bei Zimmertemperatur an einem nicht zu hellen Platz stehen lassen.

Die Zitronen in den ersten Tagen gelegentlich mit sauberen Händen oder einem Löffel nach unten drücken, damit sie immer gut mit Flüssigkeit bedeckt sind. Wenn sie nach ein paar Tagen vollständig mit Saft bedeckt sind, das Olivenöl auf die Oberfläche gießen. Das Glas verschließen und die Zitronen ohne zu schütteln lichtgeschützt bei Raumtemperatur für ca. 3 Wochen reifen lassen.

Die Salzzitronen anschließend im Kühlschrank lagern. Sie sind dort mindestens 1 Jahr haltbar. Nach Bedarf einzeln mit einer sauberen Gabel aus dem Glas entnehmen und vor dem Verarbeiten gut mit kaltem Wasser abspülen. Dann das Fruchtfleisch entfernen, da nur mehr die Häute und leeren Zellwände davon übrig sind. Die Schale in feine Streifen oder Würfel schneiden bzw. fein hacken und als Gewürzzutat verwenden. Der Saft der Salzzitronen kann sparsam dosiert zum Würzen verwendet werden.

Zutaten

10 Zitronen

300 g grobes Meer- oder Steinsalz, unbehandelt und unjodiert

50 ml Olivenöl

außerdem

1 Einmachglas à ca. 1,5 l

..... T!PP ....

Salzzitronen sind super als Gewürz zu Fisch oder Huhn. Auch zu Gemüse wie Kürbis, Karfiol oder Karotten sind sie unschlagbar. Besonders gut schmecken sie in einer Sauce hollandaise zu Spargel oder Artischocken. Gerichte mit Couscous oder Bulgur bekommen durch Salzzitronen das besondere Extra. Experimentieren lohnt sich.

VEGETARISCH

KNOBLAUCH IN HONIG FERMENTIERT

ZWEI LEBENSMITTEL, DIE SCHON FÜR SICH KLEINE WUNDERWERKE SIND. DIE FERMENTIERTE SYMBIOSE AUS BEIDEN POTENZIERT DAS NOCH EINMAL. MEHR MACHEN UND VERSCHENKEN IST EINE GUTE IDEE.

Den Knoblauch in das sterilisierte Einmachglas geben. Mit Honig übergießen und verschließen. Das Glas nicht bis zum Rand füllen, da es sonst beim Fermentieren überläuft. Optimal sind mindestens 2 cm Platz nach oben.

Den Knoblauch 4–6 Wochen lichtgeschützt bei Zimmertemperatur reifen lassen. Durch den Saft des Knoblauchs wird der Honig dünner und beginnt zu blubbern. Daran erkennt man, dass die Fermentation in Gang ist. Einmal täglich das Glas kurz öffnen, damit die Gärgase entweichen können.

Wichtig ist, dass der Knoblauch immer mit Honig benetzt ist. Am einfachsten gelingt das, wenn man in der ersten Zeit das Glas ab und zu etwas schwenkt oder auf den Kopf stellt. Mit der Zeit sinkt der Knoblauch von selbst ab.

Nach 4–6 Wochen gärt der Knoblauch nur mehr schwach. Ein Zeichen, dass die Fermentation abgeschlossen ist. Im Kühlschrank ist er dann nahezu unbegrenzt haltbar. Er wird mit der Zeit sogar noch besser im Geschmack.

Zutaten für ca. 400 ml

150 g Knoblauch, geschält, der Länge nach halbiert und Keim entfernt

250 g roher Honig

außerdem

1 Einmachglas

..... T!PP ....

In Honig fermentierter Knoblauch hilft vor allem in der kalten Jahreszeit bei Erkältungen und Halskratzen. 1 Knoblauchzehe und etwas Honig in warmem Wasser aufgelöst, wirken schmerzlindernd und entzündungshemmend. Der Stoffwechsel wird durch den fermentierten Knoblauch angeregt.

Obendrein macht er sich als Gewürz richtig gut. Umami pur. Man kann ihn samt Honig in Saucen und Marinaden verwenden oder Pfannen-Gemüse damit glasieren. Schmorgerichten mit Lamm- oder Schweinefleisch verleiht er das gewisse Etwas.

..... !NFO ....

Wichtig ist, dass der Honig roh ist, also nicht über 40 °C erwärmt wurde – am besten beim Imker nachfragen. Die Fermentation funktioniert mit jedem flüssigen Honig. Am besten schmeckt fermentierter Knoblauch in einem kräftigen, würzigen Waldhonig. Der Knoblauch muss makellos sein und darf keine braunen Stellen aufweisen.

In Scheiben geschnittener frischer Ingwer und Kurkuma können auf die gleiche Art fermentiert werden.

VEGAN, BASISCH

FERMENTIERTE BÄRLAUCHKNOSPEN

„FROM ROOT TO LEAF“ STEHT DAFÜR, EINE PFLANZE VON DER WURZEL ÜBER DIE BLÄTTER BIS ZUR KNOSPE ZU VERARBEITEN. DENKT MAN AN BÄRLAUCH, KOMMEN EINEM ZUNÄCHST DIE BLÄTTER IN DEN SINN. ABER DA GEHT MEHR!

Zutaten für ca. 400 ml

50 g Bärlauchknospen

300 ml kaltes Wasser

15 g Salz, unbehandelt und unjodiert

außerdem

1 Einmachglas

Die Bärlauchknospen kalt abspülen. Das Glas 3/4 mit den Knospen füllen. Wasser und Salz verrühren. Das Glas mit der Salzlake auffüllen und verschließen. Das Glas nicht bis zum Rand füllen, da es sonst beim Fermentieren überläuft. Optimal sind ca. 2 cm Platz nach oben.

Lichtgeschützt bei Zimmertemperatur für 10–14 Tage fermentieren. Ab und zu das Glas kurz öffnen, damit die entstehenden Gase entweichen können. Wenn die Knospen länger an der Oberfläche liegen, gelegentlich umrühren oder das Glas schwenken. So verderben die Bärlauchknospen an der Oberfläche nicht.

Wenn die Knospen nach 10–14 Tagen sauer genug sind, im Kühlschrank lagern. Sie halten dort mehrere Monate. Man kann sie wie Salzkapern einsetzen. Sie passen auch gut zu einer Jause, in Saucen oder zu Fisch.

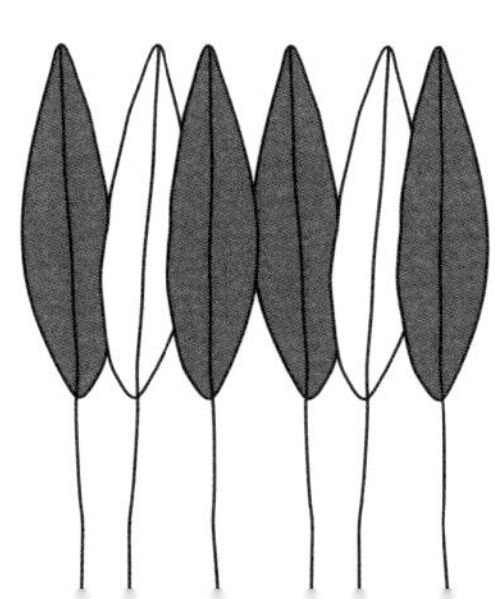

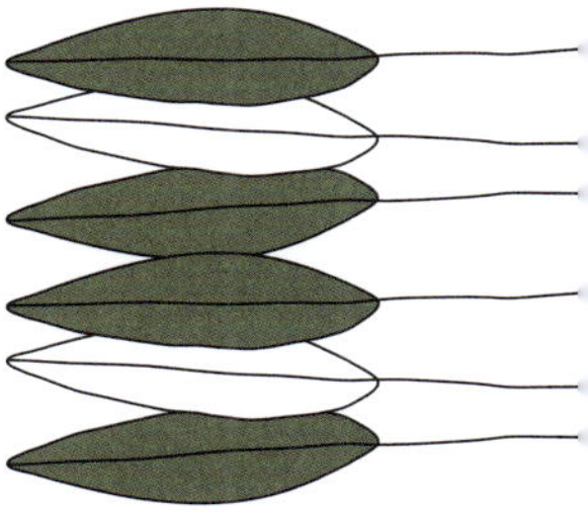

..... T!PP ....

Es ist sehr wichtig, dass man unjodiertes und unbehandeltes Salz verwendet. Sonst vermehren sich die Milchsäurebakterien nur sehr schwer.

Ab April bekommt der Bärlauch langsam die ersten Knospen. Nicht alle Knospen von einer Pflanze abernten, sonst vermehrt sich die Pflanze nicht mehr.

Vom Bärlauch kann man die ganze Pflanze von der Wurzel bis zur Blüte verarbeiten. Die Wurzeln in etwas Butter mit Zucker, Salz und etwas Essig glasieren. Für die Blätter gibt es mehr als genug Rezepte. Die Blüten sind sehr dekorativ und schmecken leicht süßlich. Die geschlossenen Knospen eignen sich hervorragend zum Einlegen für die spätere Verwendung, wenn die Bärlauch-Saison schon längst vorbei ist.

..... !NFO ....

Fermentieren in Salzlake

Mit dieser Methode kann man alle Gemüsesorten einlegen, die man im Ganzen oder in größeren Stücken fermentieren möchte. Zum Beispiel Gurken, kleine Karotten, Karfiol, Tomaten, Schalotten, Radieschen usw.

Die Salzlake kann mit Gewürzen versetzt werden. Größere Mengen werden üblicherweise in Gärtöpfen fermentiert. Dabei schichtet man das Gemüse in den Topf und füllt mit Salzlake auf. Das Gemüse wird mit einem Gewicht beschwert, damit es nicht an der Oberfläche treibt und verfault.

VEGAN, BASISCH

HOLLERBLÜTEN-SAUERKRAUT

SAUERKRAUT TRIFFT FRÜHLING. SO FERMENTIEREN WIR UNS DURCHS GANZE JAHR. WIE HERRLICH.

Zutaten

1 Kopf Frühkraut à ca. 1 kg

40 Hollerblüten-Dolden, frisch geerntet

Salz, unbehandelt und unjodiert

außerdem

1 Gärtopf, alternativ 1 großes Einmachglas mit Deckel, Gummidichtung und Klammern

1 Gewicht (z.B. Deckel von einem Weck-Glas oder sauberer Stein)

Vom Kraut die äußeren Blätter entfernen. Den Krautkopf vierteln. Mit Hilfe eines Gemüsehobels fein hobeln. Den Strunk nicht verwenden.

Die Hollerblüten vorsichtig reinigen (nicht waschen) und auf Insekten überprüfen. Dafür kann es hilfreich sein, die Blüten auf Küchenrolle auszubreiten. Die dicken Stiele, die die Dolden zusammenhalten, entfernen. Die Blüten mitsamt der feineren Stiele zum Kraut geben.

Kraut und Hollerblüten abwiegen und in eine weite Schüssel geben. Auf die gesamte Menge aus Kraut und Hollerblüten 2 % Salz geben (bei 1 kg Gemüse 20 g Salz) und vermischen. 10 Minuten stehen lassen. Anschließend das Gemüse mit den Händen kneten, bis Saft austritt.

Das Gemüse mit der ausgetretenen Flüssigkeit in den gut ausgewaschenen Gärtopf (oder in das Einmachglas) geben. Das Kraut fest andrücken, damit möglichst viel Luft herausgepresst wird. Die Milchsäurebakterien vermehren sich am besten, wenn möglichst wenig Luft im Gefäß ist.

Wenn der Gärtopf fertig gefüllt ist, das Gewicht auf das Gemüse legen, damit es immer mit Flüssigkeit bedeckt bleibt. Das ist wichtig, da sich sonst sehr rasch Schimmel an der Oberfläche bildet. Den Rand und die Innenseite des Gärtopfes mit einem Stück Küchenrolle säubern, damit der Schimmel keine Chance hat.

Gärtöpfe haben eine weite Öffnung mit einer Rinne. In diese Rinne etwas Salzlake geben. Dafür Wasser mit 2 % Salz verrühren, fertig. Deckel auf den Topf setzen und das Sauerkraut bei Zimmertemperatur fermentieren lassen. Die Salzlake verschließt den Gärtopf luftdicht und hat zudem eine keimtötende Wirkung. Zusätzlich dient das Wasser auch als Indikator: Steigen regelmäßig Luftbläschen auf, ist die Fermentation im Gange.

Wer das Kraut im Einmachglas fermentiert, beschwert es mithilfe des Gewichts und verschließt den Deckel. Während der Fermentation den Deckel ab und zu kurz öffnen, damit der Druck entweichen kann.

Die Fermentation dauert 2–3 Wochen, je nachdem, wie sauer man das Sauerkraut haben will.

Das fertige Sauerkraut hält in sterilisierten und gut verschlossenen Gläsern im Kühlschrank mindestens 6 Monate.

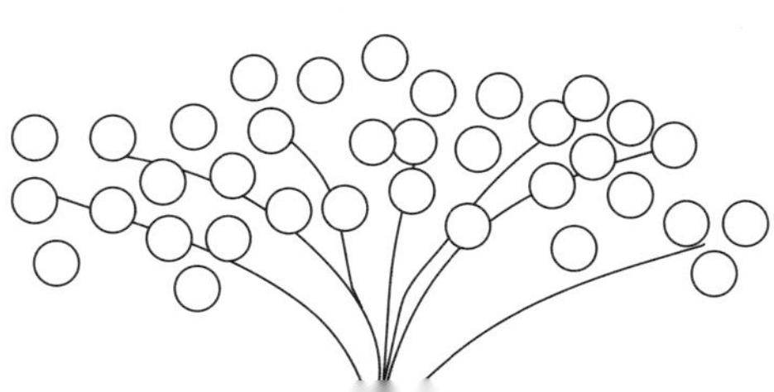

FEHLGÄRUNG JA ODER NEIN ...

Schaum an der Oberfläche
Das kommt vor allem bei zuckerreichen Gemüsesorten vor. Der Schaum muss nicht entfernt werden. Er verschwindet meist nach ein paar Tagen. Wenn der Schaum über das Gewicht oder bis zum Rand steigt, einfach mit einem feuchten Stück Küchenrolle abwischen.

Weiße Ablagerungen am Gemüse oder am Boden
Kein Grund zur Sorge. Das sind Hefen. Die treten vor allem bei Gurken auf.

Leicht schleimige Flüssigkeit
Bei der Fermentation von zuckerreichen Gemüsesorten (z.B. Rote Rüben oder Karotten) kann bei höherer Temperatur der ausgetretene Zellsaft des Gemüses leicht schleimig werden. Auch beim Hollerblüten-Sauerkraut (S. 64) kann dies der Fall sein.

Solange das Gemüse knackig bleibt und nicht verfault riecht, ist alles in Ordnung. Wenn der ph-Wert weiter absinkt, wird auch der Zellsaft wieder flüssiger und klar.

Intensiver Geruch
Manche Kohlgemüsesorten oder Rettich können etwas stärker riechen. Das liegt am Schwefelgehalt im Gemüse und ist unbedenklich. Der starke Geruch nimmt mit der Zeit ab.

Kahmhefe
Kahmhefe ist ein weißer Film auf der Oberfläche der Lake. Man kennt das von offenen Olivengläsern, die einige Zeit im Kühlschrank stehen. Dieser weiße Film wird mit der Zeit immer dicker und das Gemüse kann bitter werden.

Kahmhefe kann erst im Kühlschrank entstehen. Am besten lässt sich ihre Bildung verhindern, wenn möglichst wenig Sauerstoff an das Gärgut kommt. Daher soll das Gemüse immer mit Flüssigkeit bedeckt sein und gut verschlossen gelagert werden. Kahmhefe ist gesundheitlich unbedenklich.

Weiches und schleimiges Gemüse
Ein Hinweis, dass die Gärung zu schnell vorangeschritten ist und die Raumtemperatur deutlich zu hoch war. Auch wenn man zu wenig Salz verwendet hat, kann das Gemüse schlecht werden. Man merkt schon am Geruch, dass etwas nicht stimmt.

In diesem Fall war die ganze Arbeit umsonst und das Gemüse muss entsorgt werden. Diese Erfahrung macht so gut wie jeder einmal mit. Nicht verzagen und neu ansetzen.

Verfärbungen
Knoblauch wird bei der Fermentation oft blau oder grün. Das ist unbedenklich. In diesem Fall wird der enthaltene Schwefel gerade umgewandelt. Die Verfärbung lässt nach einiger Zeit wieder nach.

Wenn weiße Gemüsesorten rosa werden, ist das meist ein Indiz dafür, dass man zu viel Salz verwendet hat oder das Salz schlecht vermischt wurde. In diesem Fall kann man das Gemüse nochmal umrühren und wieder fest in den Gärtopf drücken. Wenn es versalzen ist, kann man nichts mehr retten. Beim Hollerblütensauerkraut können die Blüten nach ein paar Tagen etwas bräunlich werden. Auch hier dürfte es sich um einen chemischen Prozess handeln, der unbedenklich ist.

Schimmel
Hier kann man leider nichts mehr retten. Auch wenn der Schimmel nur auf der Oberfläche sichtbar ist und das Gemüses unterhalb noch genießbar erscheint, sollte man nichts mehr davon essen.

Gut zu wissen
Es gibt bislang keine Studien, dass es durch fermentiertes Gemüse zu Lebensmittelvergiftungen gekommen ist. Wenn es zu keinen Fehlgärungen kommt, ist es sogar unbedenklicher zu genießen als rohes Gemüse.

WIE BIO ZUM DABERER KAM.
DER WERT VON WERTEN IST NICHT IMMER GLEICH SICHTBAR.

Soll ich diesen Text selbst schreiben oder soll ich meine Mutter um ihre Worte bitten? Ich schreibe selbst. Ich möchte die Daberer-Geschichte aus meiner Perspektive schildern.

Ich wurde 1978 geboren. Und mit mir wurde auch die Biopension Daberer geboren. Wahnsinn. Schon so lange her. Nicht, dass ich mit meinem Alter hadere, nein! Aber 1978 eine Biopension zu gründen, war richtig mutig. Meine Eltern waren Bio-Pioniere. Und das nicht in irgendeinem touristischen Zentrum. Sondern im hintersten Gailtal. An einem Ort, der einem nicht zufällig passiert. In einem 250-Einwohner-Dorf. Und die Einwohner haben allesamt gelächelt – milde gesagt. Die Kunde von der Körndl-Pension, in der man nichts Anständiges zu essen bekommt, hat sich über Jahrzehnte hartnäckig gehalten.

Begonnen hat die Geschichte schon ein wenig früher. Als mein Urgroßvater, ein Patriarch, wie er im Buche steht, 1928/29 das „Bad St. Daniel“ erbaut hat. Hinter dem Haus sprudelte damals wie heute unsere eigene Quelle. Eine heilsame Mineralquelle. Und so kam es, dass Thomas Daberer hier ein Gebäude mit Badekabinen, Küche, Gasträumen und Fremdenzimmern errichten ließ. Damals war es eines der modernst eingerichteten Häuser weitum. Wo gab es in den hiesigen Breiten 1930 schon fließendes Kalt- und Warmwasser sowie ein WC in jedem Zimmer? Der Pioniergeist scheint in der Familie zu liegen.

Durch die Quelle war das Haus von Beginn an mit dem Thema Gesundheit verbunden. Und so kam es, dass eine Weiterentwicklung in Richtung Ernährung sehr klug und damit auch richtungsweisend war. Meine Mutter ist gelernte Köchin. 1978 war sie es, die den Kochlöffel beim Daberer schwang. Sie erzählt gerne, wie sie ihre ersten Bücher über vollwertige Ernährung verschlungen hat. Gesund kochen, selbst backen, eine eigene Landwirtschaft und gute Lebensmittel von örtlichen Produzenten – und all das war schon in den ersten Jahren Teil der Biopension. Kein Wunder also, dass daraus ein Teil der Daberer-DNA wurde.

Wir haben als Familie damals im Hotel gelebt. Wir vier Kinder haben es geliebt, gehasst, gefeiert, verflucht. Alles ein wenig. Ich erinnere mich an viel Lebendigkeit, an wechselnde Spielkameraden, an von mir über alles geliebte Stockbrot-Abende mit allen Gästen, an ausgedehnte Wandertouren in großer Runde, an Honigsüße und an verführerische Riesen-Nougatblöcke in der Hotelküche. Und dann war da der Duft von frischem Brot, der für mich unverwechselbar zum Haus dazugehört. Den habe ich wohl bereits mit der Muttermilch aufgesaugt.

Als Kinder haben wir den Wert dessen, was wir da bekommen und gelernt haben, nicht immer verstanden. Das Vollkorn-Jausenweckerl hätten wir, ohne zu zögern, gegen eine Extrawurst-Semmel getauscht. Erst rückblickend weiß ich es zu schätzen, wie wertvoll die Zeit und die frühen Berührungspunkte mit gesunder Küche für uns vier waren. Und die Sache mit dem Nougat als Süßigkeitenersatz hat sich für mich endgültig erledigt. Das ist wie bei Obelix und dem Zaubertrunk.

„Wir vier Kinder haben es geliebt, gehasst, gefeiert, verflucht.

Meine Eltern Inge und Willi waren von Beginn an leidenschaftliche Weiter-Entwickler. Die Grundmauern und Werte wurden nie in Frage gestellt. Aber es wurde immer wieder gewerkt, gezimmert, gebaut. Der Pioniergeist der Ahnen. Die Schließzeiten waren meist Baustellenzeiten. Ich habe sie geliebt. In meiner Erinnerung haben wir dann meistens in Hotelzimmern gewohnt und in der großen Hotelküche gekocht. Das Hotel war unseres. Die Baustellen waren spannend und abenteuerlich. Einmal konnte man unsere Wohnung nur durch ein Badezimmerfenster betreten. Als Zehnjährige fand ich das sensationell.

Die Entwicklung von der Biopension zum Biohotel ist eine Entwicklung aus der Küche. Es ist eine Entwicklung, die die Qualität der Grundprodukte und ihre achtsame Zubereitung stets im Fokus hat. Es ist eine Entwicklung von einer kleinen Nische in eine größere Nische. Der Markt ist in den letzten Jahrzehnten gewachsen. Zertifizierungen wurden geschaffen, Kontrollstellen aufgebaut. Und wir haben in dieser Zeit unseren eigenen Daberer-Weg gefunden. Einen sehr achtsamen Weg zwischen regionaler Wertschöpfung und Ressourcenschonung und mit dem klaren Bekenntnis zu biologischen Erzeugnissen.

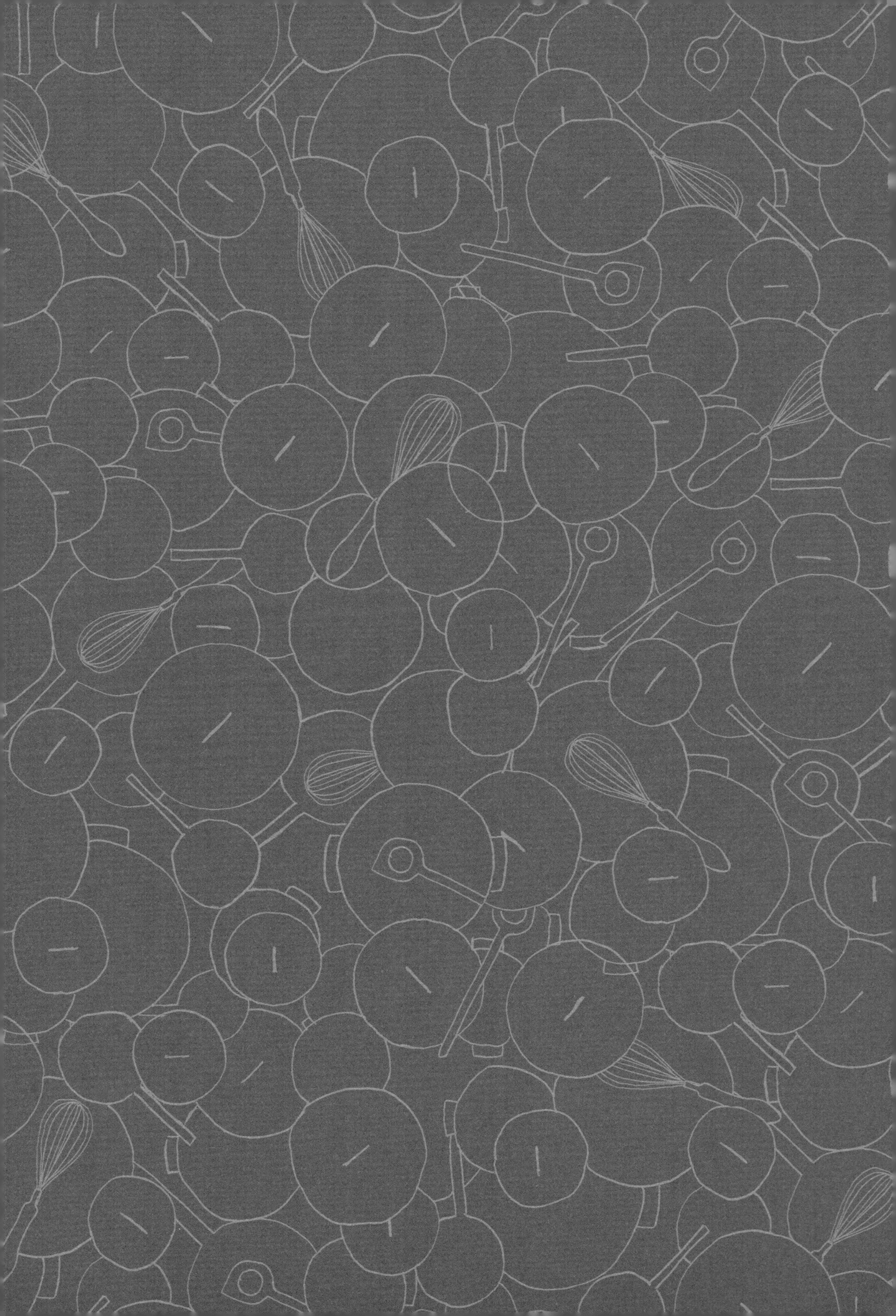

BROT & GEBÄCK

VEGAN

SAUERTEIG

SAUERTEIG IST LIEBE UND MAGIE. MEHL UND WASSER UND SONST REIN GAR NICHTS. UND PLÖTZLICH BEGINNT ER ZU VERZAUBERN.

..... T!PP ....

Man kann auch bei der Bäckerei seines Vertrauens nach Anstellgut fragen. Sauerteige werden in guten Betrieben oft schon seit mehreren Jahrzehnten geführt und sind daher wenig empfindlich, besonders gut backfähig und aromatisch.

Wenn man in bestehenden Rezepten Germ durch Weizensauerteig ersetzen möchte, gilt folgende Regel: 10 % der gesamten Mehlmenge = Weizensauerteiganteil.

Bestehende Rezepte zu verändern, setzt allerdings einiges an Erfahrung und Fingerspitzengefühl voraus. Teige mit Sauerteig benötigen eine längere Reifezeit als Germteige. Damit solche Versuche gut funktionieren, empfiehlt es sich, zusätzlich zum Sauerteig eine kleine Menge frischen Germ als Triebmittel hinzuzufügen. Auf 1 kg Mehl sollte man 1–2 g Germ verwenden.

Die Sauerteigherstellung gelingt am besten, wenn man Vollkornmehl verwendet, da sich vor allem in den äußeren Teilen des Getreidekorns die hilfreichen Mikroorganismen und Nährstoffe finden.

Die Herstellung des Sauerteigs dauert 5 Tage.
Am ersten Tag in einer nicht zu kleinen verschließbaren Schüssel oder einem Einmachglas mit einem Schneebesen 50 g Mehl und 50 ml Wasser glattrühren. Es ist wichtig, Sauerstoff in den Teig zu bringen, um die Hefevermehrung zu fördern.

Das Gefäß verschließen und an einem warmen Ort vor praller Sonne geschützt stehen lassen. Optimal wären 30 °C.

Am zweiten Tag wieder 50 g Mehl und 50 ml Wasser hinzufügen und glattrühren.

Am dritten Tag 100 g Mehl und 100 ml Wasser hinzufügen und glattrühren. Zwischen dem dritten und vierten Tag sollten sich kleine Bläschen im Sauerteig bilden. Ein Zeichen, dass der Sauerteig zu arbeiten beginnt. Dabei bilden sich Hefen und Milchsäurebakterien. Diese sind später im Brot für die Teiglockerung und das Aroma verantwortlich.

Am vierten Tag 200 g Mehl und 200 ml Wasser hinzufügen und glattrühren.

Am fünften Tag kann der Sauerteig dann für jedes beliebige Rezept verwendet werden. Dafür einfach die im Rezept angegebene Menge Sauerteig wegnehmen und laut Angabe verarbeiten. Es sollten jedoch ca. 100 g Sauerteig übrig bleiben. Diesen übrig gebliebenen Teil nennt man Anstellgut oder Sauerteigansatz.

»

Zutaten

400 g Roggen- oder Weizenvollkornmehl

400 ml Wasser

..... !INFO ZUM SAUERTEIG ....

Anstellgut

Das Anstellgut in ein sauberes und gut verschließbares Glas umfüllen. So kann es für maximal 2 Wochen im Kühlschrank gelagert und – nach einer Auffrischung – jederzeit verwendet werden. Spätestens nach 2 Wochen sollte es jedenfalls mit Mehl und Wasser aufgefrischt werden.

Vorausgesetzt im Brotrezept ist kein anderes Verhältnis angegeben, frischt man Sauerteig auf, indem man wieder Mehl und Wasser im Verhältnis 1:1 hinzufügt. Dabei kann man auch mit helleren Mehlsorten arbeiten. Den Teig glattrühren und zugedeckt für 10–12 Stunden an einem warmen Ort stehen lassen. Danach sollte der Sauerteig wieder aktiv sein und kann zum Backen weiterverwendet werden. Das restliche Anstellgut wieder umfüllen, verschließen und bis zum nächsten Einsatz im Kühlschrank lagern. Wenn man länger nicht zum Backen kommt, kann man Anstellgut auch einfrieren. Nach dem Auftauen sollte es mindestens zweimal aufgefrischt werden, um wieder zu vollen Kräften zu kommen.

Roggensauerteig vs. Weizensauerteig

Sauerteig wird vor allem dazu verwendet, Roggen backfähig zu machen. Roggen besitzt weniger gute Backeigenschaften als Weizen oder Dinkel.

Wenn man ein Roggenbrot nur mit Germ backen würde, könnte es nicht aufgehen. Zudem wäre die Krume klebrig, feucht und glitschig. Erst durch die Zugabe von Säure (in Form von Milchsäure im Sauerteig) wird Roggenmehl backfähig.

Weizensauerteig hingegen hat in unseren Breiten eine noch nicht so lange Tradition. Er wird vorwiegend als Triebmittel und wegen seines einzigartigen Aromas eingesetzt. Zudem macht er das Gebäck bekömmlicher. Grundsätzlich ist Weizensauerteig milder als Roggensauerteig. Das ist wichtig, da zu viel Säure in Weizengebäck nicht harmonisch schmeckt.

Wer bereits Sauerteig besitzt, kann problemlos Roggensauerteig zu Weizensauerteig umzüchten. Dazu nimmt man eine kleine Menge Roggenanstellgut und frischt es einige Tage mit Weizenvollkornmehl und Wasser auf. Umgekehrt funktioniert es auch.

Vorteile beim Backen mit Sauerteig
Neben einem besseren Geschmack und Vorteilen bei der Teigbeschaffenheit (schönere Porung und Struktur) unterstützen Sauerteige in Brot und Gebäck unsere Verdauung und machen die enthaltenen Mineralstoffe besser verwertbar.

Brote, die mit Sauerteig hergestellt werden, haben einen niedrigeren glykämischen Index als industriell gefertigtes Brot. Dadurch steigt der Blutzuckerspiegel nach dem Verzehr langsamer an.

Darüber hinaus schützt die Säure das Brot vor Bakterien- und Schimmelbefall, es bleibt auf natürliche Weise länger frisch, saftig und haltbar.

Was kann man mit übrig gebliebenem Anstellgut machen?
Wenn man seinen Sauerteig regelmäßig anfüttert, hat man hin und wieder auch zu viel davon. Um das überschüssige Anstellgut nicht entsorgen zu müssen, gibt es dafür ein paar einfache Verwendungsmöglichkeiten in der Küche.

- Als Zugabe in einem Spätzleteig kann selbst älteres Anstellgut verbraucht werden. Die im Sauerteig dominanten Noten wie z.B. Essigsäure gehen beim Kochen fast zur Gänze verloren.
- Eine weitere Verwertungsmöglichkeit ist das Anstellgut unter einen Backteig oder Tempurateig zu mischen.
- Besonders gut macht sich die milde Säure von Weizensauerteig in hauchdünn gebackenen Sauerteig-Crêpes (S. 240). Für pikant gefüllte Crêpes könnte man auch auf Roggenanstellgut zurückgreifen.

VEGAN

FRÜHSTÜCKSWECKERL

EINEN GUTEN MORGEN BEIM DABERER.
DAS FRÜHSTÜCK WARTET.
DIE HAUSGEMACHTEN WECKERL
SIND NOCH WARM.
DER TAG WIRD WUNDERBAR.

Für das Brühstück Mehl mit kochend heißem Wasser gut vermischen und für mindestens 3 Stunden quellen lassen.

Für den Hauptteig alle Zutaten bis auf das Salz in den Rührkessel der Küchenmaschine geben und 6 Minuten langsam kneten. Salz zufügen und für weitere 4 Minuten schneller kneten. Den Teig mit einem Tuch abdecken und für 1 Stunde gehen lassen, dabei sollte sich das Volumen mindestens um die Hälfte vergrößern. Das Backrohr auf 220 °C Heißluft vorheizen und eine feuerfeste Schale auf den Boden des Backrohrs stellen.

Teig auf die bemehlte Arbeitsfläche geben. Eine Rolle mit ca. 5 cm Durchmesser formen. 20 Stücke abstechen und mit den Händen zu Weckerln formen. Auf ein mit Backpapier ausgelegtes Blech legen. Nochmals für 20 Minuten abgedeckt gehen lassen.

Mit der Oberseite in eine Schüssel mit Wasser und anschließend in die gewünschte Bestreuung tauchen. Wieder auf das Blech legen und das Blech in den Ofen schieben. In die feuerfeste Schale ca. 2 cm hoch heißes Wasser geben und die Ofentür sofort verschließen. Durch den so genannten Schwaden geht der Teig im Ofen besonders gut auf. Nach 3 Minuten den Ofen weit öffnen, damit der Dampf entweichen kann. Die Schale herausnehmen und den Ofen auf 180 °C zurückschalten. Weckerl 10 Minuten fertig backen.

Die fertigen Weckerl auf einem Gitter auskühlen lassen.

Zutaten für ca. 20 Stück

für das Brühstück

75 g Dinkelvollkornmehl

225 g kochend heißes Wasser

für den Hauptteig

425 g Dinkelvollkornmehl plus Mehl zum Arbeiten

250 g glattes Dinkelmehl, Type 700

300 g Brühstück

75 g aktiver Roggensauerteig, am Vortag aufgefrischt

21 g frischer Germ

75 g kaltgepresstes Sonnenblumenöl

1 EL Zucker

225 g Wasser

15 g Salz

zum Bestreuen

Leinsamen

Mohn

Maisgrieß

Sonnenblumenkerne

grobes Salz mit Kümmel

Kürbiskerne

Sesam

..... T!PP ....

Brot ist fertig gebacken, wenn es beim Klopfen auf der Unterseite hohl klingt. Das gilt auch für Weckerl. Sonst noch ein paar Minuten weiterbacken.

VEGAN

ROGGEN-SAUERTEIGBROT MIT LEINSAMEN

WIR BACKEN ALLE UNSERE BROTE SELBST. ÄHRENSACHE. SO BEKOMMEN WIR DAS, WAS WIR GERNE HÄTTEN. NATURSAUERTEIG. HOCHWERTIGE MEHLE UND GETREIDE. LANGE TEIGFÜHRUNG. MIT EIN WENIG ÜBUNG GELINGT DAS AUCH ZUHAUSE.

Für das Brühstück Leinsamen mit Roggenbrotbröseln in einer Schüssel vermischen und mit kochend heißem Wasser übergießen. Verrühren, abdecken und für 3–4 Stunden rasten lassen.

Für den Hauptteig alle Zutaten in den Kessel einer Küchenmaschine geben und mit dem Knethaken 8 Minuten langsam und 2 Minuten schneller kneten. Den Teig mit einem Tuch abdecken und für 2 Stunden an einem warmen Ort gehen lassen.

Mehl auf die Arbeitsfläche streuen und den Teig darauf rundwirken, damit er Spannung erhält. Ein Gärkörbchen bemeh-

Zutaten für 1 Laib à ca. 1 kg

für das Brühstück

35 g Leinsamen

35 g Roggenbrotbrösel (Roggenbrotreste, zerkleinert, getrocknet und fein gemahlen)

140 ml kochend heißes Wasser

für den Hauptteig

240 g Roggensauerteig, am Vortag aufgefrischt

250 ml lauwarmes Wasser

210 g Brühstück

450 g Roggenmehl, Type R960, plus Mehl zum Arbeiten

20 g Salz

8 g Brotgewürz (Kümmel, Fenchel, Anis und Koriander), grob gemahlen

1/2 TL Schabzigerklee

len, den Teig zu einem Laib formen und mit dem Schluss nach unten in das Gärkörbchen legen. Die Teigoberfläche leicht mit Mehl bestreuen und das Brot abgedeckt für weitere 90 Minuten gehen lassen. Danach sollte der Teig an der Oberfläche leichte Risse aufweisen. Falls notwendig, noch ein bisschen länger gehen lassen.

In der Zwischenzeit das Backrohr auf 250 °C Ober-/Unterhitze vorheizen und auf den Boden des Backrohrs eine feuerfeste Schale stellen.

Ideal ist, das Brot auf einem Pizza- oder Brotbackstein zu backen. Auf einem Backblech geht es aber auch. Beides im Backrohr vorheizen.

Das Brot vom Gärkörbchen auf den heißen Stein oder das mit Backpapier belegte Backblech stürzen. Ca. 200 ml heißes Wasser vorsichtig in die feuerfeste Schale gießen und die Ofentüre sofort schließen. Nach 10 Minuten die Ofentüre vollständig öffnen, damit der Dampf entweichen kann, und die Schale aus dem Ofen holen. Die Temperatur auf 230 °C reduzieren und das Brot für weitere 50 Minuten backen. 10 Minuten vor Ende der Backzeit die Ofentüre einen Spalt öffnen und einen Kochlöffel einklemmen. Dadurch kann der restliche Dampf besser entweichen und das Brot wird knuspriger.

Das fertig gebackene Brot auf einem Gitterrost abkühlen lassen.

..... !NFO ....

Durch die Verwendung eines so genannten Brühstücks kann der Teig mehr Wasser binden. So werden Brote und Gebäcke saftiger und bleiben zudem länger frisch. Ein Brühstück aus altem Roggenbrot ist zum einen eine hervorragende Altbrotverwertung und zum anderen verleiht es dem Brot ein wunderbar malziges Aroma. Brühstücke können aus Mehl, Bröseln, Schrot, Saaten und Körnern hergestellt werden.

VEGETARISCH, VEGAN MÖGLICH (WENN MIT ZUCKER GEMACHT)

ROSMARIN-FOCACCIA

EINE FOCACCIA IST EINE FOCACCIA IST EINE FOCACCIA. DA BRAUCHT ES EIGENTLICH NICHTS MEHR. OK. DER ROSMARIN MACHT SICH SEHR GUT OBENDRAUF.

Weizenmehl, Sauerteig, Wasser, Germ und Honig (oder Zucker) in einem Rührwerk mit einem Knethaken für 8–10 Minuten langsam mischen.

Olivenöl und Salz zufügen. Den Teig für weitere 5 Minuten auf einer schnelleren Stufe gut durchkneten. Dadurch bildet sich der Kleber im Teig gut aus. Der ist später für die großen Poren in der Focaccia wichtig.

Den Teig aus dem Rührkessel nehmen, in eine geölte Wanne oder Vorratsdose geben und zugedeckt 45 Minuten rasten lassen. So baut er Spannung auf.

Zutaten

500 g griffiges Weizenmehl, Type 480

50 g Weizensauerteig, mehrfach aufgefrischt und sehr aktiv

390 ml kaltes Wasser

1 g frischer Germ

10 g Honig (oder Zucker)

20 g Olivenöl plus Öl zum Bestreichen und Beträufeln

10 g Salz

ein kleiner Bund Rosmarin, gehackt

15 g grobes Meersalz

40 g Maisgrieß

Den Teig in der Wanne oder Dose falten (unter #stretchandfold findet man im Internet zahlreiche Videos dazu). Nach dem Falten wieder abdecken und für 24–36 Stunden in den Kühlschrank stellen. Nach 12 Stunden nochmals in der Wanne oder Dose falten. Den Teig dabei vorsichtig ziehen, damit nicht zu viele Luftblasen zerstört werden. Wenn der Teig 36 Stunden reift, nach 24 Stunden noch einmal falten.

Den Teig vom Rand der Wanne oder Dose lösen. Ein tiefes Backblech oder einen großen rechteckigen Bräter befeuchten und mit Backpapier auslegen, das Papier mit Olivenöl bestreichen. Den Teig vorsichtig daraufheben und verteilen. Abdecken und 20 Minuten bei Zimmertemperatur rasten lassen.

In der Zwischenzeit das Backrohr auf 250 °C Ober-/Unterhitze vorheizen. Eine kleine feuerfeste Metallschale auf den Boden des Backrohrs stellen.

Den Teig mit Olivenöl beträufeln. Mit Rosmarin, grobem Meersalz und Maisgrieß bestreuen. Mit allen 10 Fingern die Bestreuung in den Teig hineindrücken.

Focaccia in den Ofen schieben. In die feuerfeste Schale ca. 2 cm hoch heißes Wasser geben. Durch den so genannten Schwaden geht der Teig im Ofen besonders gut auf. Nach 10 Minuten die Ofentüre komplett öffnen, den Dampf ablassen und die Schüssel herausnehmen. Die Focaccia für weitere 10–15 Minuten bei 200 °C fertig backen. Lauwarm aus der Form nehmen und am besten gleich probieren.

..... !NFO ....

Durch das mehrmalige Falten wird die Brotkrume nach dem Backen leicht glasig, glänzend und besonders großporig.

VEGETARISCH

ZIMTSCHNECKEN

DIE FRÜHSTÜCKSVORLIEBEN SIND UNTERSCHIEDLICH. DER EINE SÜSS. DER ANDERE PIKANT. WOBEI – SO EINE KLEINE, FEINE ZIMTSCHNECKE ZUM ABSCHLUSS. WER KANN DA SCHON NEIN SAGEN.

Zutaten für 48 Stück

für das Brühstück

60 g Dinkelvollkornmehl

190 g kochend heißes Wasser

für den Hauptteig

375 g glattes Weizenmehl, Type 700

300 g Weizenvollkornmehl

250 g Brühstück

21 g frischer Germ

25 g aktiver Weizensauerteig, am Vortag aufgefrischt

250 ml kalte Milch

1 Ei

120 g Zucker

1 TL Kardamom, gemahlen

120 g zimmerwarme Butter, in kleine Würfel geschnitten

5 g Salz

außerdem

120 g zerlassene Butter

300 g Kristallzucker

2 EL Zimt, gemahlen

Für das Brühstück Dinkelvollkornmehl und kochend heißes Wasser gut vermischen und für mindestens 3 Stunden abgedeckt quellen lassen.

Für den Hauptteig alle Zutaten bis auf Butter und Salz in den Rührkessel der Küchenmaschine geben und 5 Minuten langsam kneten. Salz und Butter zufügen und weitere 4 Minuten schneller kneten.

Den Teig in 4 Teile teilen. Rund formen und abgedeckt 1 Stunde gehen lassen. Danach sollte sich das Volumen deutlich vergrößert haben. Rechteckig ca. 5 mm dick ausrollen. Mit zerlassener Butter bestreichen und mit Zimt-Zucker bestreuen. Jedes Rechteck einzeln einrollen. In jeweils 12 gleiche Stücke schneiden und mit der Schnittfläche nach oben auf ein mit Backpapier ausgelegtes Backblech legen.

20 Minuten rasten lassen. In der Zwischenzeit den Ofen auf 200 °C Heißluft vorheizen.

Die Zimtschnecken 15–20 Minuten backen.

VEGAN

BANANENBROT

EIN EINFACHER, VEGANER FRÜHSTÜCKSKLASSIKER, DER AUCH ZUM NACHMITTAGS-KAFFEE UND ZWISCHENDURCH EINE GUTE FIGUR MACHT.

Ofen auf 160 °C Heißluft vorheizen. Bananen zerkleinern oder mixen. Mehl und Natron sieben. Bananen mit Kokosblütenzucker und Öl kurz kneten. Mehl, Natron und Salz zufügen und alles zu einem geschmeidigen Teig kneten. Die Kastenform mit Sonnenblumenöl ausstreichen. Teig einfüllen und 50–60 Minuten backen. Stäbchenprobe machen: eine Nadel oder einen kleinen Spieß hineinstecken und wieder herausziehen. Wenn kein Teig mehr haften bleibt, ist das Bananenbrot fertig.

Zutaten für 1 große Kastenform (30 cm Länge)

600 g reife Bananen, geschält

360 g Dinkelmehl D700

14 g Natron

70 g Kokosblüten- oder Rohrzucker

120 g Sonnenblumenöl plus Öl für die Form

1 TL Salz

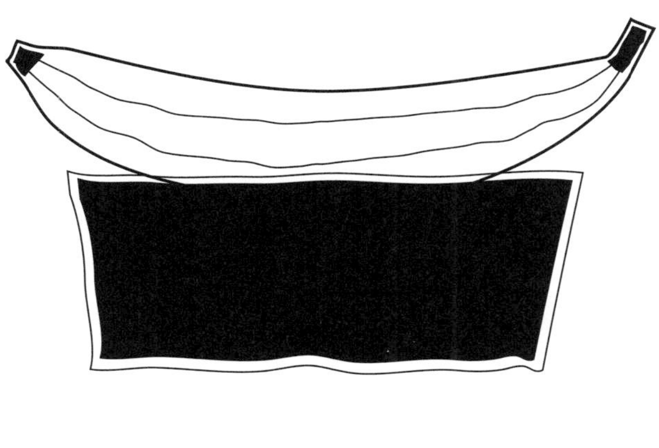

VEGETARISCH, VEGAN MÖGLICH

KLETZENBROT

KLETZENBROT SCHMECKT NICHT NUR IM ADVENT. DEN GANZEN WINTER ÜBER IST ES EIN SUPER ENERGIELIEFERANT. BEIM WINTERWANDERN. BEIM SKIFAHREN. UND AUCH ZU KÄSE IST ES EINEN VERSUCH WERT.

Dörrzwetschken, Kletzen und Feigen in grobe Stücke schneiden. Aranzini hacken. Alle Trockenfrüchte, Pinienkerne, Walnüsse, Haselnüsse, Zitrusabrieb und Gewürze in eine Schüssel geben. Mit Schnaps oder Rum marinieren. Abgedeckt ca. 2 Stunden ziehen lassen.

In der Zwischenzeit für den Teig Germ mit Zucker oder Honig im lauwarmen Wasser auflösen. Mit 100 g vom Roggenmehl vermischen. Diesen Vorteig 1 Stunde abgedeckt gehen lassen.

Den Vorteig mit dem restlichen Mehl, den marinierten Trockenfrüchten und Salz 4 Minuten im Rührwerk langsam zu einem glatten Teig kneten. Wenn sich die Zutaten schlecht vermischen, noch ein wenig Wasser zufügen.

Auf einer bemehlten Arbeitsfläche 2 Wecken formen. Auf ein Blech mit Backpapier legen, mit einem Tuch abdecken und nochmals 1 Stunde gehen lassen. Das Backrohr auf 180 °C Ober-/Unterhitze vorheizen.

Die Wecken mit verquirltem Ei bestreichen. Mit blanchierten Mandeln belegen. Für ca. 1 Stunde backen. Zum Auskühlen auf ein Gitter legen.

..... T!PP ....

Wer das Kletzenbrot vegan möchte, nimmt statt Ei einfach ein bisschen mit etwas Öl vermischten Soja- oder Haferdrink zum Bestreichen.

Wer nicht alle Gewürze zur Verfügung hat, kann nur 2 TL Zimt oder auch Lebkuchengewürz verwenden.

Zutaten für 2 Wecken à ca. 600 g

250 g Dörrzwetschken

170 g Kletzen

170 g getrocknete Feigen

80 g Aranzini

130 g Rosinen

40 g Pinienkerne

40 g Walnüsse

40 g Haselnüsse

Abrieb von 1 Zitrone

Abrieb von 1 Orange

100 ml Birnenschnaps oder Rum

1/2 TL Zimt, gemahlen

1/2 TL Fenchelsamen, gemahlen

1/4 TL Koriandersamen, gemahlen

1/4 KL Piment, gemahlen

1/4 KL Nelke, gemahlen

1/4 KL Kardamom, gemahlen

1/4 KL Ingwer, gemahlen, oder etwas frisch geriebener Ingwer

1/2 Sternanis, gemahlen

1 Ei

einige blanchierte Mandeln

für den Teig

30 g frischer Germ

1 TL Zucker oder Honig

100 ml lauwarmes Wasser

350 g Roggenmehl, Type 960 plus Mehl zum Arbeiten

1/2 TL Salz

..... T!PPS MEHLTYPEN UND FRISCHE

Mehltypen
Die Typenzahl auf einer Verpackung verrät den Mineralstoffgehalt und die Helligkeit des Mehls. Je höher die Typenzahl, umso höher ist der Anteil der Vitamine, Mineralstoffe und Ballaststoffe.

Mehle mit einer höheren Typenzahl sind dunkler, da mehr Anteile der äußeren Kornschicht mitvermahlen werden. Die Bezeichnungen sind in Österreich und Deutschland unterschiedlich (siehe Tabelle). Die Bezeichnungen „glatt", „griffig" und „universal" beziehen sich wiederum auf den Feinheitsgrad des Mehls.

In Brotrezepten ist die Typenbezeichnung von größerer Bedeutung als der Mahlgrad. Der wiederum spielt bei vielen anderen Rezepten, in denen Mehl zum Einsatz kommt, eine Rolle.

Glattes Mehl eignet sich für feinporige geschmeidige Teige wie Strudelteig, Biskuit, Mürbteig, Plunderteig oder Palatschinken. Griffiges Mehl nimmt gut Wasser auf und wird deshalb für elastische Teige verwendet, z.B. für Nudelteige, Knödelteige oder mürbe Germteige. Zum Panieren oder Mehlieren vor dem Anbraten verwendet man gerne griffiges Mehl. Universalmehl wiederum ist eine Mischung aus glattem und griffigen Mehl im Verhältnis 1:1.

Mehlsorte	Typenbezeichnung AT	Typenbezeichnung DE
Weizenmehl	Type W480	Type 405
Weizenmehl	Type W700	Type 550
Weizenmehl	Type W1600	Type 1050
Roggenmehl	Type R500	Type 815
Roggenmehl	Type R960	Type 997
Dinkelmehl	Type D700	Type 630
Dinkelmehl	Type D1500	Type 1050

So bleibt Brot lange frisch
Frisch gebackenes Brot ist ein einzigartiger Genuss. Mit der richtigen Lagerung schmeckt es auch nach Tagen noch gut.

Roggensauerteigbrot ist bei richtiger Lagerung 1 gute Woche haltbar. Mischbrote halten maximal 4 Tage, Weißbrote nur 2 Tage.

Am längsten hält sich Brot in einem unglasierten Brottopf aus Ton. Der Ton kann Feuchtigkeit speichern und bei Bedarf wieder an das Brot abgeben. Bei Brotboxen aus anderen Materialien ist es wichtig, dass diese ausreichend Lüftungslöcher haben, damit das Brot nicht zu schimmeln beginnt. Zudem sollte man Brotboxen zweimal pro Woche mit Essigwasser auswischen, dadurch wird die Schimmelbildung gehemmt.

Eine kostengünstige Alternative zu Brotdosen ist ein Brotsackerl aus Leinen. Darin bleibt Brot mehrere Tage frisch. Wenn das Gebäck doch einmal zu trocken geworden ist, gibt es einen einfachen Trick, um es nochmal aufzubacken: eine Hand unter kaltes, fließendes Wasser halten. Das Gebäck damit einreiben, bis die gesamte Kruste gut benetzt ist. Bei ca. 200 °C Heißluft für einige Minuten ins vorgeheizte Backrohr legen, bis die Kruste wieder schön resch ist. Es schmeckt dann fast wieder wie frisch gebacken, sollte aber möglichst bald verzehrt werden.

..... !NFO ....

Warum hat ein Würfel Germ genau 42 g?
Früher kaufte man Germ direkt beim Bäcker. In Bäckereien wurden seit jeher 500 g schwere Germblöcke verwendet. Für Haushaltsmengen hat man diese in 12 Würfel zu je 42 g (500 g : 12 = 41,66 g) geschnitten. Die Gewichtseinheit wurde bis heute beibehalten. In einfachen Germteigen gilt die Faustregel: Ein Würfel Germ reicht für 1 kg Mehl.

ES IST WIE MAGIE. EINE GESCHICHTE EINER GROSSEN LIEBE.

Wenn man die Augen schließt und an den Daberer denkt, dann steigt einem ein besonderer Geruch in die Nase. Ein wohlig warmer. Ein Geruch, der Erinnerungen weckt. An gute Tage. An gute Menschen. An Leichtigkeit. An gutes Essen.

Der Daberer hat einen besonderen Geruch. Keinen vordringlichen. Keinen geschaffenen. Bloß kein Duftmarketing oder sonstiges künstliches Parfümieren. Der Daberer-Geruch hat sich entwickelt. Mit uns. Mit dem Haus. Eine zentrale Geruchskomponente ist immer da. Seit jeher. Eine, die wie keine andere ein Zuhausegefühl vermittelt. Der Duft von frisch gebackenem Brot. Seit ich denken kann, riecht es hier so. Dieser Geruch ist Teil der Daberer-DNA. Denn Brotbacken geht tief ins Daberer-Herz.

Früher, als meine Eltern mit der Biopension begonnen haben, gab es hinter dem Hotel eine Holzhütte. An drei Seiten geschlossen, an einer Seite offen. Dort stand auf der einen Seite ein Tischtennis-Tisch und auf der anderen ein Holzbackofen. Meine Mutter hat hier immer wieder Brot gebacken. Allein, aber auch gemeinsam mit interessierten Gästen.

Auch eine große Getreidemühle gab es von Anbeginn an. War doch Vollkorngetreide ein Muss in der Daberer-Bäckerei. Früher stand sie nicht in der Küche, sondern im Eingangsbereich des Hotels. Kein praktischer Ort und auch staubtechnisch suboptimal, aber wohl der beste Platz, um Bewusstsein für hochwertiges Getreide und Brot zu schaffen.

Der Ofen ist im Laufe der Jahre von draußen nach drinnen gewandert. Auch die Mühle hat immer wieder ihren Standort gewechselt. Geblieben ist der Wunsch nach frischem, hausgebackenem Brot. Und so wurde weiter gebacken. Zwei bis drei Mal die Woche. Doch auch das Hotel ist gewachsen und so hat das irgendwann nicht mehr gereicht für Frühstück, Mittagessen und Abendessen. Gleichzeitig wollten die Gäste mehr Vielfalt. Und auch wir waren der Meinung, es müsste mehr Auswahl an Brot und Gebäck her. So wie in vielen anderen Hotels auch. Zu unserem eigenen Brot und zu den hausgemachten Weckerln haben wir dann Bio-Backwaren ergänzend zugekauft. Die wurden vor Ort frisch aufgebacken. Die Gäste haben ordentlich zugegriffen. Frisch und warm. Luftig und locker. Aber Hand aufs Herz. Das ist nur Industrieware. Zwar biologische, aber dennoch geschönt. Das hat mit der wahren Magie von Brot nichts zu tun.

> **„Aber Hand auf Herz. Das ist nur Industrieware.**

Im Nachhinein sehe ich es als kleinen Umweg zum Ziel. Und Umwege sind wertvoll. Man lernt ziemlich viel aus den vermeintlich überflüssigen Kilometern. Mitten am Weg hat sich dann nämlich unsere endlose Qualitätsvernarrtheit wieder gemeldet. Wir waren nicht zufrieden. Wir wollten nicht wie alle nur aufbacken. Was also tun? Ist weniger nicht mehr? Die Lösung zu formulieren war einfach, die Umsetzung eine Herausforderung! Selbst backen. Und zwar möglichst viel. Und noch besser werden. Mehl in bester Qualität, Wasser in ebensolcher und Salz. Das sind die harten Fakten. Dann sind da noch Handwerkskunst, Zeit und eine Prise Liebe zum Tun. Und das ist es.

Heute backen wir fast alles selbst. Roggenbrot, Dinkelbaguette, Weizenfocaccia. Kipferl fürs Frühstück, Dinkelweckerl, Roggenkrustenweckerl, Salzstangerl und Milchbrot. Immer noch mit Vollkorn und deutlich mehr Dinkel als Weizen. Aber wir sind ausgeglichener geworden. Die Balance macht es.

Christine ist unsere Bäckerin. Sie ist mit Herz bei der Sache. Sie entwickelt sich, ihre Fähigkeiten und die Rezepte weiter. So kommt es, dass der Duft von frischem Brot heute noch viel mehr Teil vom Daberer ist als vor 40 Jahren. Und so soll das auch weitergehen.

FRÜHSTÜCK

VEGETARISCH

BRENNNESSEL-FRÜHSTÜCKSEI AUS DEM OFEN

GUTEN MORGEN MIT DIESEM QUIETSCHGRÜNEN FRÜHSTÜCKSEI. WAS FÜR EIN FARBENFROHER TAGESSTART. WIR MÖGEN IHN BESONDERS MIT DEN ERSTEN JUNGEN BRENNNESSELN IM FRÜHLING. ABER AUCH DIE BRENNNESSEL-ALTERNATIVEN SIND KÖSTLICH.

Brennnesseln waschen. Anschließend in einem Topf mit gut gesalzenem Wasser 30 Sekunden blanchieren. In kaltem Wasser abschrecken. 50 ml vom Kochwasser auffangen. Brennnesseln ausdrücken und fein hacken.

Zwiebel und Knoblauch in Butter anschwitzen. Brennnesseln zufügen und mit Schlagobers und Brennnessel-Kochwasser aufgießen. Aufkochen. Mit Salz und Muskat abschmecken. Die Brennnesselcreme mit einem Stabmixer fein pürieren.

In der Zwischenzeit das Backrohr auf 170 °C Heißluft vorheizen und ca. 1,5 l Wasser zum Kochen bringen.

4 feuerfeste Förmchen (Souffléförmchen oder Kaffeetassen) mit weicher Butter auspinseln. Die Eier aufbrechen und vorsichtig in die Förmchen gleiten lassen. Die Brennnesselcreme um den Dotter herum in die Förmchen gießen.

Die Förmchen in ein tiefes Blech stellen und kochend heißes Wasser ins Blech gießen, sodass die Förmchen ca. 2 cm unter Wasser stehen.

Das Blech ins Rohr stellen und nach 7 Minuten kontrollieren, ob die Eier schon fest genug sind, die Dotter sollen noch weich sein.

Die fertigen Eier mit etwas Fleur de Sel bestreut servieren.

Zutaten für 4 Personen

1 Handvoll junge Brennnesselblätter (ersatzweise junger Spinat, Wiesenspinat oder Winterportulak)

Salz

1/2 kleine Zwiebel, in kleine Würfel geschnitten

1/2 Knoblauchzehe, gehackt

1 EL Butter plus Butter für die Förmchen

50 ml Schlagobers

50 ml Brennnessel-Kochwasser

Muskatnuss, gerieben

4 Eier

Fleur de Sel

VEGETARISCH, VEGAN MÖGLICH

KAKAOPORRIDGE, TONKABOHNE, WEICHSELN

EIN PORRIDGE, DER SCHMECKT WIE EIN WARMER SCHOKO-KIRSCH-KUCHEN. UND DAS GANZ OHNE ZUCKER. MMMMMH!

Zutaten für 4 Personen

80 g Mandeln

160 g feine Haferflocken

80 g Datteln, entkernt

35 g Rohkakaopulver

1 Tonkabohne, gerieben

Mark von 1/2 Vanilleschote

1 Prise Salz

800 ml Mandeldrink

1 Glas Weichseln, entkernt und idealerweise ohne Zucker

1 TL Erdäpfel- oder Maisstärke

etwas Joghurt, veganes Joghurt oder geschlagenes Obers als Topping

Die Mandeln im Backrohr bei 170 °C Heißluft für 10 Minuten rösten. Danach mit der Hälfte der Haferflocken sowie Datteln, Kakaopulver, Tonkabohne, Vanille und Salz in einer Küchenmaschine fein mixen. Anschließend die restlichen Haferflocken dazugeben.

Den Mandeldrink aufkochen. Die Porridge-Mischung dazugeben und unter ständigem Rühren kochen, bis die Haferflocken gut aufgequollen sind. Den Porridge zugedeckt neben dem Herd noch 5 Minuten rasten lassen.

Die Weichseln abgießen, den Saft in einen Topf geben. Ca. 50 ml davon mit der Erdäpfelstärke verrühren. Den Saft aufkochen und mit der angerührten Stärke binden. Dann die Weichseln dazugeben.

Den Porridge mit Weichseln und Schlagobers oder Joghurt servieren.

..... T!PP ....

Statt Tonkabohne können z.B. Orangenschale, Kardamom, Zimt oder Kaffeebohnen zum Aromatisieren verwendet werden, statt Vanillemark Vanillezucker.

Die Porridge-Mischung kann man auf Vorrat produzieren und in einem gut verschlossenen Glas lagern.

VEGAN

GRANOLA

SCHOKOLADIG. CRUNCHY. UND VOLLER GUTER ZUTATEN. WAS WÄRE EIN DABERER-FRÜHSTÜCK OHNE UNSEREN GRANOLA-LIEBLING.

Ofen auf 180 °C Heißluft vorheizen. Kokosöl in einem kleinen Topf erwärmen und mit Ahornsirup verrühren. Die restlichen Zutaten in einer weiten Schüssel gut vermischen. Anschließend die Kokosöl-Ahornsirup-Mischung einrühren und gut verrühren. Die Mischung auf ein Blech mit Backpapier geben und in den Ofen schieben. 30–40 Minuten backen. Regelmäßig wenden, damit nichts verbrennt.

Zutaten für 4 Personen

50 g Kokosöl

80 ml Ahornsirup

100 g Haferflocken

100 g Reisflocken

100 g Mandelblättchen oder Mandeln, grob gehackt

100 g Cashewkerne, grob gehackt

70 g Buchweizen, geschält

80 g Kokosblütenzucker

50 g Chiasamen

50 g Kokosflocken

2 EL Rohkakaopulver

1/4 TL Vanille, gemahlen

..... T!PP ....

Granola schmeckt perfekt als Topping auf Joghurt. Dazu passen noch frische Früchte oder Fruchtmus.

VEGAN

APFEL-MOHN-PORRIDGE

EIN WUNDERBARER GANZJAHRES-PORRIDGE, DEN MAN MIT EINEM TOPPING AUS FRISCHEN FRÜCHTEN SAISONAL ABWANDELN KANN.

Zutaten für 4 Personen

ca. 500 ml ungesüßter Hafer- oder Mandeldrink

1 Prise Salz

1/2 TL Zimt, gemahlen

100 g feine Haferflocken

60 g Mohn, gemahlen

1 säuerlicher Apfel

Hafer- oder Mandeldrink mit Salz und Zimt aufkochen. Haferflocken und Mohn einrühren. Für 5 Minuten köcheln lassen, gelegentlich umrühren.

In der Zwischenzeit den Apfel grob raspeln und unter den Porridge mischen. Topf von der Herdplatte nehmen. Falls der Porridge zu dick ist, noch etwas Hafer- oder Mandeldrink dazugeben.

..... T!PP ....

Wir servieren unseren Porridge mit Schwarzbeerkompott und Walnüssen. Alternativ passen gut auch andere Beeren, Granatapfelkerne, Pflaumen oder Trauben.

VEGAN

WARMES REIS-FRÜHSTÜCK, APFEL, ANIS

JEDEN TAG EIN ANDERES WARMES FRÜHSTÜCK. DAS IST JA WIE IM URLAUB BEIM DABERER.

In einem Topf das Wasser zum Kochen bringen. Reis dazugeben, Hitze reduzieren. Zugedeckt bei schwacher Hitze für 40 Minuten kochen, ohne umzurühren. Nach dieser Zeit sollte der Reis das Wasser so gut wie komplett aufgenommen haben und noch leicht bissfest sein.

In der Zwischenzeit die Apfelstücke mit Apfelsaft, Rosinen, Anis und Zitronensaft in einem zweiten Topf zugedeckt für ca. 5 Minuten dünsten.

Reis und Salz dazugeben, gut verrühren. Weiter dünsten, bis der Reis den Apfelsaft vollständig aufgenommen hat.

Zutaten für 4 Personen

600 ml Wasser

250 g Natur-Rundkornreis

3–4 säuerliche Äpfel, entkernt und geschält, in kleine Stücke geschnitten

200 ml Apfelsaft

50 g Rosinen

1 TL Anissamen

Saft von 1/2 Zitrone

1 Prise Salz

..... T!PP ....

Der Reis kann schon am Vorabend gekocht werden, dann spart man sich in der Früh einiges an Zeit.

Eine gute Kombination zum Reisfrühstück sind Joghurt, frische Früchte, Fruchtsaucen, Nüsse, Mandelmus, Granola oder ein bisschen geschlagenes Obers.

VEGAN

WARMES BUCHWEIZENFRÜHSTÜCK MIT ZIMT, INGWER UND KARDAMOM

EIN WARMES BUCHWEIZENFRÜHSTÜCK IST EINE WILLKOMMENE UND GESUNDE ABWECHSLUNG. DAS GLUTENFREIE PSEUDOGETREIDE KOMMT VIEL ZU SELTEN AUF DEN TELLER BZW. IN DIE SCHÜSSEL.

Zutaten für 4 Personen

200 g Buchweizen, geschält

600 ml Wasser

60 g getrocknete Marillen, in Würfel geschnitten

1 EL Ingwer, gerieben

1 MS Kardamom, gemahlen

1 MS Vanille, gemahlen

1 TL Zimt, gemahlen

1 Prise Salz

Abrieb und Saft von 1/2 Orange

1 Spritzer Zitronensaft

ca. 400 ml Hafer- oder Mandeldrink

außerdem

2 Blutorangen, in Scheiben geschnitten

4 EL Granatapfelkerne

2 EL Buchweizen, für 15 Minuten bei 170 °C Heißluft im Backrohr geröstet

Buchweizen in ein Sieb geben, unter kaltem Wasser gut abspülen und in einen Topf geben. Wasser, Marillen, Ingwer, Kardamom, Vanille, Zimt und Salz zufügen, aufkochen und zugedeckt für ca. 20 Minuten leicht köcheln lassen.

Wenn das Wasser aufgesogen ist, den Deckel abnehmen und die Temperatur nochmals etwas erhöhen. Immer wieder umrühren, damit das restliche Wasser verdampfen kann. So bekommt der Buchweizen eine lockere Konsistenz. Anschließend Orangenabrieb und -saft sowie Zitronensaft hinzufügen und den Buchweizen in Schüsseln anrichten.

Hafer- oder Mandeldrink warm oder kalt in die Schüsseln gießen. Mit Blutorangenscheiben, Granatapfelkernen und geröstetem Buchweizen garnieren.

..... T!PP ....

Je nach Jahreszeit passen auch Rhabarber, Beeren, Physalis, Zwetschken, Feigen oder Trauben gut zum Buchweizenfrühstück.

VEGAN, BASISCH

BASISCHES APFELFRÜHSTÜCK

EIN BASISCHER TAG BEIM DABERER BEGINNT OFTMALS MIT DIESEM APFELFRÜHSTÜCK. EIN GUTER START, WÜRDEN WIR MEINEN.

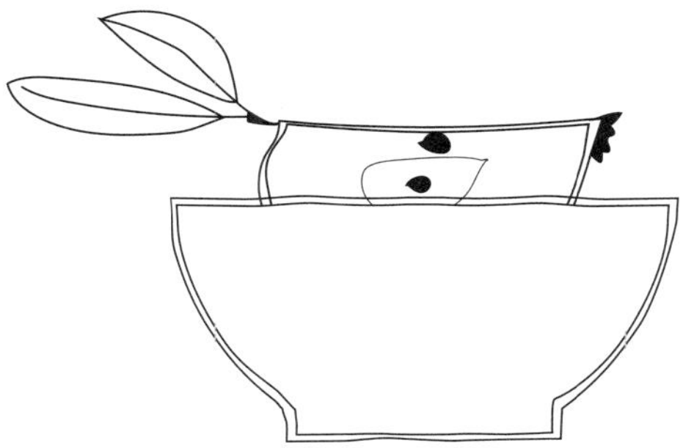

Die ungeschälten Äpfel grob zerkleinern, Kerngehäuse entfernen. Apfelstücke mit Datteln, Sternanis, Apfelsaft, Wasser und Zitronenschale dünsten. Mit Leinsamen und Mandeln mixen. Anrichten und warm oder kalt genießen.

Zutaten für 4 Personen

6 Äpfel

2 Datteln

2 Sternanis

120 ml Apfelsaft

120 ml Wasser

Saft und Abrieb von 1 Zitrone

4 TL Leinsamen

40 g Mandeln

..... T!PP ....

Das Apfelfrühstück kann mit verschiedenen Toppings zu einem reichhaltigeren Frühstück aufgewertet werden. Dafür eignen sich z.B. geröstete Samen, Mandelblättchen, Kakaonibs und frische Früchte.

..... T!PPS WARMER START IN DEN MORGEN

Der Start in den Tag

Das belegte Brot einfach links liegen lassen. Das ist eine gute Idee. Denn vieles spricht für einen warmen Start in den Tag. Morgens müssen der Magen und der Stoffwechsel erst einmal wach werden. Dabei hilft nichts so gut wie ein warmes Frühstück. Außerdem sorgt etwas Warmes in der Früh für ein angenehmes Körpergefühl – besonders in der kalten Jahreszeit.

Generationen vor uns haben das mit dem Kärntner „Sterz" als Frühstücksmahlzeit ganz richtig gemacht. (Anmerkung für alle Nicht-Kärntner: Sterz ist ein Getreidebrei aus Mais oder Buchweizen oder einer Mischung, vergleichbar mit Polenta.) Aber auch andere Ernährungstheorien plädieren für einen warmen Tagesstart.

Das Frühstück in der TCM

Stefanie ist ausgebildete Ernährungsberaterin der Traditionellen Chinesischen Medizin (TCM). Was würde sich daher mehr anbieten, als mit ihr auf eine ebensolche Frühstücksreise zu gehen.

„Das Frühstück ist die wichtigste Mahlzeit des Tages." Auch wenn diese Binsenweisheit in den letzten Jahren an Relevanz und Wahrheitsgehalt verloren hat, setzen wir doch mit dem Frühstück einen ersten Akzent für den Verlauf des weiteren Tages. Wir haben über Nacht gefastet und beginnen am Morgen wieder neu.

Für die Traditionelle Chinesische Medizin (TCM) bedeutet das, dass wir unseren Magen erst wieder auf Betriebstemperatur bringen müssen. Der braucht nämlich für ein optimales Funktionieren ein gut warmes Milieu – ähnlich wie ein Komposthaufen – und nach der nächtlichen Ruhephase tut es ihm gut, wenn er mit dem Frühstück dabei etwas Unterstützung bekommt.

Die thermische Wirkung von Lebensmitteln

Um das zu verstehen, machen wir einen kleinen TCM-Exkurs. Die TCM kategorisiert Lebensmittel nach ihrer thermischen Wirkung. Also danach, wie sie auf den Körper wirken. Chili z.B. ist heiß. Klar, das kann man sich gut vorstellen. Joghurt ist kalt. Auch noch klar. Ausnahmen bestätigen aber wie immer die Regel. Kaffee gilt als kaltes Lebensmittel und unterstützt den Magen in der Früh also nicht beim Warmwerden. Nicht hinterfragen – einfach wirken lassen.

Wenn wir unseren Magen, oder wie die TCM sagt, unsere Mitte, morgens unterstützen wollen, sollten wir thermisch warme Lebensmittel zu uns nehmen. Denn dann muss der Magen keine zusätzliche Arbeit und Energie aufwenden, um diese Lebensmittel anzuwärmen.

Die Sache mit dem Brot
Und noch eine schlechte Nachricht für uns westliche Frühstücks-Enthusiasten hat Stefanie mit im Gepäck. Auch Brot zählt nicht zu den warmen Lebensmitteln. Für Stefanies TCM-Lehrerin ist Brot das erste Fast Food und als solches zu behandeln. Es geht dabei nicht darum, in Extreme zu verfallen. Es kann aber für viele Menschen schon interessant und sinnvoll sein, alternative und warme Frühstücksideen auszuprobieren.

Warme Frühstücksideen
Ein warmes Frühstück kann z.B. eine Suppe, ein Eintopf oder ein warmer Getreidebrei sein. Diese Frühstücksvarianten sind leichter verdaulich, strengen den Magen nicht an und machen lange satt.

Wer bei uns urlaubt, kann täglich neu wählen und sich überraschen lassen. Damit das auch zuhause gut funktioniert, haben wir im Kochbuch einige Ideen aufgenommen, die wunderbar schmecken und gut vorzubereiten sind.

Unser Tipp: Einfach unsere tollen warmen Frühstücks-Rezepte ausprobieren. Zeit nehmen, um sich in den eigenen Körper einzufühlen. Wie ist das Gefühl nach einem Joghurt oder einem Käsebrot und wie ist es nach einem warmen Müsli?

NAME:
STEFANIE SONNLEITNER
BEIM DABERER SEIT: **2019**
MEIN LIEBLINGSPLATZ BEIM DABERER:
DIE KÜCHE UND DER WALDTEICH

Auf dieses Essen kann ich nicht verzichten:
Ich versuch's immer wieder, aber bei Schokolade ist es richtig schwer.

Meine Superkraft beim Kochen ist …
Zeit-Manangement. Vielleicht unattraktiv, aber ich bin voll stolz darauf, und es war viel Arbeit!

Diese Koch-Weisheit sollten viel mehr Menschen kennen:
Wenn man ein Rezept zum ersten Mal macht, immer genau so machen, wie's beschrieben ist. Sonst kann man im Nachhinein nicht sagen, was funktioniert und was nicht. Für eine feine Sauce Schalotten verwenden statt Zwiebeln und nicht mixen, sondern durch ein Sieb passieren. (Beide nicht von mir, sondern von meiner Mum.)

Das Unnötigste, das ich bei mir in der Küche habe, ist …
Alexa – aber gut zum Podcasthören beim Kochen.

Meine Laune beim Kochen kann schon mal …
etwas übermütig werden.

Ein Moment in der Küche, der mir die Sprache verschlagen hat:
Bei der Arbeit ist mir das Zusammenspiel von Küche und Service sehr wichtig. Manchmal ist das aber nicht ganz einfach. Es hat schon viele Momente gegeben, in denen es mir die Sprache verschlagen hat, weil ich nicht verstehen konnte, warum mein Gegenüber mich nicht versteht. Ich arbeite an meiner Geduld und meinem Verständnis.

Ich kann auf keinen Fall eine Woche auf ... verzichten:
meine Schwestern & meine Mum

Mein „wahres“ Alter ist ...
Ich bin ganz zufrieden mit meinem tatsächlichen Alter. Fühl mich etwas g'scheiter als früher und hoffe, das wird noch besser.

Das koche ich nur, wenn ich allein bin:
Ich habe ein Ritual, wenn ich ganz allein zuhause bin. Dann kauf ich mir eine große TK-Pizza. Wenn ich länger als einen Tag allein bin, kann ich endlich auch mal Gemüse kochen, das unsere Kinder nicht essen, z.B. Rote Rüben, Fenchel und Süßerdäpfel.

WENN ICH FREI HABE

- [ ] Greife ich keinen Kochlöffel an.
- [ ] Bin ich vom Handy nicht wegzubringen.
- [ ] Verlaufe ich mich in der Natur.
- [x] Esse ich den ganzen Tag.
- [x] Mach ich am liebsten nichts.
- [ ] Singe ich laut unter der Dusche.
- [ ] Verschlafe ich immer.
- [ ] Koche ich das Gleiche wie beim Daberer.

SO WÜRDE ICH MICH BESCHREIBEN

- [ ] aufgeschlossen
- [x] lustig
- [ ] bodenständig
- [ ] eitel
- [x] hilfsbereit
- [x] pünktlich
- [x] kindisch
- [x] verständnisvoll
- [x] Frühaufsteher
- [x] schadenfroh
- [ ] unordentlich
- [ ] einzigartig
- [ ] chaotisch
- [ ] nie verlegen
- [ ] spontan
- [x] Naschkatze
- [x] tollpatschig
- [ ] fotogen
- [x] tierlieb
- [x] naiv
- [ ] Realist
- [x] Optimist
- [x] Familienmensch
- [ ] Traumtänzer

DIE TAFELFREUNDE.
WAS UNS DREI AUTOREN MIT DEM DABERER VERBINDET.

Der Daberer ist mehr als ein Haus, in dem man übernachten kann. Der Daberer ist ein Sehnsuchtsort mit einem besonderen Geist. Wenn man den spürt, dann ist es Liebe auf den ersten Blick. Wenn man den nicht spürt, dann ist es vielleicht einfach nicht der richtige Platz für einen. Wir drei Autoren haben hier unseren besonderen Platz auf unterschiedliche Art und Weise gefunden. Lasst uns die Koffer packen und schauen, wie die Reise begonnen hat.

FLORIAN

In einer Zeit, als es beim Daberer noch Mundservietten mit entsprechenden Serviettentaschen zum Beschriften und Wieder- und Wieder- und Wiederverwenden gab, war ein aufgeweckter Dreijähriger mit seinen Eltern das erste Mal bei uns zu Gast.

Von Anfang an. Fragt man Florian nach seinen ersten Erinnerungen an den Daberer, dann lacht er laut und beginnt zu erzählen. „Damals gab es keinen Kaffee, sondern nur Getreidekaffee. Das war mir als Kind egal. Aber ich weiß es noch. Weniger egal war mir, dass alles zu 100 % aus Vollkorn war. Das war nicht mein Fall. Dafür war das gemeinsame Pizzabacken super lustig. Wahrscheinlich war es eine Vollkornpizza. Aber das hat dann schon gepasst."

Florian kommt aus Oberösterreich. Seine Familie hat jedes Jahr hier beim Daberer Urlaub gemacht. Einmal hat er seine Angel mitgebracht und durfte im Waldteich fischen. Die gefischte Forelle gab es zum Abendessen. Wobei die Diskussionen, ob es tatsächlich diese Forelle war, bis heute anhalten.

Während seiner Ausbildung hat Florian zweimal ein Sommerpraktikum in unserer Küche absolviert. Im ersten Jahr war unserer damaliger Küchenchef Walter noch skeptisch. Im zweiten Jahr hatte Florian sein Praktikum anderswo geplant. Das war dann aber nix und so hat er spontan beim Daberer angerufen und gefragt, ob er nicht noch einmal einen Sommer bei uns praktizieren könne. Wir haben ihn mit offenen Armen empfangen.

Auf Florians weiterer Reise war das Gailtal eine beständige Konstante. So war er zweieinhalb Jahre im Haubenrestaurant meiner Tante Sissy Sonnleitner tätig. Sissy ist nicht nur meine Tante. Sie ist auch Stefanies Mutter. Haha-Effekt! Alles klar? Hier schließen sich die Bande.

Und so ist es der Liebe zu einer Gailtalerin, vielen glücklichen Fügungen und der wie immer zündenden Eingebung des Edelgreißlers zu verdanken, dass Florian seit 2015 Küchenchef beim Daberer ist.

MARIANNE

Früher, als das Hotel noch eine Pension war, haben wir mittendrin gewohnt. Irgendwie war das gut. Irgendwie war das nervig. Mit guter Laune gut. Mit schlechter Laune na ja. Wir hatten bei unserer Omi aber immer einen guten Ort des Rückzugs außerhalb des Hotels. Von Omi umsorgt. Wie das sein muss. Dort gab es Semmeln und Extrawurst. Das war wohl die notwendige Balance, um kein Vollkorn-Trauma zu entwickeln.

Hotels mochte ich schon immer. Und an schöne Orte verreist bin ich schon als Kind gerne. Und die Liebe zu guter Küche, die lag bereits in der Wiege mit drin. Trotzdem gab es eine Zeit, da wollte ich von Tourismus nichts wissen. Der Kontakt war mir zu direkt. Der Abstand zu wenig. Ich wollte was Großes, was Unpersönliches, was Emotionsloses. Da habe ich Betriebswirtschaft studiert und anschließend im Konzernreporting gearbeitet. Der Abstand war gut und wichtig. Auch die urbane Luft hat mir gutgetan.

Was mich dann dazu bewegt hat, es doch im Hotel zu versuchen, kann ich im Nachhinein gar nicht so genau sagen. Eine Entscheidung mit dem Bauch war es, aber auch mit dem Kopf. Und da war ich also. Um wirklich anzukommen, habe ich lange gebraucht. Jahre, wenn nicht überhaupt ein ganzes Jahrzehnt. Es hat sich aber nicht nach Orientierungslosigkeit angefühlt, sondern eher nach Entwicklung. Es gibt auch heute immer mal wieder Zeiten, in denen ich suche. Aber, um ehrlich zu sein, wer macht das nicht?

Ich bin der Meinung, eine Hotelière darf Persönlichkeit mitbringen und es müssen nicht alle gleich sein. Wir sind viele im Daberer-Team und jeder hat seine Stärken und Schwächen. So auch ich. Im Restaurant bin ich nicht anzutreffen. Das ist nicht meine Welt. Ich bin eher das ruhige, aber auch leidenschaftliche, zu viel Projekte auf einmal angehende Mädchen für alles. Von Marketing über Finanzen und Interior Design bis hin zu viel zu viel Kleinkram.

Meist bin ich irgendwo rund um die Rezeption anzutreffen. Ich mag es, Fragen zu beantworten und besondere Tipps zu geben. Ich erzähle gerne, wo das oder jenes herkommt. Ich unterhalte mich gerne über Entwicklungen, neue Ideen und den Mut zu „weniger ist mehr". Und ich bekomme regelmäßig eine Gänsehaut, wenn ich merke, wie Gäste unsere Philosophie und unsere Werte aufsaugen und wie gut es ihnen tut. That is the spirit!

STEFANIE

Stefanie ist schon früh in mein Leben getreten. Ich muss erst ein paar Wochen alt gewesen sein. Stefanie ist meine um ein paar Monate ältere Cousine, aufgewachsen im 5 km entfernten Mauthen. Im Elternhaus meiner Mutter, dem Landhaus Sonnleitner (früher Kellerwand), das es heute in der Form leider nicht mehr gibt.

Unserer Mütter verbinden enge Bande, sodass wir uns als Kinder oft gesehen haben. Besonders die Geburtstage müssen legendär gewesen sein. In meiner Erinnerung zumindest. Stefanie hat da eigene Erinnerungen. „Einmal waren wir bei einem Geburtstag eingeladen. Als Kinder. Es gab Karottenkuchen als Geburtstagstorte. Karottenkuchen?! Ich war echt schockiert, wie man aus Karotten eine Torte machen kann, und das dann auch noch an einem Geburtstag. An einem Kindergeburtstag wohlgemerkt. Dieses Erlebnis hat mein Bild der Biopension und von Tante Inge, Onkel Willi und meinen vier Cousinen und Cousins stark geprägt. Ich habe als Kind lange gedacht, die sind voll lieb, aber halt auch ein bisschen schräg. Man könnte sagen, #diemitdemvogel", erzählt Stefanie.

Ich habe keinerlei Erinnerung an den besagten Karottenkuchen. Als Stefanie mir diese Geschichte im Zuge der Kochbuchrecherchen erzählt hat, habe ich Tränen gelacht. Stefanie erinnert sich weiter: „Und da gab es diesen typischen Daberer-Geruch. Im Hotel, aber auch in der Wohnung der Familie. Ich habe den Geruch geliebt und fand ihn beruhigend. Nach Heu, nach getrockneten Kräutern, nach Brot. Ein bisschen nach Bioladen."

Stefanie hat lange Zeit gemeinsam mit ihrer Mutter Sissy Sonnleitner die Genusswerkstatt Sonnleitner betrieben. Als sich die beiden entschlossen haben, nicht weiterzumachen, waren wir sehr glücklich, Stefanie als unsere Souschefin gewinnen zu können. Ob wir jetzt heimlich an einem Karottenkuchen-Revival arbeiten, bleibt vorerst unser Geheimnis. Wir können nicht alles Pulver auf einmal verschießen.

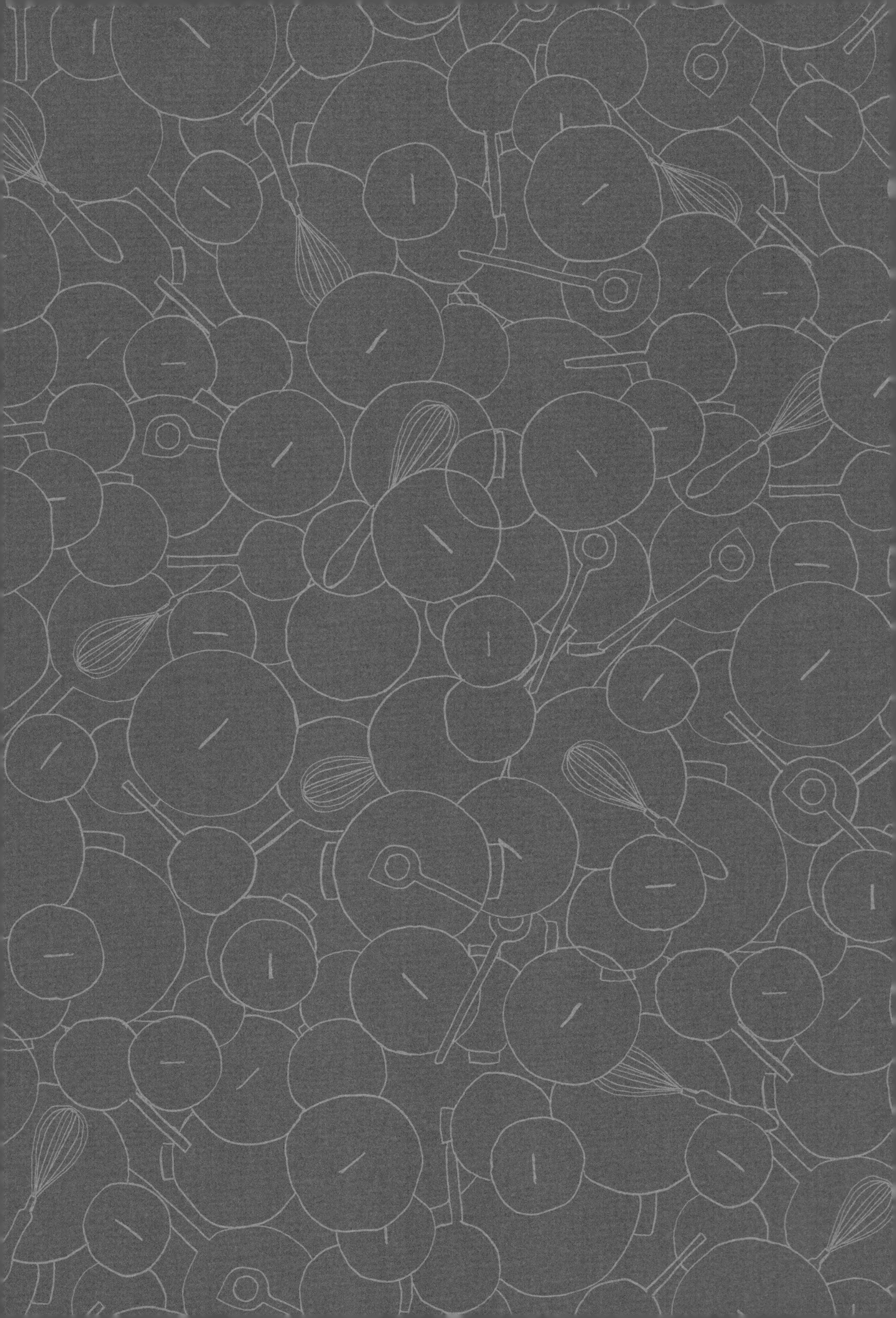

SALATE / DRESSINGS

VEGAN

ERDÄPFELSALAT

WIR FINDEN, ERDÄPFELSALAT WIRD IMMER BESSER, JE GRÖSSER DIE MENGE IST, DIE MAN MACHT. DA LADEN WIR UNS DOCH GLATT EIN PAAR FREUNDE EIN UND MACHEN DIE DOPPELTE MENGE.

Zutaten für 4 Personen

600 g festkochende Erdäpfel

Salz

1/2 TL Kümmel

ca. 250 ml Gemüsefond (S. 156)

50 ml Apfelessig

1 EL Tamari oder andere Sojasauce

1 EL scharfer Senf

1/2 TL mildes Currypulver

etwas Zucker

1 rote Zwiebel, in feine Würfel geschnitten

Pfeffer

1/2 Bund Schnittlauch, in feine Ringe geschnitten

100 ml Kürbiskernöl, Distelöl oder Rapsöl

Erdäpfel in einen Topf geben, mit kaltem Wasser bedecken, Salz und Kümmel zufügen und die Erdäpfel kochen. Wenn sie beim Anstechen mit einer Gabel leicht wieder herunterrutschen, sind sie fertig. Allerdings dürfen sie für Salat nicht zu weich gekocht sein, da der Salat sonst später leicht matschig werden kann.

Das Wasser abgießen, die Erdäpfel noch heiß schälen, in dünne Scheiben schneiden und in eine weite Schüssel geben.

Für die Marinade Gemüsefond mit Apfelessig, Tamari, Senf, Curry, Zucker und Salz aufkochen. Die Zwiebelwürfel in die kochende Marinade geben und einmal kurz aufwallen lassen. Die heißen Erdäpfel mit der Marinade übergießen, vorsichtig mischen und mindestens 30 Minuten ziehen lassen. Öl, Pfeffer und Schnittlauch zufügen und vorsichtig rühren, bis der Salat eine sämige Bindung erhält. Bei Bedarf noch etwas Gemüsefond dazugeben. Vor dem Servieren nochmals abschmecken.

..... T!PP ....

Erdäpfelsalat schmeckt auch gemischt mit Vogerlsalat, jungem Löwenzahn, Gurken oder Essiggurken.

Statt Öl kann dieselbe Menge Mayonnaise in den abgekühlten Salat gemischt werden.

VEGETARISCH, VEGAN MÖGLICH

KAROTTENSALAT MIT CASHEWKERNEN UND ROSINEN

ROSINEN IM SALAT MUSS MAN MÖGEN. ABER DANN, JA DANN, DANN SCHMECKT DAS NACH EINEM KAROTTENSALAT MIT WIEDERHOLUNGSGARANTIE.

Die Karottenstücke für ca. 8 Minuten dämpfen oder in kochendem Wasser blanchieren. Mit den eingeweichten Rosinen in eine weite Schüssel geben.

Für die Marinade Essig, Apfelsaft, Sesamöl, Ingwer, Sojasauce, Honig oder Ahornsirup, Salz und Pfeffer verrühren. Über die heißen Karotten gießen.

Koriander und Kreuzkümmel in einer Pfanne trocken rösten, mörsern und zu den Karotten geben. Den Salat mindestens 30 Minuten ziehen lassen.

Cashewkerne und Petersilie untermengen und den Salat vor dem Servieren nochmals abschmecken.

Zutaten für 4 Personen

500 g Karotten, in 5 mm große Stücke geschnitten

50 g Rosinen, in Wasser eingeweicht

60 ml Himbeeressig oder weißer Balsamico

50 ml Apfelsaft

80 ml kaltgepresstes Sesamöl

1 TL Ingwer, gerieben

2 EL Sojasauce

2 EL Honig oder Ahornsirup

Salz

Pfeffer

1 TL Koriandersamen

1 TL Kreuzkümmel

100 g Cashewkerne, geröstet und grob gehackt

1/2 Bund Petersilie, gehackt

VEGETARISCH, VEGAN MÖGLICH

BOHNENSALAT, GEGRILLTE NEKTARINEN, ESTRAGON, WALNUSSÖL

WENN MAN SCHON AM GRILLER STEHT, DANN KANN DOCH AUCH DER SALAT EINE GEGRILLTE KOMPONENTE ENTHALTEN. GEGRILLTE NEKTARINEN, AB IN DEN SALAT MIT EUCH.

Zutaten für 4 Personen

300 g grüne Bohnen, in ca. 4 cm lange Stücke geschnitten

250 g Borlottibohnen oder weiße Bohnen, gekocht

70 ml Apfelessig

80 ml Walnussöl

1 EL Sojasauce

Salz

Pfeffer

1 EL Honig oder Ahornsirup

1 rote Zwiebel

2 Nektarinen, entkernt und in Spalten geschnitten

1 Zweig Estragon

Einen Topf mit gut gesalzenem Wasser zum Kochen bringen und die grünen Bohnen für 7–10 Minuten darin bissfest kochen. Wenn sie sich gut und ohne zu quietschen durchbeißen lassen, sind sie fertig. In eiskaltem Wasser abkühlen. Mit den Borlottibohnen in eine Schüssel geben.

Für die Marinade Apfelessig, Walnussöl, Sojasauce, Salz, Pfeffer und Honig oder Ahornsirup verrühren und damit die Bohnen übergießen. Mindestens 15 Minuten marinieren lassen.

In der Zwischenzeit die rote Zwiebel mit Hilfe eines Küchenhobels in feine Ringe schneiden und in reichlich eiskaltes Wasser geben. Dadurch werden die Zwiebelringe knackiger und verlieren ihre penetrante Schärfe.

Die Nektarinen auf dem Griller oder in einer Grillpfanne auf den Schnittflächen kurz angrillen, bis sie ein schönes Grillmuster haben. Sie sollen nicht zu weich werden.

Den Bohnensalat nochmals probieren und gegebenenfalls nachwürzen. In eine frische Schüssel geben und mit Nektarinen, Zwiebelringen und abgezupften Estragon-Blättern anrichten.

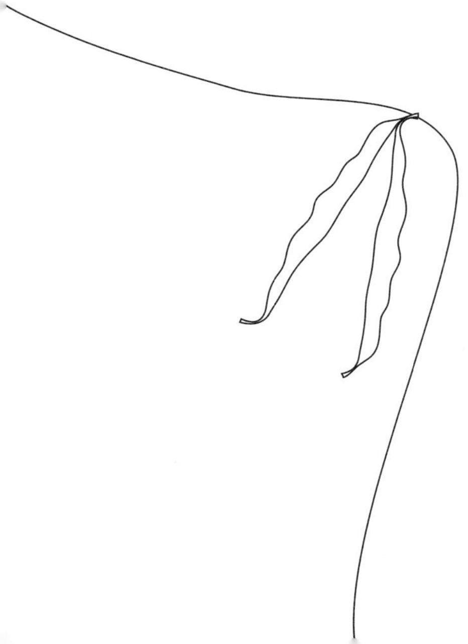

VEGAN

EINKORNSALAT, CHERRYTOMATEN, PHYSALIS

GETREIDESALATE MACHT MAN VIEL ZU SELTEN. DABEI SIND SIE SO WUNDERBAR VORZUBEREITEN. AUCH ZUM MITNEHMEN PERFEKT.

Zutaten für 4 Personen

150 g Einkornreis

400 g Cherrytomaten

200 g Lauch

150 g Physalis

5 EL Koriandergrün, gehackt

125 ml Olivenöl

1 EL Zitronensaft

Den Einkornreis kochen. Cherrytomaten und Lauch in kleine Würfel schneiden, Physalis je nach Größe vierteln oder halbieren.

Tomaten, Lauch und Koriander vermischen und mit Olivenöl und Zitronensaft marinieren. Einkornreis und Physalis zufügen, alles gut vermischen und servieren.

VEGAN

MELONEN-GURKEN-SALAT, GARTENKRÄUTER

EIN SALAT, DER LAUT RUFT: „SOOOOOOMMER." ERFRISCHEND GUT. SOMMER EBEN.

Die Gurke schälen und der Länge nach vierteln. Das Kerngehäuse herausschneiden und die Gurke in Würfel schneiden. Die Gurkenwürfel in eine Schüssel geben, etwas salzen und für ca. 15 Minuten stehen lassen. Danach das ausgetretene Wasser abgießen.

Melonenwürfel sowie Essig, Öl, Pfeffer und Zucker zufügen und gut miteinander vermengen. Abschmecken und bei Bedarf noch etwas salzen.

Kräuter hinzufügen und den Salat vor dem Servieren in eine frische Schüssel geben.

Zutaten für 4 Personen

1 Salatgurke

Salz

250 g Wasser-, Honig- und/oder Zuckermelone, in Würfel geschnitten

40 ml Hollerblütenessig oder weißer Balsamico

50 ml Zitronen-Olivenöl oder ein anderes gutes Olivenöl

Pfeffer

1 Prise Zucker

2 EL frische Kräuter, gehackt (z.B. Basilikum, Dill, Fenchelkraut, Schnittknoblauch, Kerbel, Minze, Zitronenverbene ...)

EINFACHES SALATDRESSING
SIMPEL UND SCHNELL.

- 125 ml Essig
- 125 ml Wasser
- 250 ml Öl
- 1 TL Senf
- Salz
- Pfeffer

Alle Zutaten mixen.

KRÄUTER-DRESSING
SOMMERLICH UND FRISCH.

Das einfache Salatdressing mit 1 großen Handvoll frischer, gehackter Kräuter verfeinern.

Eine wunderbare Kombination ist z.B. Petersilie, Basilikum, Dill und Schnittlauch zu gleichen Teilen. Es kann gerne auch mit anderen Kräutern kombiniert und gespielt werden, je nachdem, was der Vorrat hergibt.

MISO-INGWER-DRESSING
SPICY UND EXOTISCH.

- 1 EL Cashew-Miso oder weißes Miso
- 1 EL Reisessig
- 1 EL Limettensaft
- 1/2 TL Ingwer, gerieben
- 1 Knoblauchzehe, gehackt
- 2 EL geröstetes Sesamöl
- 2 EL Olivenöl
- 2 EL Joghurt oder Kokosjoghurt

Alle Zutaten mixen.

CASHEW-MAYONNAISE
MOLLIG UND CREMIG.

- 150 g Cashewkerne
- ca. 125 ml Wasser
- 3 EL Apfelessig
- 1 EL Ahornsirup
- Salz
- 60 ml Olivenöl

Cashewkerne mit heißem Wasser übergießen oder über Nacht einweichen. Abseihen und mit Wasser, Essig, Ahornsirup und Salz mixen. Mit einem Teigspachtel die Ränder des Mixers entlang nach unten streichen. Dann das Olivenöl in einem feinen Strahl in den laufenden Mixer gießen und einarbeiten.

VEGANES CAESAR DRESSING
CREMIG UND SALZIG.

- 15 g Senf
- 4 EL Cashew-Mayonnaise
- 2 Knoblauchzehen, gehackt
- 1 EL Kapern
- 2 EL Zitronensaft
- 1 EL Tamari
- 1 EL Ahornsirup
- 1 EL Weißweinessig

Alle Zutaten mixen.

SCHARFES MANDEL-DRESSING
NUSSIG UND SPICY.

- 2 EL Mandelmus
- 2 EL Kokosmus
- 60 ml Reisessig
- 50 ml Wasser
- 1 EL geröstetes Sesamöl
- 1 EL Tamari
- 1 EL Limettensaft
- 1–2 TL Sambal Oelek
- 2 TL Ahornsirup
- Salz

Alle Zutaten mixen.

..... T!PP ....

Grundsätzlich kann jedes Dressing für jeden Salat verwendet werden, je nach Vorliebe und Geschmack.

- Alle Dressings passen gut zu grünem Salat, besonders das einfache Salatdressing und das Kräuterdressing. Das einfache Salatdressing macht sich auch in Tomatensalat sehr gut.
- Das Miso-Ingwer-Dressing ist eine gute Kombination zu Karotten-, Gurken- oder Zucchinisalat.
- Die Cashew-Mayonnaise ist ein wunderbarer Dip und dient als Zutat für das Caesar Dressing.
- Das vegane Caesar Dressing ist schön cremig, es passt besonders gut zu grünem Salat und zu Gurkensalat.
- Das scharfe Mandel-Dressing macht sich gut in Erdäpfelsalat und in Karfiol- und Brokkolisalat.

Man kann die Mengen auch verdoppeln und restliches Dressing für einige Tage im Kühlschrank lagern.

..... **T!PPS** SALAT IN SCHICHTEN

KNACKIGE KOMBINATIONEN IM GLAS

Wir sind sicher nicht die Ersten, die von Salaten im Glas erzählen. Aber weil es so eine wunderbare Methode ist, möchten wir hier dennoch davon erzählen. Es ist die einfachste Art, ein gesundes Mittagessen für unterwegs oder zur Arbeit mitzunehmen.

Das Allerschönste dabei: Der Salat kann an individuelle Bedürfnisse angepasst werden. Viel Eiweiß, wenig Eiweiß. Mehr kohlenhydrathaltige Lebensmittel. Alles, was satt und glücklich macht.

Salat und Dressing können in einem Glas transportiert werden. Oder man gibt das Dressing in ein eigenes kleines Glas und transportiert es separat. So machen wir es.

Der Beginn
Am besten ist es, wenn man mit den kohlenhydratreichen Lebensmitteln beginnt. Nudeln, Kartoffeln, gekochtes Getreide, Quinoa, Bohnen, Kichererbsen – all das eignet sich gut. Diese Zutaten saugen kaum Flüssigkeiten auf und werden auch von den darüberliegenden Zutaten nicht zusammengedrückt.

Das Dressing
Wenn man nur ein Glas verwendet, gibt man das Dressing auf die kohlenhydratreichen Lebensmittel. So kommt es nicht mit den empfindlicheren Zutaten wie grünem Salat in Kontakt, und der Salat bleibt frisch und knackig.

Zwischendrin
Anschließend kommen Zutaten wie Mozzarella oder Joghurt ins Salatglas.

Die nächste Schicht besteht aus frischem, festem Gemüse und, wenn man möchte, auch Obst. Würfelig geschnittene Paprikaschoten, Tomaten, Ananas, Karotten ... Kreativität ist Trumpf.

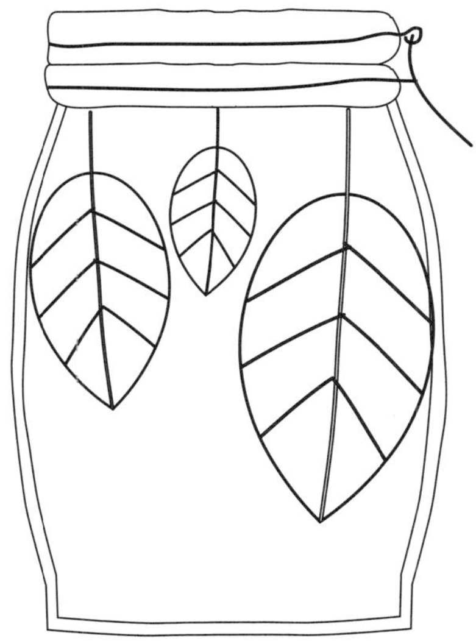

Das Eiweiß

Grundsätzlich sollte immer darauf geachtet werden, dass eine eiweißreiche Komponente Bestandteil des Salates ist. Eiweiß macht satt und ist somit wichtig dafür, dass man nach dem Essen zufrieden ist. Eiweiß-Lieferanten sind z.B. hartgekochte Eier oder gebratenes Huhn. Wer den Salat vegan halten möchte, sollte gekochtes Getreide und Hülsenfrüchte kombinieren und den Salat mit Nüssen und Samen toppen. So enthält er vollwertiges pflanzliches Eiweiß, das satt und zufrieden macht.

Das Grün

Die vorletzte Schicht im Glas bildet knackiges Grünzeug. Vogerlsalat, frischer Spinat, Rucola, Petersilienblätter, Sprossen ... Die Hauptsache ist, es ist frisch und grün. Und: Das Glas nicht vollständig füllen, sonst bleibt kein Platz zum Schütteln.

Der Abschluss

Den Abschluss bilden Nüsse und Samen für den natürlichen Crunch. Das bringt nochmals Spannung in den Salat.

Zum Genießen werden alle Zutaten miteinander vermischt. Wir empfehlen, das Glas vor der Mahlzeit gut zu schütteln. So verteilt sich das Dressing auf den verschiedenen Komponenten und die Schichten werden miteinander vermischt.

Also dann. Den eigenen kreativen Salatkombinationen steht nichts mehr im Weg. Viel Spaß beim Experimentieren.

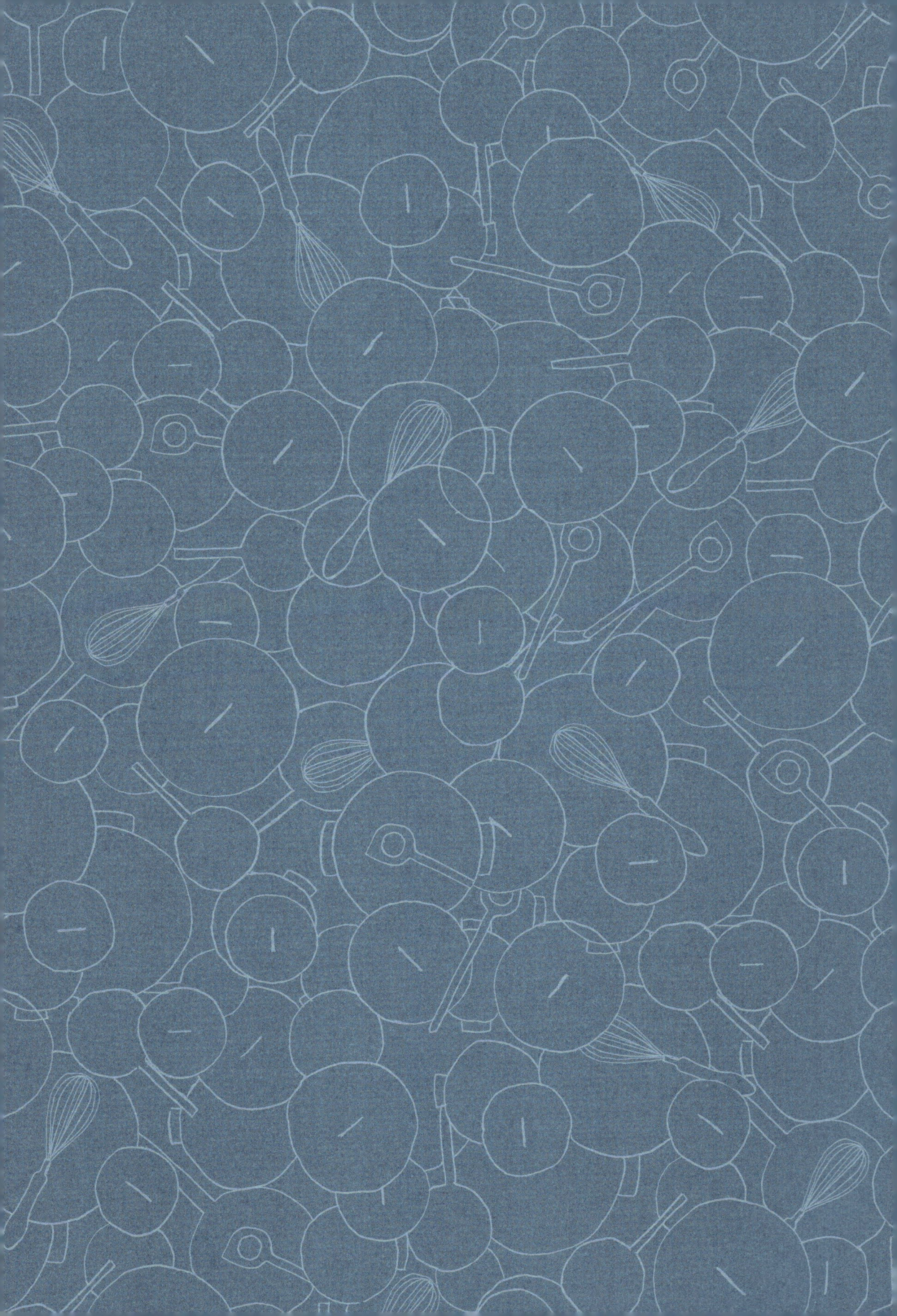

VORSPEISEN

VEGETARISCH

ERDÄPFELKAS

FLORIAN KOMMT AUS OBERÖSTERREICH. DAS ERKLÄRT AUCH DEN ERDÄPFELKAS IN EINEM KÄRNTNER HOTEL. WIR SIND MULTIKULTI.

Zutaten für 4 Personen

500 g mehlige Erdäpfel

200 g Sauerrahm

1 kleine Zwiebel, in feine Würfel geschnitten

Salz

Pfeffer

Kümmel, gemahlen

evtl. 1 kleiner Bund Bärlauch, in feine Streifen geschnitten

Erdäpfel in der Schale kochen oder dämpfen. Schälen und durch eine Erdäpfelpresse drücken. Etwas ausdämpfen lassen. Mit den restlichen Zutaten verrühren.

Am besten dick auf frisch gebackenes Bauernbrot streichen. Sehr gut dazu passt auch Roggenbrot.

..... T!PP ....

Wer rohe Zwiebelgewächse nicht so gut verträgt, kann den fein geschnittenen Bärlauch und die Zwiebel in einem Sieb mit kochendem Wasser übergießen, kalt abschrecken und leicht ausdrücken. Anschließend unter den Erdäpfelkas mischen.

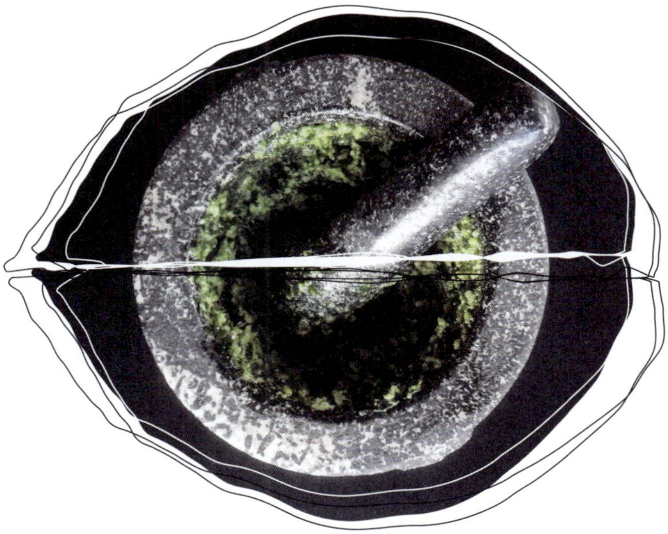

VEGETARISCH

BÄRLAUCH-WALNUSS-PESTO

IM FRÜHLING, WENN DER BÄRLAUCH WÄCHST, MACHEN GEFÜHLT ALLE PESTO. WARUM? DAS ERSTE PESTO IM FRÜHLING SCHMECKT EINFACH NACH MEHR!

Bärlauch und Walnüsse grob hacken. Parmesan oder Pecorino grob reiben. Alle Zutaten bis auf das Olivenöl in einem Mixer oder Mörser zerkleinern. Das Olivenöl in kleinen Mengen dazugeben, bis das Pesto die gewünschte Konsistenz erreicht hat. Das Pesto in ein sauberes Glas umfüllen. Die Oberfläche mit Olivenöl bedecken. So hält es mindestens 4 Wochen im Kühlschrank.

Zutaten für 4 Personen

1 kleiner Bund Bärlauch

50 g Walnusskerne

30 g Parmesan oder Pecorino

etwas Zitronenabrieb

Salz

80–100 ml Olivenöl

..... T!PP ....

Das Pesto passt hervorragend zu Rührei, Erdäpfeln, Frischkäse, gegrilltem Gemüse, Lamm und natürlich zu Pasta.

VEGAN

RHABARBER-TABOULÉ, ERBSENHUMMUS, SALATBLATT

DER TABOULÉ IST EIN BULGURSALAT. ER STAMMT AUS DER LIBANESISCHEN UND SYRISCHEN KÜCHE. ÜBER DEN ARTIKEL KANN MAN DISKUTIEREN. ÜBER DEN GESCHMACK NICHT.

Zutaten für 4 Personen

für den Taboulé

200 g Bulgur

Salz

Olivenöl zum Braten

1 Knoblauchzehe, in Scheiben geschnitten

150 g Rhabarber, abgezogen und in kleine Würfel geschnitten

1/4 TL Kardamom, gemahlen

1/2 TL Kreuzkümmel, gemahlen

40 g Rosinen, für einige Stunden in Wasser eingeweicht

1 Bund Petersilie, in feine Streifen geschnitten

1/2 Bund Minze, in feine Streifen geschnitten

Den Bulgur in ein Sieb geben und mit kaltem Wasser abspülen. Dadurch wird er nach dem Kochen schön locker und klebt nicht. Mit 300 ml Wasser in einen Topf geben, salzen und aufkochen. Zugedeckt bei schwacher Hitze so lange quellen lassen, bis er das Wasser vollständig aufgenommen hat (dauert ca. 10 Minuten). Dann von der Herdplatte nehmen. Während des Kochvorgangs nicht umrühren.

In der Zwischenzeit etwas Olivenöl in eine heiße Pfanne geben. Knoblauch, Rhabarber, Kardamom und Kreuzkümmel zufügen. Umrühren, bis der Rhabarber gar ist. Die Stücke sollten weich werden, aber nicht zerfallen. Rhabarber und die restlichen Zutaten zum Bulgur geben und alles gut vermischen. Den Taboulé vor dem Servieren für 30 Minuten ziehen lassen.

Für den Hummus einen Topf mit ca. 1 l Wasser zum Kochen bringen. Natron und Salz ins Wasser geben, die Erbsen für 3 Minuten blanchieren und in kaltem Wasser abschrecken. Alle Hummus-Zutaten in den Mixer geben und fein pürieren.

Die Salatblätter waschen und in einer Salatschleuder trocknen. Erbsenhummus und Rhabarber-Taboulé auf den Salatblättern anrichten.

2 Frühlingszwiebeln, in feine Ringe geschnitten

50 ml Olivenöl

Saft und Abrieb von 1 Zitrone

1 TL Dattelsirup

1/2 TL Sambal Oelek, (oder frische Chili)

Pfeffer

für den Erbsenhummus

1/2 TL Natron

Salz

150 g TK-Erbsen

220 g Kichererbsen, gekocht

50–80 ml Kichererbsen-Kochwasser oder Wasser

50 ml Olivenöl

2 EL Tahin (Sesammus)

Saft von 1/2 Zitrone

1/2 Knoblauchzehe

1/2 TL Ras el-Hanout

außerdem

einige schöne Salatblätter, vorzugsweise Romanasalat

..... T!PP ....

Die Stiele von Petersilie und Minze kann man mitverwenden, wenn man sie wie Schnittlauch in feine Ringe schneidet. Sie enthalten genauso viel Aroma wie die Blätter und sind im Taboulé wichtig für die Textur.

Dank der Zugabe von Natron im Wasser bleiben die Erbsen schön grün und verlieren später durch den Einfluss von Wärme oder Säure nicht ihre grüne Farbe.

Dieses Gericht eignet sich auch als Fingerfood, wenn man etwas größere Salatblätter nimmt und wie einen Wrap einrollt.

VEGETARISCH, VEGAN MÖGLICH

TEMPURA AUS WILDEM HOPFENSPARGEL, JOGHURT-MAYONNAISE

WILD WACHSENDEN HOPFEN FINDET MAN AN WALDRÄNDERN UND BÖSCHUNGEN, WO ER SCHÖN LANGSAM AN BÄUMEN UND STRÄUCHERN ENTLANG WÄCHST. VON APRIL BIS ENDE JUNI KANN MAN DIE JUNGEN TRIEBE ERNTEN. SIE SEHEN GRÜNEM SPARGEL ÄHNLICH.

Von den Hopfentrieben die größeren Blätter entfernen. Sie können später ohne Backteig als Garnitur kurz frittiert werden.

Für den Tempurateig das Mehl in eine Schüssel geben. Mit Backpulver vermischen. Bier oder Mineralwasser dazugeben und verrühren. Nicht zu lange rühren, damit die Kohlensäure im Teig bleibt.

In der Zwischenzeit das Öl erhitzen (ca. 170 °C). Den Hopfenspargel einzeln durch den Tempurateig ziehen. Etwas abtropfen lassen und knusprig frittieren. Auf einem Stück Küchenrolle das überschüssige Fett abtropfen lassen.

Für die Mayonnaise Joghurt, Eiweiß, Senf, Salz, Honig und Zitronensaft in einen Mixbecher geben und mit einem Stabmixer kurz mixen. Das Öl zugeben. Den Stabmixer langsam von unten nach oben ziehen, damit das Öl mit den restlichen Zutaten emulgiert.

Hopfenspargel-Tempura mit Joghurtmayonnaise und etwas Sojasauce anrichten.

Zutaten für 4 Personen

für das Tempura

ca. 30 junge Hopfentriebe

60 g griffiges Weizenmehl

1/4 TL Backpulver

125 ml sehr kaltes Bier (oder prickelndes kaltes Mineralwasser)

Pflanzenöl zum Frittieren

für die Joghurt-Mayonnaise
(für eine vegane Variante die Cashew-Mayonnaise S. 118 verwenden)

20 g Joghurt

25 g Eiweiß

10 g Estragonsenf

Salz

1 TL Honig

1 Spritzer Zitronensaft

100 ml Öl

außerdem

etwas Sojasauce zum Dippen

..... T!PP ....

Das Bier oder Wasser muss eiskalt sein. Je kühler der Teig, desto schöner geht er im heißen Fett auf. Um den Teig noch besser zu kühlen, kann man kurz vor dem Frittieren ein paar Eiswürfel hinzufügen.

Statt Hopfentrieben kann man jedes andere Gemüse, aber auch Fleisch und Fisch mit dem Backteig zubereiten. Wenn man dicker geschnittenes Gemüse frittieren möchte, sollte man es zuvor kurz dämpfen oder blanchieren.

VEGETARISCH

AUF SALZ GEGARTE ROTE RÜBEN, APFELVINAIGRETTE, HASELNÜSSE, FRISCHKÄSE, KREN

GAREN AUF SALZ? EIN KÜCHENHACK FÜR MEHR GESCHMACK. UND DEN WOLLEN WIR UNBEDINGT!

Die Rüben gut waschen. Das grobe Salz in eine feuerfeste Form geben und die Rüben daraufsetzen. Bei 170 °C Heißluft brauchen die Rüben je nach Größe 1–1,5 Stunden im Ofen. Die fertigen Rüben etwas auskühlen lassen. Anschließend schälen und in Spalten schneiden.

Für die Marinade Apfelessig, Apfelsaft, Apfelwürfel, Senf und Salz vermischen. Über die Rübenspalten gießen und vor dem Servieren rund 30 Minuten ziehen lassen.

Anschließend die Rübenspalten auf Tellern anrichten und mit etwas Haselnussöl beträufeln. Die Haselnüsse und den Kren mit einer sehr feinen Reibe über die Rüben reiben. Den Frischkäse zerbröseln oder in kleinen Stücken anrichten. Zum Schluss das Gericht evtl. noch mit jungen Haselnussblättern garnieren.

Zutaten für 4 Personen

4 Rote Rüben, Goldrüben oder Chioggia-Rüben

ca. 300 g grobes Salz

60 ml Apfelessig

50 ml Apfelsaft

1/2 Apfel, in feine Würfel geschnitten

1 TL süßer Senf

Salz

4 TL Haselnussöl

50 g Haselnüsse, geröstet und ohne Haut

etwas Kren

100 g Frischkäse (vorzugsweise vom Schaf)

evtl. ein paar junge Haselnussblätter

..... T!PP ....

Durch das Garen auf Salz verlieren die Rüben etwas Flüssigkeit und der Eigengeschmack nimmt zu.

Diese Salzgarmethode funktioniert auch sehr gut bei Erdäpfeln, Süßerdäpfeln oder Sellerie. Das Salz kann mehrmals verwendet werden.

Junge Haselnussblätter eignen sich im Frühling besonders gut als Salatbeigabe. Sie schmecken leicht bitter und haben ein ähnliches Aroma wie frisch geerntete Haselnüsse. Wenn die Blätter größer sind, kann man sie blanchieren und wie Weinblätter füllen.

ZIEGENKÄSE-TARTELETTES, KIRSCHEN, RUCOLA, WALNÜSSE

VIER KLEINE TARTELETTES ODER EINE GROSSE TARTE. UND DAZU EIN SALAT, DEN ES ÖFTER GEBEN SOLLTE. SCHADE NUR, DASS KIRSCHEN NICHT GANZJÄHRIG SAISON HABEN. ABER EGAL. SCHMECKT Z.B. AUCH MIT BIRNEN NACH MEHR!

Für den Mürbteig alle Zutaten rasch verkneten und zu einer Kugel formen. Die Teigkugel leicht flach drücken. In Frischhaltefolie wickeln. Für mindestens 2 Stunden im Kühlschrank rasten lassen.

Den gekühlten Mürbteig zwischen 2 Bögen Back- oder Butterbrotpapier legen. Mit einem Nudelholz ausrollen. 4 kleine Tarteletteförmchen oder 1 große Tarteform mit dem Mürbteig auslegen. Den Boden mit einer Gabel ein paarmal einstechen und für 20 Minuten bei 180 °C Heißluft blindbacken (siehe Tipp).

In der Zwischenzeit alle Zutaten für den Belag in einen Mixbecher geben und mit dem Pürierstab mixen. Den Belag auf die vorgebackenen Mürbteigböden geben und die Tarte für ca. 20 Minuten bei 180 °C Heißluft fertig backen.

Für den Salat ein paar Kirschen als Garnitur beiseitestellen. Restliche Kirschen entkernen und halbieren. Die Kirschhälften nochmals halbieren. Mit Balsamico, Walnussöl und Salz marinieren. Rucola und Walnüsse vor dem Anrichten zu den Kirschen geben.

Die Tartelettes aus den Formen stürzen. Mit den Kirschen garnieren, mit dem Salat servieren.

Zutaten für 4 Personen

für den Mürbteig

300 g glattes Weizen- oder Dinkelmehl, Type 700

150 g kalte Butter, in kleine Würfel geschnitten

2 Eier

50 ml kalte Milch

Salz

für den Belag

150 g Ziegen-Frischkäse

50 g Ziegen-Weichkäse (z.B. Ziegen-Camembert)

2 Eier

60 ml Milch

60 ml Olivenöl

2 EL Speisestärke

2 Zweige Thymian, abgezupft und gehackt

Salz

Pfeffer

1 TL Honig

für den Kirschen-Rucola-Salat

200 g Kirschen

2 EL Balsamico

2 EL Walnussöl

Salz

2 Handvoll Rucola

50 g Walnüsse, geröstet und gehackt

..... T!PP ....

Blindbacken bedeutet, den Teig ohne Füllung vorzubacken. Dazu legt man Backpapier auf den Teig und beschwert es mit getrockneten Hülsenfrüchten. Dadurch geht der Teig beim Backen nicht unregelmäßig auf. Die Hülsenfrüchte können mehrmals verwendet werden.

VEGAN

ARTISCHOCKEN MIT RATATOUILLE-VINAIGRETTE

ARTISCHOCKEN KOCHEN DIE WENIGSTEN ZUHAUSE SELBST. ABER WARUM? SO EINFACH UND IM HANDUMDREHEN IST SELTEN EIN SO EDLES GEMÜSE ZUBEREITET.

Zutaten für 4 Personen

Salz

4 große Artischocken

1 Zitrone, in 8 dünne Scheiben geschnitten

außerdem

Küchengarn

für die Ratatouille-Vinaigrette

6 EL Olivenöl

1 Schalotte, in feine Würfel geschnitten

1 Knoblauchzehe, gehackt

1 Zweig Rosmarin, abgezupft und gehackt

Einen großen Topf mit leicht gesalzenem Wasser zum Kochen bringen.

Die Stiele der Artischocken am Ansatz abbrechen und die äußeren 2 Blattreihen abziehen. Am Stielansatz die wegstehenden Fasern abschneiden. Die Blattspitzen der Artischocken mit einem scharfen Messer mit einem geraden Schnitt um etwa 1/3 kürzen, damit man sich später beim Essen nicht mit den Dornen der Blätter in den Finger sticht.

Je 1 Zitronenscheibe mit Küchengarn an der Ober- und Unterseite der Artischocken über Kreuz fixieren, so wie man es auch bei einem Geschenkpackerl macht. Dadurch behalten die Artischocken beim Kochen gut die Form. Artischocken in das kochende Wasser geben und zugedeckt bei schwacher Hitze je nach Größe für 30–40 Minuten köcheln lassen.

In der Zwischenzeit für die Vinaigrette eine etwas höhere Pfanne erhitzen. 4 EL Olivenöl in die Pfanne geben und darin Schalotte, Knoblauch, Rosmarin und Thymian farblos anschwitzen. Wenn die Schalottenwürfel glasig sind, Paprika-, Zucchini- und Melanzaniwürfel zufügen, leicht salzen und zuckern, damit das Gemüse etwas Wasser verliert und im eigenen Saft dünstet.

In der Zwischenzeit die Cherrytomaten mit Wasser in einen Mixbecher geben und mit einem Pürierstab sehr fein mixen. Das Tomatenpüree in die Pfanne zum weichgedünsteten Gemüse geben. Einkochen, bis die Sauce eine leichte Bindung bekommt. Die Vinaigrette mit weißem Balsamico, Salz, Pfeffer und evtl. Zucker abschmecken und vom Herd nehmen. Zum Schluss das restliche Olivenöl einrühren.

Wenn sich die äußeren Blätter der Artischocken leicht abziehen lassen, sind sie fertig. Mit einem Lochschöpfer aus dem Wasser heben, zum Abtropfen auf ein Geschirrtuch legen. Küchengarn und Zitronenscheiben entfernen und die Artischocken mit der Vinaigrette servieren.

1 Zweig Thymian, abgezupft und gehackt

70 g roter oder gelber Paprika, in feine Würfel geschnitten

70 g Zucchini, in feine Würfel geschnitten

70 g Melanzani, in feine Würfel geschnitten

300 g Cherrytomaten

50 ml Wasser

4 EL weißer Balsamico

Salz

Pfeffer

evtl. 1 Prise Zucker

..... !NFO ....

So isst man Artischocken richtig:
Die Blätter der Artischocke mit den Fingern abziehen. Dann das hellere Fruchtfleisch, das sich im unteren Drittel der Blattinnenseite befindet, mit den Zähnen abziehen. So arbeitet man sich von außen nach innen vor, bis man das Herz des Gemüses erreicht. Dieses ist mit Fasern bedeckt, die auch Heu genannt werden. Sie können nicht mitgegessen werden. Am besten entfernt man sie mit Hilfe eines Löffels. Das Innere der Artischocke isst man dann mit Messer und Gabel.

..... T!PP ....

Statt Artischocken passen auch gekochter Fenchel, gekochter weißer Spargel oder gebratene Pilze hervorragend zur Ratatouille-Vinaigrette.

GEGRILLTE MELANZANI, TOMATE, MELONENSALSA, BASILIKUM, KNOBLAUCH-INGWER-ÖL

MELANZANI SIND UNGLAUBLICH. ZUSAMMEN MIT IHREN SAISONALEN FREUNDEN IST DIESES GERICHT EINE SOMMERLICHE AROMENWONNE.

Zutaten für 4 Personen

1 große Melanzani

2 Ochsenherztomaten

Salz

etwas Olivenöl zum Grillen

für die Melonensalsa

2 Tomaten

200 g Honig- oder Zuckermelone, in kleine Würfel geschnitten

1 Frühlingszwiebel, in sehr feine Ringe geschnitten

2 EL Sojasauce

2 EL Reisessig

1 EL Ahornsirup

1 TL geröstetes Sesamöl

1/2 KL Sambal Oelek

einige Blätter Basilikum

für das Knoblauch-Ingwer-Öl

100 ml Olivenöl

3 Knoblauchzehen, in dünne Scheiben geschnitten

1 kleines Stück Ingwer, in feine Streifen geschnitten

außerdem

etwas Rauchsalz oder Fleur de Sel

Für die Melonensalsa einen Topf mit Wasser zum Kochen bringen. Von den Tomaten den Strunk herausschneiden und an der Unterseite der Tomaten mit einem kleinen Messer ein Kreuz einritzen. Die Tomaten in kochendem Wasser kurz blanchieren, bis sich die Haut leicht abziehen lässt. Die Tomaten sofort in kaltem Wasser abschrecken. Danach die Haut abziehen, die Tomaten vierteln und das Kerngehäuse herausschneiden. Die Schale und das Kerngehäuse können anderweitig für Suppen oder Saucen verwendet werden. Das übriggebliebene Fruchtfleisch in kleine Würfel schneiden.

Melonen- und Tomatenwürfel und Frühlingszwiebelringe in eine Schüssel geben. Sojasauce, Reisessig, Ahornsirup, Sesamöl und Sambal Oelek zufügen und alles verrühren.

Für das Knoblauch-Ingwer-Öl das Olivenöl in einen kleinen Topf geben und behutsam erhitzen. Knoblauch und Ingwer ins heiße Öl geben und langsam frittieren, bis Knoblauch und Ingwer beginnen, leicht goldgelb und knusprig zu werden. Das Öl sofort vom Herd nehmen und in eine Schüssel umfüllen, damit es schnell abkühlen kann und Knoblauch und Ingwer nicht zu dunkel werden.

Melanzani und Ochsenherztomaten in ca. 1 cm dicke Scheiben schneiden. Die Melanzanischeiben salzen und mit etwas Olivenöl beträufeln. Bei mäßiger Hitze grillen. Sie sollten innen schön weich und zart sein und außen leicht knusprig und etwas gebräunt. Die Ochsenherztomatenscheiben ebenfalls auf beiden Seiten kurz grillen (alternativ Melanzani und Ochsenherztomaten im Rohr oder in einer Grillpfanne zubereiten).

Die Melanzanischeiben anrichten, darauf die gegrillten Ochsenherztomaten platzieren. Die Melonensalsa auf dem gegrillten Gemüse verteilen und mit Basilikumblättern garnieren. Mit Knoblauch-Ingwer-Öl und Rauchsalz oder Fleur de Sel vollenden.

CROSTINI MIT ZIEGENFRISCHKÄSE, EIERSCHWAMMERL, SALBEI, HASELNUSSÖL

HINTER DEM HOTEL BEGINNT DER WALD. DAHER GIBT ES PILZE MEIST IN HÜLLE UND FÜLLE. AB AUF DIE KNUSPRIGEN CROSTINI DAMIT. EINE VORSPEISE ZUM VERLIEBEN.

Backrohr auf 190 °C Heißluft vorheizen. Das Brot in ca. 2 cm dicke Scheiben schneiden. Auf ein Blech legen. Mit Olivenöl beträufeln und für 10–15 Minuten ins Backrohr geben, bis die Brotscheiben knusprig geröstet sind. Die Brotkrume sollte innen noch ein bisschen weich sein.

Die Brote etwas überkühlen lassen. Die Knoblauchzehe halbieren und die Brotscheiben damit einreiben.

In der Zwischenzeit eine Pfanne stark erhitzen, Eierschwammerl in Olivenöl anbraten. Kümmel und Salbei zufügen. Gegen Ende der Garzeit, wenn das Wasser der Eierschwammerl verdunstet ist, die Eierschwammerl salzen und mit Balsamico ablöschen. In eine Schüssel geben, mit Haselnussöl abschmecken und beiseitestellen.

Für die frittierten Salbeiblätter Öl in einem kleinen Topf erhitzen. Die Salbeiblätter ins Öl geben (Achtung, Spritzgefahr!) und frittieren, bis sie knusprig sind. Sofort mit einem Lochschöpfer aus dem Fett holen, zum Abtropfen auf ein Stück Küchenrolle legen und salzen.

Die gerösteten Brotscheiben dick mit Ziegenfrischkäse bestreichen. Die Eierschwammerl großzügig darauf verteilen. Zum Schluss mit frittierten Salbeiblättern, Kräuterblüten, Fleur de Sel und frisch gemahlenem Pfeffer fertigstellen.

Zutaten für 4 Personen

500 g Baguette oder Weizensauerteig-Brot

etwas Olivenöl zum Beträufeln

1 Knoblauchzehe

für die Eierschwammerl

400 g kleine Eierschwammerl, geputzt

2 EL Olivenöl

1 Prise Kümmel, gemahlen

6 Salbeiblätter, in feine Streifen geschnitten

Salz

2 EL Balsamico

2 EL Haselnussöl

für den frittierten Salbei

ca. 250 ml Öl zum Frittieren

16 Salbeiblätter

Salz

außerdem

200 g Ziegenfrischkäse

Blüten von Salbei, Thymian oder Majoran

Fleur de Sel

Pfeffer

..... !NFO ....

Waldpilze und Kümmel sind nicht nur geschmacklich eine gute Kombination. Auch ernährungstechnisch ist die Kombination sinnvoll: Pilze sind oft schwer verdaulich. Daher empfiehlt es sich, verdauungsfördernde Gewürze wie Kümmel einzusetzen, um Blähungen oder Verdauungsproblemen vorzubeugen.

VEGAN

KÜRBISHUMMUS

WIR LIEBEN HUMMUS.
DIESE CREMIGE KONSISTENZ.
DIESER RUNDE GESCHMACK.
IDEAL ZUM VARIIEREN UND
EXPERIMENTIEREN.
EINFACH MUTIG SEIN.
ES LOHNT SICH.

Backrohr auf 170 °C Heißluft vorheizen. Den Kürbis mit den angedrückten Knoblauchzehen, den Gewürzen und 1 EL Olivenöl in eine feuerfeste Form geben und alles gut vermischen. Für 30 Minuten im Ofen garen.

Den weichen Kürbis mit Kichererbsen, Tahin, getrockneten Marillen, Zitronensaft und dem restlichen Olivenöl in einem Standmixer für ca. 3 Minuten sehr fein pürieren. Wenn der Hummus zu fest ist, etwas Wasser dazugeben.

Hummus abschmecken und anrichten. Mit etwas Kürbiskernöl und gehackten Kürbiskernen garnieren.

Zutaten für 4 Personen

200 g Hokkaido-Kürbis, entkernt und in Stücke geschnitten

2 Knoblauchzehen

1/2 TL Kreuzkümmel, gemahlen

1/2 TL Korianderkörner, gemahlen

1/2 TL edelsüßes Paprikapulver

1/4 TL Zimt, gemahlen

1 MS Kardamom

1/2 Sternanis, zerstoßen

Salz

Pfeffer

3 EL Olivenöl

250 g Kichererbsen, gekocht

2 EL Tahin (Sesammus)

3 getrocknete Marillen, grob geschnitten

Saft von 1 Zitrone

evtl. etwas Wasser

etwas Kürbiskernöl

ein paar Kürbiskerne, geröstet und gehackt

..... T!PP ....

Statt mit Kürbis kann der Hummus auch mit Karotten oder Roten Rüben abgewandelt werden.

RADICCHIO TARDIVO, WEISSE BOHNENCREME, KAKI, OLIVEN, KREN

WAS IM FRÜHLING DER SPARGEL, IST IM WINTER DER RADICCHIO TARDIVO. EIN WINTERGEMÜSE, BEI DEM MAN TRAURIG IST, WENN DIE SAISON VORÜBER IST.

Zutaten für 4 Personen

2 Radicchio tardivo di Treviso

Salz

Olivenöl zum Braten

400 g weiße Bohnen, gekocht

Saft und Abrieb von 1 Zitrone

3 EL Olivenöl

1 Kaki (Sorte Sharon), in sehr dünne Scheiben geschnitten

2 EL Oliven (vorzugsweise kleine entkernte Taggiasca-Oliven)

bestes Olivenöl zum Verfeinern

etwas frischer Kren, geschält

Vom Radicchio die Wurzeln mit einem kleinen Messer zuputzen. Die Wurzeln nicht ganz wegschneiden, sie schmecken gebraten hervorragend. Die Radicchioköpfe der Länge nach vierteln. Unter fließendem Wasser abspülen. Ein paar knackige Blätter abzupfen und als Garnitur beiseitelegen.

Wer die Bitterstoffe nicht mag, legt den Radicchio für ca. 20 Minuten in lauwarmes Wasser. Dadurch gehen allerdings auch andere Inhaltsstoffe verloren.

Das Backrohr auf 200 °C Heißluft und am Herd eine Pfanne bei mittlerer Hitze vorheizen. Die Radicchiospalten in eine feuerfeste Form legen. Leicht salzen. Mit Olivenöl beträufeln und einreiben. In der Pfanne von allen Seiten scharf anbraten. Danach zurück in die Form legen. Nochmals etwas salzen und für ca. 10 Minuten im Backrohr fertigbraten.

In der Zwischenzeit die Bohnen mit Zitronensaft und -abrieb, Salz und Olivenöl fein mixen.

Das Bohnenpüree in einem Topf erwärmen und auf Tellern verteilen. Gebratenen Radicchio darauf platzieren, Kakischeiben um und zwischen dem Radicchio anrichten. Mit rohen Radicchioblättern, Oliven, bestem Olivenöl und frisch geriebenem Kren vollenden.

..... !NFO ....

Radicchio tardivo
Der Radicchio tardivo ist der König der Wintergemüse. Er wird vor allem in Norditalien kultisch verehrt. Aber auch bei uns findet man ihn immer öfter auf Märkten. Die Verfügbarkeit ist auf Mitte November bis Ostern begrenzt. Am bekanntesten ist die Sorte „Radicchio tardivo di Treviso". Seine Herkunftsbezeichnung ist geschützt. Er wird nur in der Gegend von Treviso sowie im Umland von Venedig und Padua angebaut.

Es gibt aber auch in anderen Regionen herkunftsspezifische Sorten. Beispielsweise in Gorizia die „Rosa di Gorizia", die wirklich wie eine wunderschöne großblumige Rose aussieht.

„Radicchio tardivo" heißt so viel wie „spät reifender Radicchio". Er wird auch Winterblume genannt. Das Besondere an der „Winterblume" ist die ungewöhnliche Art der Kultivierung. Bis in den Spätherbst bleiben die großen Pflanzen auf den Feldern stehen. Sie werden frühestens nach dem ersten Frost geerntet. Die Blätter sehen dann schon schlapp und verwelkt aus. In diesem Zustand sind sie ungenießbar.

Die Pflanzen werden mitsamt der Wurzel ausgegraben und gebündelt. Diese Radicchiobündel kommen anschließend in abgedunkelte Räume mit Wasserbecken. Dort werden sie über 2–3 Wochen mit temperiertem und frischem Quellwasser umspült. In dieser Zeit reagiert die Pflanze mit einem zweiten Wachstumsschub. Sie bildet in der Mitte einen neuen Trieb mit zarten, knackigen, weinroten Blättern.

Dieser Trieb wird samt Wurzelansatz herausgeschnitten und zugeputzt. Das Ergebnis ist eine Gemüsedelikatesse, die roh, gedämpft, gebraten, geschmort oder gegrillt zubereitet werden kann.

Radicchio ist reich an Vitaminen und Mineralstoffen. Die Bitterstoffe sind sehr gesund und wirken sich positiv auf die Verdauung und Fettverbrennung aus. Im Vergleich zu anderen Radicchiosorten ist der „tardivo" am wenigsten bitter. Roh schmeckt er besonders mild, gegart wird er bittersüß.

VEGAN

BBQ-SCHWARZWURZELN, ERDNÜSSE, BRUNNENKRESSE

EINE SELBSTGEMACHTE, HERRLICH WÜRZIGE UND GLEICHZEITIG ZUCKERFREIE BBQ-SAUCE, DIE GUT ZU FLEISCH PASST, ABER AUCH ZU GEMÜSE EINE MEHR ALS GUTE FIGUR MACHT. BEISPIELSWEISE ZU DIESEN SCHWARZWURZELN HIER.

Zutaten für 4 Personen

8 Schwarzwurzeln (ca. 700 g)

Salz

Saft von ca. 1 Zitrone

2 EL Olivenöl

40 ml Wasser

1 Handvoll Brunnenkresse (ersatzweise Rucola)

sehr gutes Olivenöl

50 g Erdnüsse, geröstet, gesalzen und grob gehackt

für die BBQ-Sauce

2 EL Olivenöl

1 Schalotte, in kleine Würfel geschnitten

1 Knoblauchzehe, in Scheiben geschnitten

1/4 TL Kreuzkümmel, ganz

2 Gewürznelken

1/2 Sternanis

40 g Datteln, entkernt und in Ringe geschnitten

ein kleines Stück Ingwer, gerieben

1/4 TL Sambal Oelek (alternativ frischer oder getrockneter Chili)

1/2 TL mildes geräuchertes Paprikapulver

50 ml Balsamico

50 ml Wasser

1/2 EL Misopaste (vorzugsweise Mugi Miso oder Genmai Miso)

Salz

Pfeffer

Das Backrohr auf 190 °C Heißluft vorheizen. Schwarzwurzeln unter fließendem Wasser mit einem Drahtschwamm oder einer Gemüsebürste abbürsten, bis ein Großteil der schwarzen Schale von den Wurzeln abgeht.

Die Enden abschneiden. Die Schwarzwurzeln halbieren und auf ein Blech legen. Mit Salz, Zitronensaft und Olivenöl würzen und mischen. Wasser zugießen. Die Schwarzwurzeln für rund 30 Minuten im Backrohr rösten. Immer wieder wenden und mit dem entstandenen Bratensaft übergießen.

In der Zwischenzeit die BBQ-Sauce zubereiten: Olivenöl in einem kleinen Topf erhitzen. Schalotte und Knoblauch darin bei schwacher Hitze anschwitzen. Kreuzkümmel, Gewürznelken und Sternanis mörsern. In den Topf geben und ein paar Minuten mitrösten. Datteln, Ingwer, Sambal Oelek und geräuchertes Paprikapulver zufügen und mit Balsamico und Wasser ablöschen. Die BBQ-Sauce 10 Minuten bei schwacher Hitze einkochen. Miso zufügen und die Sauce mit einem Pürierstab fein mixen. Nach Bedarf salzen und pfeffern.

Die Schwarzwurzeln aus dem Ofen holen. Das Backrohr auf 220 °C Umluft-Grillen einstellen. Die Schwarzwurzeln gut mit BBQ-Sauce einpinseln und nochmals für 5–10 Minuten ins Backrohr schieben, bis die Sauce auf den Schwarzwurzeln leicht karamellisiert ist.

Brunnenkresse mit ein paar Spritzern Zitronensaft und Olivenöl marinieren.

Schwarzwurzeln auf Tellern anrichten. Mit Erdnüssen bestreuen. Darauf die marinierte Brunnenkresse setzen. Zum Schluss etwas Olivenöl über die Schwarzwurzeln träufeln.

..... T!PP ....

Die restliche BBQ-Sauce hält sich gut verschlossen im Kühlschrank mindestens 3 Wochen und kann auch für andere Gemüsesorten oder Fleisch verwendet werden.

..... T!PPS GEMÜSELAGERUNG

Gemüse richtig lagern
Ein Großteil der weggeworfenen Nahrung entfällt auf Obst und Gemüse. Das liegt meistens an der falschen Lagerung. Nicht alles gehört in den Kühlschrank. Manche Sorten reifen bei Raumtemperatur nach. Andere wiederum mögen es, wenn sie dunkel und nicht zu warm gelagert werden. Nicht nur bei der Haltbarkeit spielt die Lagerung eine Rolle, auch der Geschmack und der Vitamin- und Mineralstoffgehalt hängen davon ab.

Wer einige einfache Grundsätze zur Lagerung von Obst und Gemüse beachtet, trägt wesentlich zur Verringerung von Lebensmittelabfällen und einer gesunden Ernährung bei.

Was darf in den Kühlschrank?
Das meiste Gemüse bleibt länger frisch, wenn es im Kühlschrank gelagert wird. Idealerweise in einer Gemüselade im unteren Bereich des Kühlschranks. Diese ist nicht so kalt wie die restliche Lagerfläche.

Da nicht jeder einen Keller oder eine Speisekammer besitzt, können auch wärmeliebende Gemüsesorten wie Paprika oder Melanzani für wenige Tage in der Gemüselade gelagert werden.

Blattgemüse, Frühlingszwiebeln, Spargel und Kräuter bleiben am längsten frisch, wenn man sie in einem feuchten Tuch einschlägt.

Blattsalate sind meistens sehr empfindlich, daher empfiehlt es sich, sie schnell zu verbrauchen. Am längsten bleibt Salat frisch, wenn er in Papier gewickelt wird.

Karotten, Rote Rüben, Kohlrabi und Radieschen werden gerne samt Blättern angeboten. Die Blätter unbedingt vor dem Verstauen abtrennen, da sie dem Gemüse Wasser entziehen. Die Blätter nicht wegschmeißen, sie eignen sich gut für Suppen, Pestos und Smoothies. Kleinere zarte Blätter passen gut in Salate.

Pilze und frische Gewürze wie Ingwer und Kurkuma gehören in den Kühlschrank.

Gemüse vor der Lagerung nicht waschen. Erde dient beispielsweise bei Wurzelgemüse als natürliche Schutzschicht.

Im Gegensatz zu Gemüse ist Obst ein bisschen empfindlicher bei der Lagerung. Generell gilt: Reifes heimisches Obst kann in den Kühlschrank. Exoten mögen es lieber warm.

Zu den Ausnahmen zählen Kiwis, Feigen und Melonen. Diese Obstsorten werden zwar meistens importiert, lassen sich aber trotzdem im Kühlschrank länger lagern als bei Raumtemperatur.

Auch Obst, bevor man es in den Kühlschrank gibt, nicht waschen, da sich an der Schale eine natürliche Schutzschicht befindet, die Obst länger frisch hält.

Was gehört in den Keller oder in die Speisekammer?

Erdäpfel gehören an einen dunklen, kühlen und trockenen Ort und lassen sich gut in luftdurchlässigen Säcken oder Kisten lagern. Wenn man Erdäpfel bei zu kalten Temperaturen in den Kühlschrank legt, wird die Stärke in Zucker umgewandelt. Das beeinflusst den Geschmack und die Konsistenz negativ. Werden sie zu warm und zu hell gelagert, treiben sie aus und werden grün. Grüne Erdäpfel enthalten Solanin. Das ist ein natürliches Pflanzengift, das vor Fressfeinden schützen soll. Solanin kann beim Menschen zu Kopfweh, Durchfall und Übelkeit führen.

Auch Zwiebeln, Knoblauch, Paprika, Gurken, Melanzani und Kürbis sollte man außerhalb des Kühlschranks kühl und dunkel lagern.

Wenn man größere Mengen Wurzelgemüse einlagern möchte, vergräbt man es idealerweise in mit Sand befüllten Kisten. So bleibt es über Monate frisch.

Obstsorten wie Äpfel, Birnen und Zitrusfrüchte sollten in kühlen und dunklen Räumen gelagert werden.

Was kann in der Küche gelagert werden?

Tomaten bei Zimmertemperatur lagern. Wenn sie es zu kühl haben, verlieren sie sehr rasch an Aroma und werden in ihrer Konsistenz mehlig.

Steinobst (z.B. Pfirsiche und Marillen), das noch nicht ganz reif ist, vor dem Verzehr noch 2–3 Tage bei Raumtemperatur nachreifen lassen. Vor allem exotische Früchte sind kälteempfindlich und gehören an einem warmen Platz gelagert.

Das besonders empfindliche Basilikum am besten wie Blumen in Wasser stellen, so bleiben die kälteempfindlichen Blätter schön frisch.

Abstand halten

Obst und Gemüse grundsätzlich getrennt voneinander lagern. Viele Sorten sondern das Reifegas Ethylen ab, worauf andere Obst- und Gemüsesorten wiederum empfindlich reagieren.

Unter den Gemüsesorten produzieren Erdäpfel, Tomaten, Lauch, Gurken, Paprika, Brokkoli, Karfiol, Kohlsprossen, Spinat und auch Pilze am meisten Ethylen.

Bei den Obstsorten zählen Avocados, Äpfel, Birnen, Bananen und Steinobst wie Marillen, Pfirsiche und Nektarinen zu den Sorten, die am meisten Ethylen produzieren.

Dadurch werden andere Obst- und Gemüsesorten in der Umgebung schneller reif oder verderblich. Kohlgemüse bekommt rasch gelbe Blätter. Karotten können bitter werden. Paprika und Spinat werden schnell runzelig.

NAME:
MARIANNE DABERER
ALLERBESTES GERICHT:
PILZ-SHAWARMA
MEIN LIEBLINGSPLATZ BEIM DABERER:
DER WALDTEICH UND DAS WALDDECK

Auf dieses Essen kann ich nicht verzichten:
Wasser, Salz und Mehl. Sprich Natursauerteig-Brot. Das ist für mich Magie pur.

Wenn ich magische Kräfte hätte, dann ...
würde ich mich immer mal wieder an kulinarisch spannende Orte beamen. Es gibt so tolle Menschen hinter Produkten. Ich liebe es, zu sehen, zu riechen und zu schmecken, wie gute – im Sinne des Wortes – Lebensmittel entstehen.

Diese Koch-Weisheit sollten viel mehr Menschen kennen:
Ein guter Koch ist auch ein guter Geschichtenerzähler.

Bei diesem Gericht kommen bei mir Glücksgefühle auf:
hausgemachte Natursauerteig-Pizza.

Mein Tipp bei Regenwetter:
Zuhause: Brot backen und dazu tanzen. Im Urlaub: rausgehen.

Mein Lieblingswort ist ...
köstlich. Das neue Lecker. ;-)

Diesen Traum erfülle ich mir noch:
Brotbacken in Frankreich – im Idealfall ein paar Wochen oder Monate. Wobei ich dann vielleicht Französisch lernen sollte ...

Meine Laune beim Kochen kann schon mal ...
genervt sein, wenn mein Mann, der selbst nur Nudeln kochen kann, mit seinen alt-

klugen Tipps und Wünschen zur Finalisierung nicht hinter dem Berg halten kann.

Welches Lebensmittel kommt nicht in deine Küche?
Nutella – aber das ist eh kein Mittel zum Leben.

Das koche ich nur, wenn ich allein bin:
Das schnelle Melanzani-Single-Abendessen nach Nigel Slater. Das mag sonst niemand bei uns. Es schmeckt super. Geht einfach und ist ideal für einen allein.

Vorspeise, Salat, Hauptspeise, Dessert oder alles?
Vorspeise, Vorspeise, Vorspeise, Vorspeise.

DIES ODER DAS

[X] Hauptspeise	[ ] Dessert	[ ] Erdbeereis	[X] Schokoladeneis
[X] Selberkochen	[ ] Bekochen lassen	[X] Honig	[ ] Zucker
[X] Kaffee	[ ] Tee	[X] Ordnung	[ ] Chaot
[X] Gemüse	[ ] Obst	[X] Wein	[ ] Bier
[X] Messer	[ ] Herdplatte	[ ] 1 Gericht	[X] 6 Gänge

SO WÜRDE ICH MICH BESCHREIBEN

[X] aufgeschlossen	[ ] kindisch	[ ] chaotisch	[X] tierlieb
[ ] lustig	[ ] verständnisvoll	[X] nie verlegen	[ ] naiv
[ ] bodenständig	[X] Nachteule	[X] spontan	[X] Realist
[X] eitel	[X] schadenfroh	[ ] Naschkatze	[X] Optimist
[X] hilfsbereit	[ ] unordentlich	[ ] tollpatschig	[X] Familienmensch
[ ] pünktlich	[X] einzigartig	[ ] fotogen	[ ] Traumtänzer

VERSUCH UND IRRTUM.
DAS VORANKOMMEN IST EINE REISE MIT VORWÄRTS-, SEITWÄRTS- UND RÜCKWÄRTSBEWEGUNGEN.

Wir leben in der Veränderung. Wir grübeln, wir optimieren und wir denken über neue Angebote und Ideen nach. Viele davon sind großartig. Die meisten funktionieren. Aber bei manchen müssen wir auch erkennen, dass wir uns getäuscht oder nicht bis zu Ende gedacht haben. Umsonst sind die Wege nie. Und wenn es um die eigene Erfahrung geht.

Ein Bettwäsche-Berg

Gesehen habe ich es im Boutiquehotel Stadthalle in Wien. Eine Idee, die ich großartig fand. Die Gäste können mit einer Holztafel am Bett selbst bestimmen, wann die Bettwäsche gewechselt werden soll. Das Ziel dahinter ist, unnötiges Wasser, Waschmittel und Arbeit zu sparen. Ich beschloss, das auch bei uns umzusetzen. Vielleicht wäre es klug gewesen, die Idee zuerst ganz zu Ende zu denken.

Bis dahin hatten wir die Bettwäsche automatisch am 5. Aufenthaltstag gewechselt. Wenn Gäste, die z.B. 1 Woche bei uns sind, keinen Bettwäschewechsel brauchen, dann entlasten wir damit auch die Umwelt. Passiert ist jedoch das Gegenteil. Wir kamen gar nicht mehr hinterher mit den Bettwäsche-Bergen. Plötzlich kamen nämlich auch die Gäste, die 2, 3 oder 4 Nächte bei uns waren, auf die Idee, dass frische Bettwäsche sein musste. Manche täglich. Wir versanken in Wäschebergen und mussten nach ein paar Wochen die Notbremse ziehen. Die Tafeln sind also schnell wieder verschwunden und wir sind zu unserem bewährten und ohnehin schon sehr ressourcenschonenden System zurückgekehrt.

Yogaraum oder Ruheraum oder beides

Im Jahr 2010 war unser Wellnessbereich noch kleiner und überschaubarer. Der neue 120 Quadratmeter große Yogaraum sollte daher auch ein Ruheraum werden. So die vermeintlich smarte Idee. Deshalb haben wir die beiden Stirnseiten mit breiten Betten verbaut. Mit Kissen und kräftigen Farben. Wohnlich und wunderschön. Und für noch mehr Gemütlichkeit wurde auch ein Kamin eingeplant. Ein Yogaraum für ein Wow. Definitiv. Die Gäste lieben ihn. Fürs Yoga. Und als Ruheraum? Fehlanzeige! Zu weit weg vom Rest, zu groß, zu leer. Der Kamin will es auch nicht besser machen. Einige haben ihn aber dennoch gerne genutzt. Unsere MitarbeiterInnen. In einer Pause nach einer feierwürdigen Nacht. Oder in einigen Schnee-Chaos-Winternächten, als die Straßen gesperrt waren und an ein sicheres Heimkommen nicht mehr zu denken war. 2020 haben wir uns dann entschlossen, die Liegeflächen zu Gunsten von mehr Yogafläche zu entfernen. Und die Sache mit der Doppelfunktion, die lassen wir fürs Erste einmal sein. Lieber eine Funktion richtig gut als zwei so halb.

„Vielleicht wäre es klug gewesen, die Idee zuerst ganz zu Ende zu denken.

Begegnungstisch

Das ist die Idee, die ich am meisten geliebt habe und von der ich hoffe, dass sie wiederkommt. In welcher Form auch immer. Aber von Anfang an. Früher war unser Restaurant viel kleiner. Und wenn nicht genügend Tische für alle Gäste da waren, dann wurden beispielsweise zwei Paare einfach zusammengesetzt. Mein Vater als Herr der Tischplanung hat da gar nicht groß nachgefragt. Vor 30 Jahren war das kein Thema. Das war einfach so. So sind viele wunderbare Begegnungen und auch Freundschaften entstanden.

Im Laufe der Zeit ist das Restaurant größer geworden. Die Tische mussten immer weiter auseinandergerückt werden. Die Menschen wollten sich immer weniger begegnen. Jeder wollte für sich sein. Die Enge und das Miteinander, die in einem französischen Bistro erst den Charme ausmachen, sind in einem österreichischen Hotel für viele ein No-Go. Ob man diese Entwicklung gut findet oder nicht, darüber kann man nachdenken und philosophieren.

Dieses Miteinander neu zu inszenieren, war die Idee des Begegnungstisches. An einem Abend in der Woche gab es einen großen Gemeinschaftstisch für 12 Personen. Die Teilnahme war freiwillig. Wenn wir genügend Gäste fürs Miteinander begeistern konnten, war der Begegnungstisch großartig. Die Gesprächsrunden, die dort entstanden sind, waren bereichernd. Die Gäste hatten ein neues Miteinander. Die Betonung liegt auf dem „Wenn". Und dieses „Wenn" war mit so viel Überredungskunst verbunden, dass wir es irgendwann aufgegeben haben. Schade. Aber wie gesagt. Ich mag die Idee nach wie vor. Wer weiß ...

SUPPEN

VEGAN, BASISCH

GEMÜSEFOND

WO ALLES BEGINNT. WAS WÄRE EINE
GUTE KÜCHE OHNE DEN BESTEN FOND.
UND GLEICHZEITIG IST FOND EIN SUPER GEMÜSE-
SCHALEN UND -ABSCHNITTE-VERWERTER.
ZERO WASTE VOM FEINSTEN.

Gemüse waschen. Ungeschält in große Stücke schneiden. In einen weiten Topf geben und mit 1,5 l kaltem Wasser aufgießen. Aufkochen. Auf kleiner Flamme für 1–1,5 Stunden offen sanft köcheln lassen.

Danach abseihen. Wenn man den Gemüsefond kochend heiß in ein heiß ausgespültes Glas abfüllt und das Glas gut verschließt, hält er mindestens 3 Wochen im Kühlschrank.

Zutaten

1 kleines Stück Sellerie

2 kleine Karotten

etwas Lauchgrün

1 kleine Zwiebel, mit Schale für die Farbe

ein paar Pfefferkörner und Fenchelsamen

2 Lorbeerblätter

Kräuter und deren Stiele, z.B. Liebstöckel, Petersilie, Schnittsellerie, Fenchelgrün

..... T!PP ....

Grundsätzlich kann man so gut wie alle Gemüsesorten und deren Abschnitte verwenden (Kohlrabi, rote Paprika, Tomate, Fenchel, Pastinaken, Pilze ...). Weniger geeignet sind große Mengen Kohlgemüse oder Melanzani sowie Gemüsesorten, die stark färben, wie Rote Rüben oder violette Karotten.

Wenn man mit kaltem Wasser aufgießt, werden die Aromen beim Erhitzen besser aus dem Gemüse extrahiert.

Der Fond lässt sich auch gut auf Vorrat einkochen.

VEGAN, BASISCH MÖGLICH

ZWIEBEL-INGWER-SUPPE

DAS IST DAS ALLERERSTE REZEPT, MIT DEM UNSERE #DABERERATHOME-SERIE AUF INSTAGRAM BEGONNEN HAT. IHM SOLLTEN DANN IM ERSTEN UND ZWEITEN CORONA-LOCKDOWN NOCH VIELE WEITERE FOLGEN.

Zutaten für 4 Personen

8 kleine Zwiebeln (insg. ca. 500 g), in Streifen geschnitten

2 Knoblauchzehen, in Scheiben geschnitten

3 EL Olivenöl

etwas frischer Ingwer, gerieben

1/2 TL Thymian, frisch oder getrocknet

100 ml Weißwein (wer es basisch mag, lässt den Wein weg und gibt am Schluss 1 Spritzer Zitronensaft dazu)

1 l Gemüsefond (S. 156) oder Wasser mit hefefreier Suppenwürze

1 EL Süßlupinensauce oder Sojasauce

Salz

Schnittlauch, frisch geschnitten

Zwiebeln und Knoblauch in Olivenöl bei geringer Hitze unter Rühren langsam anschwitzen. Das dauert gut 25 Minuten. Nach ca. 15 Minuten den geriebenen Ingwer und Thymian dazugeben.

Wenn die Zwiebeln weich, leicht gebräunt und glasig sind, mit Weißwein ablöschen. Den Wein gut verkochen lassen. Mit Gemüsefond aufgießen. Aufkochen. 10 Minuten köcheln lassen. Zum Schluss mit Salz und Süßlupinen- oder Sojasauce abschmecken. Mit frisch geschnittenem Schnittlauch anrichten.

VEGAN, BASISCH

PASTINAKEN-LAUCH-SUPPE, GRÜNES KRÄUTERÖL

DIE PASTINAKE IST EIN WUNDERBARES WINTERGEMÜSE. IHR GESCHMACK IST ANGENEHM NUSSIG UND LEICHT SÜSSLICH. IDEAL, UM DARAUS EINE WÄRMENDE SUPPE ZU ZAUBERN.

Zutaten für 4 Personen

6 EL Olivenöl

1 Zwiebel, in Würfel geschnitten

1/2 Stange Lauch (das weiße Teil), in Stücke geschnitten

3 Pastinaken, in Stücke geschnitten

3 kleine Erdäpfel, in Stücke geschnitten

1/2 TL Kümmel

1,25 l Gemüsefond (S. 156)

etwas Lauchgrün, in feine Streifen geschnitten

Salz

Tamari (oder eine andere Sojasauce)

etwas Zitronensaft

etwas Kräuteröl (S. 20)

Die Hälfte des Olivenöls in einem Topf erhitzen. Zwiebel und Lauch anschwitzen. Pastinaken und Erdäpfel hinzufügen und ebenfalls anschwitzen. Das Gemüse soll dabei nur leicht Farbe bekommen. Kümmel zufügen. Mit Gemüsefond aufgießen. Die Suppe kochen, bis das Gemüse weich ist.

In der Zwischenzeit das restliche Olivenöl in eine heiße Pfanne geben und das Lauchgrün weich dünsten. Anschließend leicht salzen.

Die Suppe mixen. Durch ein feines Sieb passieren. Mit Salz, Tamari und Zitronensaft abschmecken. Lauchgrün in die Suppe geben und die Suppe nochmals erwärmen. Anrichten, mit Kräuteröl beträufeln und servieren.

KAROTTEN-MARILLEN-SUPPE, MANDELN

SOMMER-SUPPE SOLL ES SEIN.
WEIL SICH DER GESCHMACK VON
FRISCHEN KAROTTEN UND REIFEN
MARILLEN PERFEKT ERGÄNZT.

Einen Topf bei mittlerer Hitze aufstellen. Darin in Olivenöl die Zwiebel anschwitzen. Karotten, Marillen, Koriander und Ingwer zufügen und einige Minuten mitrösten.

Mit Gemüsefond oder Wasser aufgießen und die Suppe so lange kochen, bis die Karottenstücke weich sind.

Sambal Oelek, Mandelmus und Liebstöckelpaste zur Suppe geben und die Suppe sehr fein mixen. Anschließend durch ein Sieb passieren. Mit Sojasauce, Zitronensaft und Salz abschmecken.

Vor dem Servieren die Suppe mit einem Pürierstab aufschäumen und in Tassen oder Suppentellern anrichten. Mit gerösteten Mandelblättchen, Kerbel und evtl. ein paar Tropfen Mandel- oder Marillenkernöl verfeinern.

Zutaten für 4 Personen

1 Zwiebel, in Würfel geschnitten

3 EL Olivenöl

400 g Karotten, in Scheiben geschnitten

150 g Marillen, entkernt und in Spalten geschnitten

1/2 KL Koriandersamen

1 KL Ingwer, gerieben

1 l Gemüsefond (S. 156) oder Wasser

1 MS Sambal Oelek

2 EL Mandelmus

1 TL Liebstöckelpaste (S. 31) oder hefefreie Suppenwürze

1 EL Sojasauce

ein paar Spritzer Zitronensaft

Salz

4 EL Mandelblättchen, geröstet

etwas Kerbel

evtl. etwas Mandelöl oder Marillenkernöl

MINESTRA, MANGOLD, DINKEL, BORLOTTIBOHNEN

DIE MINESTRA IST EINE REICHHALTIGE GEMÜSESUPPE. OFT WIRD SIE MIT NUDELN ZUBEREITET. UNSERE VARIANTE KOMMT MIT DINKEL DAHER.

In einem großen Topf 60 ml Olivenöl erhitzen. Die Zwiebeln und das Wurzelgemüse darin anschwitzen. Etwas später die Lorbeerblätter und den geschliffenen Dinkel zufügen und kurz mitrösten. Die Tomatenwürfel dazugeben. Mit Essig ablöschen. Mit dem Gemüsefond aufgießen. Die Suppe aufkochen und zugedeckt für 20 Minuten köcheln lassen.

Die Borlottibohnen zufügen. Evtl. noch etwas Gemüsefond nachgießen. Die Suppe für weitere 20 Minuten köcheln lassen, der Dinkel sollte noch einen leichten Biss haben. Liebstöckel oder Liebstöckelpaste in die Suppe geben und nochmals 10 Minuten kochen.

Den Mangold in der Zwischenzeit in gut gesalzenem Wasser blanchieren und kalt abschrecken. 30 ml Olivenöl in einer kleinen Pfanne leicht erhitzen. Knoblauch leicht anschwitzen. Dinkelmehl zufügen und kurz mitrösten.

Die Suppe mit der Dinkel-Einbrenn binden. Den Mangold zufügen. Mit Salz, Pfeffer und Tamari würzen. Evtl. die Suppe noch mit 1 Spritzer Essig abschmecken.

In tiefen Tellern mit gehackter Petersilie oder Selleriegrün und ein paar Tropfen Olivenöl anrichten.

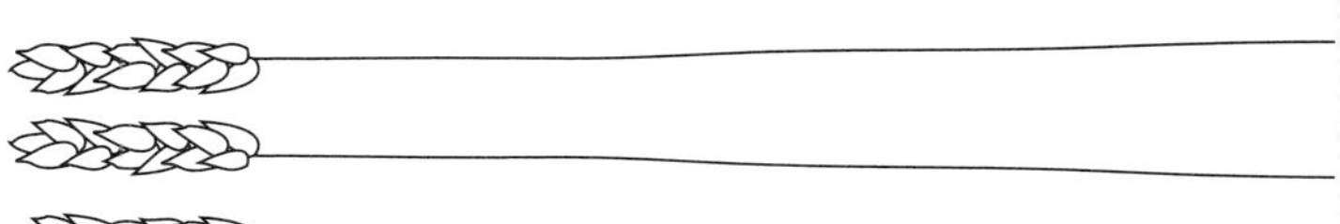

Zutaten für 4 Personen als Hauptspeise, für 6 Personen als Vorspeise

90 ml Olivenöl

2 Zwiebeln, in feine Würfel geschnitten

1 Karotte, grob geraspelt

1 gelbe Rübe, grob geraspelt

1/4 Knollensellerie, grob geraspelt

2 Lorbeerblätter

200 g Dinkel, geschliffen (Dinkelreis)

2 Tomaten, in Würfel geschnitten

1 Schuss Weißweinessig

ca. 2 l Gemüsefond (S. 156)

800 g Borlottibohnen, gekocht

1 Zweig Liebstöckel oder 1 EL Liebstöckelpaste (S. 31)

250 g Mangold, in Streifen geschnitten

Salz

2 Knoblauchzehen, gehackt

1 EL Dinkel-Vollkornmehl

Pfeffer

Tamari oder andere Sojasauce

evtl. etwas Essig

etwas Selleriegrün oder Petersilie, gehackt

etwas Olivenöl zum Beträufeln

HÜHNERSUPPE MIT EIERFRITTATEN, PAK CHOI, MAIS, PILZEN UND CHILI

EINE HÜHNERSUPPE WÄRMT UND MACHT SATT. BESONDERS MIT DIESER BUNTEN UND FRÖHLICHEN EINLAGENVIELFALT. HIER DARF MAN SICH RUHIG ZUM VARIIEREN ERMUNTERT FÜHLEN.

Zutaten für 4 Personen

für die Suppe

1 Huhn à ca. 1,5 kg (idealerweise Suppenhuhn)

1/4 Knollensellerie, grob geschnitten

1 Zwiebel mit Schale

etwas Lauch

4 Knoblauchzehen

1 kleines Stück Ingwer, in Scheiben geschnitten

20 g getrocknete Pilze (z.B. Shiitake, Steinpilze oder Parasol)

10 Pfefferkörner

1/2 TL Fenchelsamen

2 Sternanis

3 Nelken

Salz

Sojasauce

Das Huhn unter fließendem kaltem Wasser abwaschen, in einen Topf geben und mit ca. 2,5 l kaltem Wasser auffüllen, sodass es zur Gänze bedeckt ist. Aufkochen und den aufsteigenden Schaum sowie das Fett von der Oberfläche abschöpfen. Die Zwiebel halbieren und ohne Fett auf den Schnittflächen in einer kleinen Pfanne anrösten. Knoblauchzehen andrücken. Alle Zutaten bis auf Salz und Sojasauce zum Huhn geben. Die Hitze stark reduzieren und das Huhn für 2 Stunden leise köcheln lassen.

Das fertig gegarte Huhn vorsichtig aus der Suppe heben und abkühlen lassen. Die Haut abziehen, das Fleisch von den Knochen lösen, in mundgerechte Stücke zerteilen und beiseitestellen. Haut und Knochen zurück in die Suppe geben. Die Suppe für 1 weitere Stunde leise köcheln lassen, erst dann abseihen und mit Salz und Sojasauce würzen.

Für die Eierfrittaten Eier in eine Schüssel schlagen, Salz und Schlagobers zufügen und mit einem Schneebesen verrühren. Eine beschichtete Pfanne erhitzen und mit Öl auspinseln. Etwas Eiermischung dünn eingießen und Palatschinken beidseitig backen. Auskühlen lassen, dann einrollen und in feine Streifen schneiden.

Für das Chiliöl Frühlingszwiebel und Ingwer in den beiden Ölen bei schwacher Hitze für rund 5 Minuten anschwitzen. Sesam und Chili zufügen und ebenfalls kurz anrösten. Zum Schluss das Paprikapulver in das Öl geben, verrühren und beiseitestellen.

Vom Pak Choi den Strunk entfernen, Pak Choi waschen und die größeren Stiele der Länge nach halbieren. Unmittelbar vor dem Anrichten in die heiße Suppe geben und für ein paar Minuten ziehen lassen. Die Stiele sollten danach noch leicht knackig sein.

Hühnerfleisch mit Eierfrittaten, Pak Choi, Mais und Frühlingszwiebelgrün in tiefen Tellern anrichten und die kochend heiße Suppe angießen. Zum Schluss die Champignons mit Hilfe eines Hobels in dünne Scheiben schneiden und mit dem Chiliöl und den Röstzwiebeln auf die Suppe geben. Sofort servieren.

..... T!PP ....

Einen klassischen Hühnerfond kann man auf die gleiche Art und Weise wie im ersten Teil des Rezepts beschrieben herstellen. Statt eines ganzen Huhns nimmt man nur Hühnerknochen und -abschnitte. Neben Sellerie kann man noch Karotte, Petersilienwurzel und Petersilienstiele dazugeben. Hühnerfond würzt man mit Pfefferkörnern, Lorbeer und Liebstöckel.

Knusprige Röstzwiebeln sind sehr einfach herzustellen: Zwiebel in sehr feine Ringe schneiden und mit einer Mischung aus Mehl, etwas Stärke und evtl. etwas Paprikapulver vermischen. In ein Sieb geben und das überschüssige Mehl abschütteln. In heißem Fett frittieren, bis die Röstzwiebeln schön knusprig und leicht gebräunt sind. Aus dem Fett heben, auf einem Stück Küchenrolle abtropfen lassen und leicht salzen.

Die Gemüseeinlage der Suppe kann je nach Jahreszeit beliebig abgewandelt werden. Sehr gut eignen sich beispielsweise grüner Spargel, junger Spinat, Zuckerschoten, Waldpilze oder Wurzelgemüse.

für die Eierfrittaten

4 Eier

Salz

4 EL Schlagobers

Öl zum Braten

für das Chiliöl

1 Frühlingszwiebel (nur das Weiße), in feine Ringe geschnitten

1 TL Ingwer, fein gehackt

4 EL neutral schmeckendes Raps- oder Sonnenblumenöl

1 EL Sesamöl, geröstet

1,5 EL Sesam

1/2 TL Chiliflocken

1/2 TL edelsüßes Paprikapulver

für die Suppeneinlage

1 Pak Choi

200 g Maiskörner, gekocht

etwas Frühlingszwiebelgrün, in feine Ringe geschnitten

4 Champignons

einige knusprige Röstzwiebeln

..... T!PPS SUPPE FÜR JEDEN TAG

Auf der folgenden Doppelseite sind unsere Suppenzutaten grafisch dargestellt. Hier beschreiben wir die Reihenfolge zur Grafik und was es zu beachten gilt. So funktioniert das Suppenkochen künftig wie aus dem Effeff.

Die Basis und die Gewürze
Die Basiszutaten wie Zwiebeln, Schar-lotten, Lauch oder Knoblauch farblos in etwas Fett oder Öl anschwitzen, bis sie weich und glasig sind. Gewürze und Kräuter hinzufügen, deren Aromen sich beim Kochen nicht verflüchtigen. Durch das langsame Anrösten im Fett entfalten sich die ätherischen Öle und verleihen der Suppe eine gute Grundwürze.

Die stärkehaltigen Grundzutaten
Danach kommen die stärkehaltigen Grundzutaten in den Topf, die der Suppe später eine cremige Bindung geben. Wird die Suppe nachher nicht püriert, das Gemüse in mundgerechte Würfel schneiden.

Bei der Verwendung von Hülsenfrüchten empfiehlt es sich, Bohnen, Kichererbsen und Tellerlinsen vorzukochen oder auf Konserven zurückzugreifen. Dadurch verringert sich die Kochzeit der Suppe deutlich. Auch ist es für die Verdauung besser, wenn die Hülsenfrüchte nicht erst in der Suppe weich gekocht werden. Wenn die Suppe mit den vorgekochten Hülsenfrüchten später nicht gemixt wird, ist es empfehlenswert, die Hülsenfrüchte erst später zuzufügen, da sie sonst zu weich werden.

Kleinere Hülsenfrüchte wie Beluga-, Berg- oder rote Linsen können direkt in der Suppe gegart werden. Vor dem Zufügen mit kaltem Wasser abspülen.

Das Gemüse in der Hauptrolle
Jetzt kommen die Gemüsesorten dazu, die später die Hauptrolle in der Suppe spielen. Auch hier gilt wieder: Gemüse in mundgerechte Stücke schneiden, falls die Suppe nicht gemixt wird.

Das Ablöschen
Wenn man möchte, kann der Ansatz nach dem Anschwitzen mit etwas Wein, Essig oder Verjus abgelöscht werden. Dadurch verleiht man der Suppe eine milde Säure. Säure kann auch am Ende der Garzeit zur Suppe gegeben werden, dann bringt sie mehr Frische ins Gericht.

Bier passt gut zu Suppen mit Getreide oder Wurzelgemüse. Anisschnaps und Wermut runden Suppen mit Fenchel, Erdäpfeln und Gewürzen wie Safran, Fenchelsamen oder Anis ab.

Wichtig ist, dass der Alkohol gut verkocht, bevor man mit anderen Flüssigkeiten aufgießt. Dann schmeckt die Suppe später nicht alkoholisch. Bis auf wenige Ausnahmen wird Alkohol nie am Ende der Garzeit zur Suppe gegeben.

Die Flüssigkeit
Nun mit Wasser oder einem beliebigen Fond aufgießen. Die Suppe aufkochen. Langsam köcheln lassen, bis das Gemüse noch einen angenehmen Biss hat.

Das zarte Grün
Gegen Ende der Kochzeit alle Gemüsesorten und Kräuter hinzufügen, die eine kurze Garzeit haben oder schnell ihr zartes Aroma oder die Farbe verlieren. Bis zur gewünschten Konsistenz kochen. Nach Belieben die Suppe mixen und durch ein Sieb passieren. Milchsauer fermentiertes Gemüse erst später zufügen, damit es nicht zu sehr verkocht.

Das Fett
Fett ist Geschmacksträger, da es viele Aromen binden kann. Auch für das Mundgefühl und die Konsistenz ist es entscheidend. Für die Cremigkeit der Suppe kann Fett in Form von Milchprodukten, Kokosmilch oder Nussmus hinzugefügt werden.

Fett kann auch erst zum Finalisieren als kaltgepresstes Öl, Pesto oder Schlagobershaube auf die Suppe gegeben werden.

Das Abschmecken
Dann geht es an das Abschmecken der Suppe. Neben Salz und Suppenwürze können auch umamireiche Komponenten wie Sojasauce, Süßlupinensauce oder Misopaste verwendet werden. Diese Zutaten enthalten von Natur aus Glutamat und sorgen für einen runden, würzigen Wohlgeschmack.

Neben Salz und Umami braucht eine gute Suppe meistens ein wenig Säure für die Frische. Wenn nicht schon der Ansatz mit ausreichend säurehaltigen Zutaten abgelöscht wurde, einfach zum Schluss noch ein paar Spritzer Zitronensaft oder Essig dazugeben. Einen besonderen Frischekick bekommt die Suppe durch den Abrieb von Zitrusfrüchten.

Ab und zu braucht es noch etwas Süße, neben Zucker bieten sich dafür Honig, Ahornsirup oder Malzsirup an.

Die Einlagen
Die Suppeneinlage immer vorkochen, außer sie hat eine sehr zarte Struktur. Dann reicht es aus, wenn sie in der heißen Suppe zieht, um gar zu werden.

Das Topping
Beim Topping sind der Fantasie kaum Grenzen gesetzt. Man kann eine einfache Suppe zu einem Highlight machen, indem man mit Aromen und Texturen spielt.

Zwei Zutaten sind ausreichend, vor allem wenn sie sich gut mit der Suppe ergänzen. Süßliches und Scharfes. Samtiges und Knuspriges. Erdiges und Frisches. Neben Kräutern, Ölen, Pestos und Milchprodukten machen knusprige und vor allem geröstete Komponenten das Topping so richtig spannend. Man kann Gewürze im Topping gut integrieren, indem man sie in Öl langsam röstet und das Öl dann über die Suppe träufelt. Croûtons, Nüsse und Samen können beim Rösten mit Gewürzen versetzt werden.

..... T!PPS SUPPENTOPF-BASICS

Toppings
Geröstete Saaten, geröstete Nüsse, Croûtons, gehackte oder gezupfte Kräuter, Kresse, Sprossen, Frühllingszwiebelgrün, geröstete Kichererbsen oder Linsen, kaltgepresste Öle, Kräuter- oder Gewürzöle, Pesto, Joghurt, Sauerrahm, geschlagenes Schlagobers, geriebener Hartkäse, Popcorn, Tahin, Nussmus, Röstzwiebeln

Gegarte Einlagen
Gemüse in Würfelform oder klein geschnitten, Bohnen, Kichererbsen, Linsen, Mais, Erbsen, Getreide, Quinoa, Reis, Nudeln, Fleisch, Tofu, Ei, Algen

Würze und Süße
Salz, Pfeffer, Zucker, Honig, Ahornsirup, Malzsirup, Sojasaucen, Misopasten, Süßlupinensauce, Liebstöckelpaste, Suppenwürze (hefefrei), Zitrusabrieb

Säure
Zitronensaft, Limettensaft, Verjus, Essig, milchsaure Säfte

Fett für die Cremigkeit
Schlagobers, Sauerrahm, Crème fraîche, Mascarpone, Kokosmilch, Nussmus, Tahin

Zartes und grünes Gemüse sowie Kräuter
Brokkoli, Erbsen, Spargelspitzen, Artischocken, grüne Bohnen, Spinat, Mangold, Bärlauch, Basilikum, Dill, Kerbel, Liebstöckel, Petersilie, milchsaures Gemüse

Flüssigkeit
Wasser, Gemüsefond, Hühnerfond, Fischfond, Rindssuppe

Zum Ablöschen
Wein, Essig, Verjus, Bier, Anisschnaps, Wermut

Gemüse als Hauptrolle
Kürbis, Tomaten, Wurzelgemüse, Karfiol, Brokkoli, Kohlrabi, Topinambur, Spargel (außer den Spitzen), Fenchel, Zucchini, Paprika, Pilze

Stärkehaltige Grundzutaten
Erdäpfel, Süßerdäpfel, Kürbis, Pastinaken, Sellerie, Hülsenfrüchte, geschliffenes Getreide (Dinkelreis, Einkornreis …), Brotreste

Gewürze und Kräuter
Kümmel, Kreuzkümmel, Fenchelsamen, Anis, Koriandersamen, Zimt, Curry, Garam Masala, Kurkuma, Ingwer, Zitronengras, Kardamom, Senfkörner, Bockshornklee, Paprikapulver, geräuchertes Paprikapulver, Safran, Chili, getrocknete Pilze, Lorbeer, Curryblätter, Majoran, Rosmarin, Salbei, Thymian, Oregano, Basilikumstiele, Korianderstiele, Zitrusabrieb

Basiszutaten
Zwiebeln, Schalotten, Lauch, Knoblauch

Fette und Öle für den Ansatz
Butter, Olivenöl, Kokosöl, Rapsöl, Sonnenblumenöl, Erdnussöl

NAME:
CHRISTIAN DABERER
ALLERBESTES GERICHT:
VEGETARISCH GEFÜLLTE PAPRIKA
LIEBSTE ZEIT IM HOTEL:
MEINE WANDERZEIT
MEIN LIEBLINGSPLATZ:
DER WEINKELLER

Wenn ich mich für ein Gemüse entscheiden müsste, wäre es ..
Pak Choi

Auf dieses Essen kann ich nicht verzichten:
Italienisch

Bei diesem Gericht kommen bei mir Glücksgefühle auf:
Tafelspitz mit allen Beilagen

Mein Tipp bei Regenwetter:
Trink Wein und genieße den Tag.

... muss ich immer im Kühlschrank haben:
Eine gute Flasche Weißwein

Dafür werde ich bewundert:
Aussehen ;-)

Bei dieser Situation im Hotel musste ich mir das Lachen verheben:
Als der Hausmeister die falschen Gäste am Bahnhof abgeholt hat ...

Welches Lebensmittel kommt nicht in deine Küche?
Bananen und Essiggurken

Einmal und nie wieder ...
Lakritze

Diesen Traum erfülle ich mir noch:
Eine Reise nach Neuseeland, Island oder zu den Färöer-Inseln

DIES ODER DAS

(X) Hauptspeise	( ) Dessert
(X) Selberkochen	( ) Bekochen lassen
(X) Kaffee	( ) Tee
( ) Gemüse	(X) Obst
(X) Messer	( ) Herdplatte
( ) Erdbeereis	(X) Schokoladeneis
( ) Honig	(X) Zucker
( ) Ordnung	(X) Chaot
(X) Wein	( ) Bier
( ) 1 Gericht	(X) 6 Gänge

WENN ICH FREI HABE

- ( ) Greife ich keinen Kochlöffel an.
- (X) Bin ich vom Handy nicht wegzubringen.
- (X) Verlaufe ich mich in der Natur.
- ( ) Esse ich den ganzen Tag.
- ( ) Mach ich am liebsten nichts.
- ( ) Singe ich laut unter der Dusche.
- ( ) Verschlafe ich immer.
- ( ) Koche ich das Gleiche wie beim Daberer.

DER VOGEL OHNE NAMEN.

EIN VOGEL, DEN WIR NIE GESUCHT HABEN UND DER UNS DENNOCH GEFUNDEN HAT.

Als meine Eltern 1978 die Biopension gegründet haben, haben die Einheimischen gelächelt und gemeint, die beiden hätten wohl einen Vogel. Soweit der Anfang. Aber wie ist denn der Vogel wirklich zum Daberer gekommen? Er ist uns passiert. ;-)

2012 haben wir als Familienteam am Daberer gearbeitet. Nichts Neues. Das machen wir immer mal wieder. Am Unternehmen arbeiten und nicht im. Im Laufe dieses Prozesses haben wir unseren Namen verändert und beschlossen, dass wir auch ein neues Logo brauchen. Zwei neue Grafiker haben uns Vorschläge gemacht. Das war der bedeutende Moment, als Herbert in mein Leben getreten ist. Herbert hat auch die außergewöhnliche Grafik dieses Buches gemacht. Und Herbert ist es zu verdanken, dass der Vogel den Daberer gefunden hat.

Der Vogel ist der Gast. Er sitzt in der Stadt. Er will raus. Er fliegt aufs Land. In die Berge. Er landet beim Daberer und ist glücklich. Soweit die Geschichte. Der Vogel saß frech am neuen Logo. Und er hat uns verzaubert, ohne dass wir geahnt haben, was er alles noch mit sich bringen würde.

Brauchen wir auch noch einen passenden Slogan? Vielleicht. Ja. Gefunden haben wir keinen. Es wollte uns nichts einfallen. Also haben wir es gelassen. Muss nicht sein. Bis zu jenem Tag einige Jahre später, als uns der Slogan wie ganz von allein gefunden hat. Er ist uns zugeflogen. ;-)

Ich saß in meinem Büro. Mein Vater hat an der Rezeption mit einer Dame gesprochen. Ich weiß nicht, worum es ging. Ich habe nur seinen letzten Satz gehört. Er hat gesagt: „Wissen Sie, ich sag immer, wir sind die mit dem Vogel.“

Gehört, gelächelt, nachgedacht und sehr gemocht. Als ich dann einige Tage später bei Herbert eine Stellenanzeige in Auftrag gegeben habe, habe ich ihn gebeten, den Slogan zu verwenden. Und es hat gepasst. Als ob wir wie von allein unseren passenden Topfdeckel gefunden hätten. #diemitdemvogel

Der Vogel hat keinen Namen. Muss er nicht. Er steht für sich. Er ist so ein charmanter Kerl. Er verzaubert in seiner simplen und doch markanten Form. Die Form bleibt immer bestehen. Keine Flügel. Keine Verniedlichungen. Das braucht er alles nicht. Er ist, wie er ist. Und er hat begonnen zu leben. Schritt für Schritt. Er hat im wahrsten Sinne des Wortes Flügel bekommen.

„Er landet beim Daberer und ist glücklich.

Der Vogel ist so perfekt für den Daberer. Keine Werbeagentur der Welt hätte es besser getroffen. Der Vogel steht für Leichtigkeit und Natur. Der Vogel steht für den Landeplatz, den Gäste bei uns finden. Und der Vogel steht so einzigartig dafür, dass man Dinge auch anders andenken kann und soll. „So macht man das in einem 4-Stern-S-Hotel" war für uns noch nie eine Benchmark. Unsere Benchmark ist viel eher: Wie wollen wir es machen, wie würden wir es uns als Gast wünschen, wie können wir dahinterstehen? Und wenn dann der eine oder andere sagt, die beim Daberer haben einen Vogel, dann sind wir wieder beim Anfang. Nur sehen wir es diesmal als Kompliment.

HAUPTSPEISEN

VEGAN, BASISCH

ERDÄPFEL-KARFIOL-CURRY, GRANATAPFELKERNE, MANDELN

DIESES GERICHT IST EIN BELIEBTER KLASSIKER DER BASISCHEN WINTER-KÜCHE BEIM DABERER. ES SCHMECKT ABER AUCH JENSEITS DES FASTENS SUPER. VEGANES SOULFOOD.

Kokosöl in einem weiten Topf behutsam erhitzen und darin die ungemahlenen Gewürze (Senfkörner, Curryblätter und Sternanis) kurz anrösten. Zwiebeln dazugeben und langsam anschwitzen, bis sie glasig sind und etwas Farbe bekommen. Die restlichen Gewürze zugeben und kurz mitrösten. Erdäpfelstücke zum Ansatz geben. Mit Gemüsefond oder Wasser aufgießen. Zugedeckt für 15 Minuten köcheln lassen.

Karfiol bis auf 1 kleines Röschen sowie Kokosmilch zugeben. Für weitere 10 Minuten kochen. Mit Salz, Sojasauce, Orangensaft und -abrieb abschmecken. Mit Erdäpfelstärke binden.

Das fertige Curry in tiefen Tellern anrichten. Mit Granatapfelkernen, Mandelblättchen und den jungen Blättern garnieren. Das beiseitegelegte Karfiol-Röschen dünn darüberhobeln.

Zutaten für 4 Personen

3 EL Kokosöl

1 TL braune Senfkörner

6 Curryblätter

2 Sternanis

2 Zwiebeln, in feine Würfel geschnitten

1 kleines Stück Ingwer, gerieben

1 TL Bockshornklee, gemahlen

3 EL Currypulver (nach Geschmack mild oder scharf)

1 EL Garam Masala

1/2 TL Kurkuma

500 g Erdäpfel, geschält und in große Stücke geschnitten

800 ml Gemüsefond (S. 156) oder Wasser

500 g Karfiol, in Röschen zerteilt

300 ml Kokosmilch

Salz

2 EL Sojasauce

Saft und Abrieb von 1 Orange

etwas Erdäpfelstärke, mit Wasser angerührt

Kerne von 1/2 Granatapfel

50 g Mandelblättchen, geröstet

ein paar junge würzige Blätter (z.B. Asiasalate, Rucola, Kresse, Schafgarbe) oder Sprossen

GEFÜLLTE PAPRIKA, SOMMERLICHES GEMÜSE

GEFÜLLTE PAPRIKA SIND EIN ÖSTERREICHISCHER KLASSIKER. IN UNSERER VARIANTE EIN VEGANER KLASSIKER.

Bulgur mit 900 ml kochendem Wasser übergießen und abdecken. Für ca. 20 Minuten ohne Hitzezufuhr quellen lassen.

Für die Würzpaste Zwiebeln und Knoblauch in Olivenöl anschwitzen. Tomatenmark zufügen und kurz mitrösten. Mit Wasser ablöschen und die restlichen Zutaten zufügen. Aufkochen und im Anschluss mixen. Den Bulgur gut mit der Würzpaste vermischen.

Für das Gemüse das Olivenöl erhitzen. Die Melanzaniwürfel darin anbraten. Leicht salzen. Bei mittlerer Hitze braten, bis die Melanzani weich werden und etwas Farbe annehmen. Paprikastücke zufügen und 5 Minuten mitbraten. Zwiebeln, Knoblauch und Sambal Oelek dazugeben und ebenfalls 5 Minuten mitbraten. Zum Schluss die Cherrytomaten und die passierten Tomaten dazugeben. 10 Minuten weich schmoren, dabei wenig umrühren. Mit Pfeffer und Zucker abschmecken.

Während das Gemüse brät, Ofen auf 170 °C Heißluft vorheizen. Alle Paprika knapp unter dem Stielansatz abschneiden, Kerngehäuse und Kerne an den Innenwänden herausholen. Die Paprika mit Bulgur füllen. Auf ein Blech legen, mit Olivenöl beträufeln und mit etwas Wasser angießen. Für 20–30 Minuten im Rohr garen.

Das Gemüse mit den Kräutern verfeinern und die Paprika darauf anrichten.

Zutaten für 4–6 Personen

500 g Bulgur

4 Spitzpaprika und
4 Paprikaschoten

für die Würzpaste

3 Zwiebeln, gehackt

2 EL Knoblauch, gehackt

100 ml Olivenöl

4 EL Tomatenmark

125 ml Wasser

250 g getrocknete Tomaten, grob gehackt

3 EL Tamari

3 EL Cashew-Miso

2 EL Mandelmus

Basilikum, Majoran und Rosmarin, gehackt

Pfeffer

für das Gemüse

Olivenöl zum Braten

500 g Melanzani, in grobe Würfel geschnitten

Salz

300 g Paprika, in gleich große Würfel geschnitten

3 Zwiebeln, gehackt

4 Knoblauchzehen, gehackt

1 TL Sambal Oelek

500 g Cherrytomaten, halbiert

200 g passierte Tomaten

Pfeffer

Zucker

Petersilie, Koriander und Basilikum, gehackt

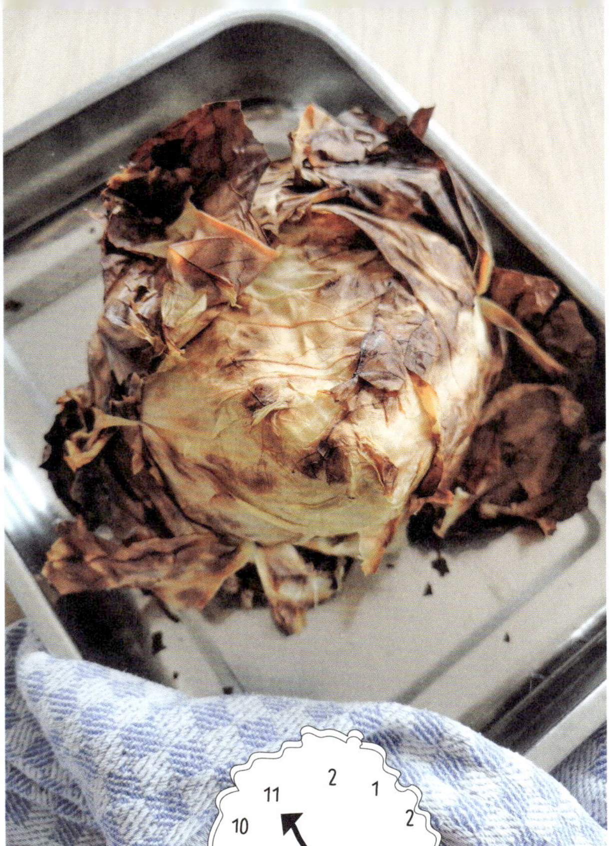

VEGAN, BASISCH

VERGESSENER KRAUTKOPF, SELLERIESAUCE, ZITRUSFRÜCHTE UND LEINSAMEN

WAS BLOSS MACHEN MIT KRAUT? EINFACH MAL IN DEN OFEN DAMIT UND DANN EIN PAAR STUNDEN „VERGESSEN". EINE GARMETHODE, DIE DEN KRAUT-GESCHMACK VERÄNDERT. UND NOCH DAZU GANZ NEBENHER GEHT.

Leinsamen über Nacht im Wasser einweichen. Am nächsten Tag ein Backblech mit einer Backmatte oder Backpier auslegen und die Leinsamen mit Hilfe einer Palette dünn auftragen. Bei 170 °C Heißluft für ca. 40 Minuten backen. Danach sollte die Leinsamenmasse zu knusprigen Chips geworden sein.

Das Kraut samt den Deckblättern in eine feuerfeste Form geben und im Backrohr bei 170 °C Heißluft weich garen. Dafür das Kraut einfach für 2,5–3 Stunden im Ofen „vergessen". Wenn das Kraut sich leicht wieder vom Messer löst, wenn man hineinsticht, ist es fertig.

In der Zwischenzeit für die Selleriesauce Olivenöl in einem Topf erhitzen. Die Senfkörner kurz darin anrösten, Zwiebel zufügen und glasig anschwitzen. Selleriewürfel in den Topf geben, kurz rösten, mit Gemüsefond aufgießen und bei mittlerer Hitze für gut 15 Minuten einkochen lassen. Danach ca. 1/4 der Selleriewürfel und etwas Gemüsefond entnehmen, in einen Mixbecher geben und mit einem Pürierstab sehr fein mixen. Das Püree wieder zurück in den Topf geben, dadurch bekommt die Sauce eine leichte Bindung. Die Sauce mit Tamari, Salz, Zitronensaft und -abrieb abschmecken.

Orange und Grapefruit schälen und filetieren. Die Zitrusfilets beiseitestellen. Die Reste der Zitrusfrüchte mit der Hand gut ausdrücken und den Saft in einer Schüssel auffangen. Zitrussaft mit Salz, Ingwer und Cayenne abschmecken.

Die Sauce nochmals erwärmen und in tiefen Tellern anrichten. Vom Kraut die äußeren dunklen Blätter entfernen, Kraut in dicke Scheiben oder Spalten schneiden und auf der Selleriesauce anrichten. Die Krautstücke mit Zitrusmarinade übergießen, Zitrusfilets und Sellerieblätter auf das Kraut geben, mit Zitronen-Olivenöl beträufeln und mit Pfeffer würzen. Die Leinsamencracker in kleine Stücke brechen und zwischen die Zitrusfrüchte und das Kraut stecken.

Zutaten für 4 Personen

für die Leinsamencracker

20 g Leinsamen

60 ml Wasser

für das Kraut und die Selleriesauce

1 Weißkraut à ca. 800 g (vorzugsweise Spitzkraut oder Frühkraut)

2 EL Olivenöl

1 TL braune Senfkörner

1 Zwiebel, in feine Würfel geschnitten

400 g Knollensellerie, in ca. 5 x5 mm große Würfel geschnitten

800 ml Gemüsefond (S. 156)

1 EL Tamari

Salz

etwas Zitronensaft und -abrieb

2 EL Zitronen-Olivenöl

ein paar Blätter Selleriegrün oder Petersilie

Pfeffer

für die Zitrusfrüchte

1 Orange

1 Grapefruit

Salz

1/2 TL Ingwer, gerieben

1 MS Cayenne

VEGETARISCH

CAPPELLETTI, WIESENSPINAT, ZITRONENBUTTER

JA. WIR GEBEN ES ZU. CAPPELLETTI SIND ARBEIT. ABER SIE MACHEN AM TELLER RICHTIG VIEL FREUDE. DA LOHNT SICH DER AUFWAND!

Für den Teig Mehl und Grieß vermischen. Auf eine saubere Arbeitsfläche geben. In der Mitte eine kleine Grube formen und die Eier hineingeben. Vom Rand der Grube weg Mehl mit den Eiern mischen. Anschließend zu einem kompakten Teig kneten. Das dauert ca. 10 Minuten. Den Teig dabei immer wieder mit dem Handballen flach drücken und zusammenschlagen. Der Teig darf nicht mehr kleben. Wenn nötig, etwas mehr Mehl zufügen. Den fertigen Teig zu einer Kugel formen. In Frischhaltefolie einpacken und mindestens 1 Stunde im Kühlschrank rasten lassen. Dadurch lässt er sich später besser verarbeiten.

In der Zwischenzeit für die Füllung Butter in einer Pfanne erhitzen, Schalottenwürfel darin anschwitzen. Wiesenspinat zufügen und bei mittlerer Hitze zusammenfallen lassen. Anschließend klein hacken und abkühlen lassen. Den ausgekühlten Wiesenspinat mit den restlichen Zutaten für die Fülle vermischen. In einen Spritzsack mit Lochtülle füllen.

Cappelletti herstellen

Den Nudelteig mit einer Nudelmaschine ausrollen. (Wer keine Maschine hat, kann das auch mit einem Nudelholz machen.)

Den Teig halbieren. Flach drücken und ein paarmal durch die größte Öffnung der Walze drehen. Dann die beiden Teigenden zur Mitte einschlagen, sodass der Teig gedrittelt ist, und wieder ausrollen. Diesen Vorgang insgesamt dreimal wiederholen. Dadurch wird der Teig noch einmal geknetet und elastischer. Die Teigbahnen immer wieder mit etwas Mehl oder Hartweizengrieß bestreuen, damit sie nicht kleben. Den Teig auf 0,5 mm dünne Bahnen ausrollen. Dann mit einem runden Ausstecher mit 6 cm Durchmesser Kreise ausstechen. In die Mitte einen Tupfer Fülle setzen. Die Ränder zur Hälfte mit Wasser bestreichen. Das Teigstück in die Hand nehmen und mit den Fingerspitzen die gegenüberliegenden Enden gut zusammendrücken. Dabei darauf achten, dass keine Luft zwischen Teig und Füllung ist.

Die beiden spitzen Enden der entstandenen halbrunden Ravioli zusammenziehen und fest zusammendrücken. Die abgerundete Seite in eine Richtung leicht nach oben biegen. Die fertigen Cappelletti auf eine Platte mit einem bemehlten Tuch legen. In gut gesalzenem Wasser für ca. 3 Minuten leicht köcheln lassen.

In der Zwischenzeit die Butter für die Zitronenbutter in einer heißen Pfanne aufschäumen. Die fertigen Cappelletti mit einem Lochschöpfer aus dem Wasser in die Pfanne heben. Etwas Kochwasser, Parmesan, Salz, Zitronensaft und -abrieb zufügen. Die Cappelletti schwenken, bis die Sauce emulgiert. Zum Schluss den restlichen Wiesenspinat zufügen.

Cappelletti und Wiesenspinat auf Tellern anrichten und die Zitronenbutter darüber träufeln. Mit etwas frisch geriebenem Parmesan und ein paar Tropfen bestem Olivenöl verfeinern.

..... T!PP ....

Statt Wiesenspinat kann man auch Blattspinat, Mangold oder Brennnesseln verwenden. Wer keinen Hartweizengrieß hat, kann ihn durch griffiges Mehl ersetzen. Hartweizengrieß verleiht der Pasta aber mehr Biss.

Am besten nicht zu viele Cappelletti auf einmal ausstechen, da sonst der Teig zu sehr austrocknet und beim Verarbeiten aufreißt.

Zutaten für 4 Personen

für den Nudelteig

140 g griffiges Weizenmehl plus Mehl zum Arbeiten

60 g Hartweizengrieß

2 Eier

für die Füllung

1 EL Butter

100 g Wiesenspinat

1 Schalotte (oder 1 kleine Zwiebel), in feine Würfel geschnitten

1 Prise Muskat

Salz

250 g Ricotta

1 EL Parmesan, gerieben

für die Zitronenbutter

3 EL Butter

etwas Pasta-Kochwasser

Parmesan, gerieben

Salz

etwas Zitronensaft und -abrieb

außerdem

50 g Wiesenspinat

Parmesan, gerieben

bestes Olivenöl

LINGUINE, SPARGEL-CARBONARA

DIE SPARGELSAISON IST KURZ.
UMSO INTENSIVER SOLLTEN WIR SIE
GENIESSEN. UND WER HIER ABWECHSLUNG
SUCHT, IST BEI DIESEN LINGUINE GENAU
RICHTIG. ABER ACHTUNG! ES WIRD
NICHT BEI EINEM MAL BLEIBEN.

Zutaten für 4 Personen

6 Stangen weißer Spargel

8 Stangen grüner Spargel

200 g Cherrytomaten

1 Ei

2 Dotter

50 g Parmesan, gerieben, plus Parmesan zum Drüberstreuen

100 ml Spargel- oder Gemüsefond (S. 156)

Saft und Abrieb von 1/2 Zitrone

ein paar Blätter Basilikum, Estragon und Petersilie

Salz

Pfeffer

1 Prise Cayennepfeffer oder Chili

60 ml Olivenöl und 2 EL zum Anbraten

360–400 g Linguine

1 Knoblauchzehe, angedrückt

etwas Pasta-Kochwasser

Den weißen Spargel schälen, die holzigen Enden abbrechen. Die Spargelstangen schräg in dünne Scheiben schneiden. Vom grünen Spargel die holzigen Enden abbrechen und die Spargelstangen ebenfalls in schräge Scheiben schneiden. Cherrytomaten vierteln.

Einen großen Topf Wasser für die Linguine aufkochen und salzen. Währenddessen Ei, Dotter, Parmesan, Spargelfond, Zitronensaft und -abrieb, Kräuter, Salz, Pfeffer und Cayennepfeffer in einen hohen Becher geben und mit einem Stabmixer mixen. Olivenöl nach und nach zufügen.

Linguine im Salzwasser al dente kochen. In der Zwischenzeit 2 EL Olivenöl in einer großen Pfanne erhitzen. Die Knoblauchzehe zum Öl geben. Die Pfanne schräg halten, damit der Knoblauch kurz im heißen Öl frittieren kann. Spargel und Cherrytomaten in die Pfanne geben und durchschwenken. Das Gemüse soll nicht zu weich werden.

Die fertig gekochten Linguine abseihen, dabei ein bisschen Nudelwasser auffangen. Die Linguine zum Gemüse in die Pfanne geben. Mit etwas Nudelwasser angießen und darin schwenken. So können die Nudeln die entstandene Sauce aufnehmen. Die Hitze reduzieren und die pürierte Sauce in die Pfanne dazugeben. **Jetzt kommt der entscheidende Moment:** Die Nudeln ständig durchschwenken und umrühren, bis die Sauce eine sämige Bindung bekommt. Das Ei soll auf keinen Fall ausflocken. Die Pfanne dabei immer wieder kurz vom Herd nehmen, damit nicht zu viel Hitze entsteht.

Die fertige Pasta in tiefen Tellern anrichten. Mit geriebenem Parmesan und Basilikum garnieren.

..... T!PP ....

Wenn man die angedrückte Knoblauchzehe im Ganzen kurz frittiert, wird der Knoblauchgeschmack viel weniger dominant, als wenn man sie fein gehackt zur Sauce gibt. Der Knoblauch kann dann beim Anrichten wieder entfernt werden.

Statt Cherrytomaten passen auch getrocknete und in Olivenöl eingelegte Tomaten, am besten halbgetrocknete.

VEGETARISCH

KÄRNTNER NUDL

INGEBORG VOM GASTHOF GRÜNWALD
IST DIE UNBESTRITTENE KASNUDL-KÖNIGIN.
SIE BELIEFERT AUCH UNS WÖCHENTLICH
MIT FRISCHEN KÄRNTNER NUDLN.
DAHER WAR VON ANFANG AN KLAR:
EIN REZEPT VON IHR MUSS IN DIESEM
BUCH MIT DABEI SEIN.

Für den Teig alle Zutaten vermischen und zu einem geschmeidigen Teig kneten. Vor dem Weiterverarbeiten mindestens 30 Minuten bei Raumtemperatur rasten lassen. Gewünschte Füllung zubereiten.

Kärntner Kasnudlfülle
Erdäpfel in der Schale weich kochen, schälen und durchpressen. Zwiebel in Öl in einer Pfanne anschwitzen. Wenn sie glasig ist, Knoblauch dazupressen und durchrühren. Erdäpfel und Zwiebel abkühlen lassen. Alle Zutaten für die Fülle miteinander vermischen und abschmecken.

Rote-Rüben-Fülle
Erdäpfel in der Schale weich kochen, schälen und durchpressen. Rote Rüben im Ganzen weich kochen, schälen und mit einer groben Reibe reiben. Über Nacht in einem Sieb abtropfen lassen. Am nächsten Tag alle Zutaten miteinander vermischen und abschmecken.

Finalisieren aller Nudl-Sorten
Den Nudlteig 3 mm dick ausrollen. Mit einem runden Ausstecher (Durchmesser ca. 9 cm) Kreise ausstechen. Fülle golfballgroß auf die Teigkreise setzen, zusammenklappen, den Rand fest zusammenpressen und die Teigtaschen krendeln (siehe Tipp).

Die Kasnudl im Salzwasser ca. 5 Minuten köcheln lassen, bis sie gut an der Oberfläche schwimmen. Mit brauner Butter, Schnittlauch oder auch Parmesan anrichten.

..... T!PP ....

Wer beide Füllungen zubereiten möchte, verdoppelt die Teigmenge oder halbiert die Angaben für die Füllungen.

Das kunstvolle Verschließen der Kärntner Nudl nennt sich Krendeln. Es erfordert ein wenig Übung. Auf unserem Instagram-Account gibt es ein Video dazu #derdabererkrendelt.

Wenn die Kasnudl-Fülle zu weich ist, kann man ein wenig Semmelbrösel dazugeben.

Die Roten Rüben am besten schon am Vorabend kochen.

Zutaten für ca. 40 Nudl

für den Nudlteig

600 g Weizenmehl

400 g Vollkornweizenmehl oder Roggenvollkornmehl

1 Prise Salz

6 EL Öl

250 ml Wasser

für die Kärntner Kasnudlfülle

600 g mehlige Erdäpfel

1 Zwiebel, fein gehackt

3 EL Öl

4 Knoblauchzehen

600 g Bröseltopfen

1 EL braune Minze, fein gehackt

1 EL Kerbel, fein gehackt

Salz

Pfeffer

für die Rote-Rüben-Fülle

600 g Rote Rüben

600 g mehlige Erdäpfel

1/2 TL Kümmel, gemahlen

3 EL Kren, gerieben

200 g Semmelbrösel

Salz

Pfeffer

außerdem

braune Butter

Schnittlauch

evtl. Parmesan, gerieben

VEGETARISCH
(außer man verwendet Hühnersuppe)

SAFRANRISOTTO – RISOTTO MILANESE

RÜHREN, RÜHREN, RÜHREN. UND AUCH SONST NOCH EINIGES AN HILFREICHEN RISOTTOBASICS VERSTECKT SICH IN DIESEM REZEPT. ABWANDELN KANN MAN ES DANN ZIGFACH.

Zutaten für 4 Personen

ca. 2 l Gemüsefond (S. 156) oder Hühnersuppe

1 EL Butter

1 Zwiebel, in feine Würfel geschnitten

400 g Risottoreis (Carnaroli oder Vialone nano)

125 ml trockener Weißwein

1/2 Päckchen hochwertige Safranfäden (0,25 g)

ca. 70 g kalte Butter, in Würfel geschnitten

ca. 100 g Grana Padano oder Parmesan, fein gerieben

Salz

Suppe zum Kochen bringen. Dann die Hitze reduzieren, sodass die Suppe nur mehr leicht köchelt. Einen weiten Topf auf den Herd stellen. Die Butter darin zerlassen und die Zwiebel farblos für ca. 5 Minuten anschwitzen. Reis hinzufügen und umrühren, bis die Reiskörner mit Butter benetzt und angeröstet sind. Sie sollen keine Farbe annehmen. Mit Weißwein ablöschen, den Wein vollständig verkochen lassen, sodass der Alkohol vollständig verdampft. Es soll nur die Säure des Weins im Risotto bleiben und nicht der Geschmack des Alkohols.

Safran zufügen. Immer wieder mit 1–2 kleinen Schöpfern Suppe aufgießen. Dann heißt es rühren, rühren, rühren. Den Reis immer wieder vom Topfrand und vom Boden schaben. Erst dann neu aufgießen, wenn die Suppe beinahe vollständig verkocht ist. Gegen Ende der Garzeit (nach 12–14 Minuten) in größeren Abständen aufgießen. So wird der Risotto nicht zu flüssig.

Wenn der Reis al dente ist (nach 15–17 Minuten), Hitze reduzieren und den Topf vom Herd ziehen. Für 1 Minute rasten lassen.

Kalte Butter und Grana Padano oder Parmesan kräftig unter den Risotto schlagen. Währenddessen den Topf immer wieder schütteln. Der Risotto sollte dabei im Topf wie eine Welle hin- und her schwappen. Mit Salz abschmecken und servieren.

..... !NFO ....

Der Reis
Die gängigsten Reissorten sind: Carnaroli, Vialone nano und Arborio. Wir bevorzugen Carnaroli und Vialone nano. Beide Sorten nehmen viel Flüssigkeit auf, da sich viel Stärke im Inneren der Reiskörner befindet. Das Ergebnis ist ein wunderbar cremiger Risotto, bei dem die Struktur der Reiskörner gut erhalten bleibt. Arborio hingegen hat mehr Stärke an der Oberfläche der Körner. Dadurch wird der Risotto klebriger und die Körner verlieren leichter ihre Form.

Die Suppe
Die Suppe ist sehr wichtig. Ihr Aroma bestimmt am Ende den Geschmack. Man kann Gemüsesuppe (S. 156) oder Hühnersuppe (Fond S. 164) verwenden. Besonders gut wird die Suppe für ein Risotto, wenn man etwas Tomate mitkocht (Tomatenmark oder passierte Tomaten gehen auch). Dadurch wird der Geschmack besonders rund. Die Flüssigkeit bekommt von der Tomate zwar eine schöne Farbe, der Risotto wird dadurch aber nicht rötlich.

Die Suppe muss beim Aufgießen heiß sein. Sonst unterbricht sie den Garprozess des Risottos.

Das Mengenverhältnis
Für 100 g Reis benötigt man rund 500 ml Suppe. Pro Person rechnet man mit 80–100 g Reis als Hauptspeise.

Die Konsistenz
In den meisten Regionen Italiens wird Risotto in einer wunderbar weichen, lockeren Konsistenz, die Wellen schlägt, wenn man den Teller kippt, serviert. Italiener nennen das all'onda. Der Reis soll dabei weich, aber immer noch bissfest sein, also al dente. Um diese Konsistenz zu erreichen, muss man den Reis während der Zubereitung ständig rühren. So reiben sich die Reiskörner aneinander und geben Stärke ab.

Am allerwichtigsten ist aber der letzte Schritt der Zubereitung. Er nennt sich mantecatura: Wenn der Reis al dente ist, lässt man ihn 1 Minute neben dem Herd rasten. Dann wird kräftig Butter und Käse untergeschlagen. Danach sollte man den Risotto sofort servieren. Übrigens wird Risotto in den meisten Fällen auf flachen Tellern serviert.

Zutaten für 4 Personen

für die Knödel

Salz

300 g Laugenbrezeln oder Laugengebäck vom Vortag

200 ml Milch

80 g Butter

1 Prise Muskatnuss, gerieben

1/2 KL Kümmel, gemahlen

4 Eier

für das Beuschel

200 g Wurzelgemüse (Knollensellerie, Petersilienwurzel, orange und gelbe Karotten)

450 g Kräuterseitlinge

50 g Lauch

80 g Butter

2 Zwiebeln, in feine Würfel geschnitten

2 Knoblauchzehen, gehackt

2 TL Thymian, getrocknet

3 TL Majoran, getrocknet

2 Lorbeerblätter

4 TL Pilzpulver (siehe Tipp)

2 EL scharfer Senf

80 g Essiggurken, fein gehackt

2 TL Kapern, fein gehackt

150 ml Weißwein, trocken (Grüner Veltliner oder Riesling)

800 ml Gemüsefond (S. 156)

VEGETARISCH

KRÄUTERSEITLINGS-SALONBEUSCHEL MIT BREZENKNÖDEL

EIN VEGETARISCHES BEUSCHEL, DAS ES LOCKER MIT DER FLEISCH-VARIANTE AUFNEHMEN KANN.

Für die Knödel einen weiten Topf mit leicht gesalzenem Wasser zum Kochen bringen. Vom Laugenbrot gegebenenfalls das Salz abschaben. Gebäck in Würfel schneiden und in eine weite Schüssel geben.

Milch und Butter in einen Topf geben, erwärmen, mit Salz, Muskat und Kümmel würzen und über das geschnittene Knödelbrot gießen. Die Eier in Dotter und Eiweiß trennen. Dotter unter das Knödelbrot mengen. Eiweiß mit einer Prise Salz zu Schnee schlagen und mit einem Kochlöffel vorsichtig unter die Knödelmasse heben.

Die Knödelmasse der Länge nach auf 2 ca. 40 cm lange Bahnen Frischhaltefolie aufteilen, die Folie einrollen und die Enden zubinden. Die beiden Knödelrollen jeweils noch mit Alufolie umwickeln, um sie zu stabilisieren. Für 40 Minuten zugedeckt unter dem Siedepunkt köcheln.

Währenddessen für das Beuschel Wurzelgemüse, Kräuterseitlinge und Lauch in sehr feine und etwa 5 cm lange Streifen schneiden.

Butter in einen heißen Topf geben. Zwiebeln und Knoblauch darin glasig anschwitzen. Thymian, Majoran, Lorbeerblätter und Pilzpulver zufügen und kurz mitrösten. Senf, Essiggurken und Kapern zum Ansatz geben und mit Weißwein ablöschen. Den Wein gut verkochen lassen, Kräuterseitlinge und Gemüse zufügen. Mit Gemüsefond aufgießen. Zugedeckt bei mittlerer Hitze für 10 Minuten köcheln lassen. Schlagobers und Sauerrahm mit Mehl glattrühren und die Beuschelsauce damit binden. Gut durchkochen, damit die Sauce später nicht mehlig schmeckt. Mit Salz, Pfeffer, Sojasauce, Essig und Zitronenabrieb abschmecken.

Für den Gulaschsaft Öl in einen heißen Topf geben. Zwiebel, Knoblauch und Paprikawürfel darin langsam mit Kümmel, Majoran und Lorbeer anrösten, bis das Gemüse schön weich ist und eine karamellige Bräune hat. Tomatenmark einrühren, beide Paprikapulver kurz mitrösten. Mit Essig ablöschen und mit Gemüsefond oder Wasser aufgießen.

Den Gulaschsaft für ca. 15 Minuten langsam köcheln lassen. Mixen und durch ein Sieb passieren. Mit Salz, Zucker, Pfeffer und Zitronenabrieb abschmecken.

Das Kräuterseitlings-Salonbeuschel vor dem Anrichten gegebenenfalls erwärmen. Mit geschlagenem Obers verfeinern und in tiefen Tellern anrichten. Etwas Gulaschsaft auf das Beuschel träufeln. Die Knödel aus der Folie auspacken, in Scheiben schneiden und auf das Beuschel setzen. Mit frisch geschnittenem Schnittlauch bestreut servieren.

120 ml Schlagobers

150 g Sauerrahm

2 EL glattes Weizenmehl

Salz

Pfeffer

einige Spritzer Trauben- oder Apfelessig

3 EL Sojasauce

etwas Zitronenabrieb

für den Gulaschsaft

2 EL Öl

1 Zwiebel, in Würfel geschnitten

2 Knoblauchzehen, gehackt

100 g roter Paprika, in Würfel geschnitten

1 TL Kümmel, ganz

1 TL Majoran, getrocknet

1 Lorbeerblatt

1 TL Tomatenmark

3 TL edelsüßes Paprikapulver

1 TL rosenscharfes Paprikapulver

1 TL Trauben- oder Apfelessig

250 ml Gemüsefond (S. 156) oder Wasser

Salz

Zucker

Pfeffer

etwas Zitronenabrieb

außerdem

2 EL Schlagobers, geschlagen

Schnittlauch, in feine Ringe geschnitten

..... !INFO ZUM SALONBEUSCHEL ....

Beuschel ist einer der Klassiker der Wiener Innereienküche und wird meistens vom Kalb zubereitet. Das Wort Beuschel kommt von Bäuschel, der Verkleinerungsform von Bausch, was sich wiederum auf die Konsistenz der Lunge bezieht. Zur Lunge kommt noch das Herz und in manchen Rezepten findet man auch die Milz.

Für herrschaftliche Tafeln in der Wiener Großstadt war das Beuschel lange Zeit zu minder. Erst als das Gericht im 19. Jahrhundert mit Obers bzw. Sauerrahm und Gulaschsaft verfeinert wurde, schmeckte es als nunmehriges Salonbeuschel auch der besseren Gesellschaft.

Anstelle von Innereien werden in diesem Rezept Kräuterseitlinge verwendet, die in der Konsistenz und vom Biss her an ein klassisches Beuschel erinnern. In einer Sauce, die aus den gleichen Zutaten und Gewürzen wie das Original zubereitet wird, schmeckt das Gericht sehr fleischig und ähnelt verblüffend dem Original.

..... T!PP ZUM SALONBEUSCHEL ....

Der fleischig-würzige Geschmack des vegetarischen Beuschels kommt unter anderem vom Pilzpulver. Dafür kann man Waldpilze wie Steinpilze, Maronenröhrlinge, Morcheln oder Parasol, aber auch Zuchtpilze wie Shiitake, Champignons oder Kräuterseitlinge verwenden. Sie werden getrocknet und anschließend zu einem feinen Pulver gemahlen.

Getrocknete Pilze sind reich an Glutaminsäure und sorgen so für ein würzig-fleischiges Geschmackserlebnis, das auch mit „umami“ umschrieben wird. Diesen Wohlgeschmack kennt man vor allem von Fleisch und tierischen Erzeugnissen, er wird in der pflanzlichen Küche oft vermisst. Neben getrockneten Pilzen sind z.B. auch Tomaten, Sojasaucen und Misopasten reich an Glutaminsäure und eignen sich als pflanzliche Geschmacksbringer.

VEGETARISCH

MALFATTI, SALBEIBUTTER

MALFATTI SIND SCHLAMPIG GEMACHTE NOCKERL. SO WILL ES DER NAME. ALSO PERFEKTIONISMUS ADE.

Zwiebel und Knoblauch in ca. 40 g Butter in einer kleinen Pfanne anschwitzen. Spinat in einem Geschirr- oder Passiertuch gut ausdrücken und grob hacken. Mit der angeschwitzten Zwiebel und Knoblauch, Ricotta, Eiern, Mehl und Parmesan vermischen. Mit Salz und Muskat würzen.

Einen großen Topf mit gut gesalzenem Wasser zum Kochen bringen. Aus der Masse mit Hilfe von 2 Esslöffeln Nocken formen und ins kochende Wasser gleiten lassen.

Wenn die Malfatti an die Oberfläche steigen, ca. 5–7 Minuten leicht köcheln lassen. In der Zwischenzeit in einer heißen Pfanne die restliche Butter aufschäumen, die Knoblauchzehen zufügen und bei mittlerer Hitze für 1–2 Minuten langsam garen, bis die Butter bräunlich ist und nussig duftet. Gegen Ende den Salbei zufügen und kurz frittieren, bis er knusprig ist.

Die fertigen Malfatti mit einem Lochschöpfer aus dem Kochwasser nehmen und in der heißen Salbeibutter schwenken. Anrichten, mit Parmesan bestreuen, mit Salbeibutter vollenden. Auch der in Butter gegarte Knoblauch kann mit angerichtet werden.

Zutaten für 4 Personen (ca. 20 Stück)

1 Zwiebel, in feine Würfel geschnitten

1 Knoblauchzehe, gehackt

150 g Butter

300 g TK-Blattspinat, aufgetaut

250 g Ricotta

2 Eier

250 g griffiges Weizenmehl

30 g Parmesan, gerieben, plus Parmesan zum Drüberstreuen

1 TL Salz

etwas Muskatnuss, frisch gerieben

2 Knoblauchzehen, in der Schale

ein paar frische Salbeiblätter, in Streifen geschnitten

..... T!PP ....

Dazu passt sehr gut ein grüner Salat oder gedünstetes Mangoldgemüse. Im Frühling kann man statt des Knoblauchs auch Bärlauch verwenden.

VEGETARISCH

KÜRBISGNOCCHI, SALBEIBUTTER, SPINAT, GERÄUCHERTER SCHAFKÄSE

GNOCCHI DIREKT AUS DEM SPRITZSACK. MIT EIN BISSCHEN ÜBUNG WIRD MAN DA ZUM GNOCCHI-MEISTER.

Kürbiswürfel für 25 Minuten dämpfen. Zum Ausdämpfen für 10 Minuten bei 150 °C Heißluft weitergaren. So verliert der Kürbis noch etwas Feuchtigkeit.

Kürbisfleisch zu einem sehr feinen Püree verarbeiten. Mit Eiern, Dotter, Hartweizengrieß, Weizenmehl und Salz in der Küchenmaschine zu einem weichen Teig verarbeiten. In der Zwischenzeit einen großen Topf mit gut gesalzenem Wasser zum Kochen bringen.

Den fertigen Teig in einen Spritzsack mit einer Lochtülle mit 5 mm Durchmesser füllen. Die Gnocchi direkt in das kochende Wasser drücken und mit Hilfe eines Holzspießes auf die gewünschte Größe abtrennen. Für 3 Minuten kochen. In kaltem Wasser abschrecken, abgießen und beiseitestellen.

Für die Spinatsauce Zwiebel und Knoblauch in 50 g Butter in einem Topf glasig anschwitzen. Erdäpfel dazugeben, mit Gemüsefond oder Wasser aufgießen. Den Saucenansatz ca. 35 Minuten köcheln lassen. Den aufgetauten Spinat in einem Geschirr- oder Passiertuch gut ausdrücken. Mit dem Saucenansatz pürieren und durch ein Sieb passieren. Die Sauce mit Salz und Muskat abschmecken.

Die Gnocchi in kochendem Wasser nochmals erwärmen. In der Zwischenzeit für die Salbeibutter eine Pfanne am Herd erhitzen. Die Butter darin aufschäumen, bis sie leicht braun ist. Salbei dazugeben und die heißen Kürbisgnocchi darin schwenken. Bei Bedarf noch etwas salzen.

Spinatsauce auf den Tellern verteilen. Die Gnocchi darauf anrichten und den geräucherten Schafkäse darüberreiben.

Zutaten für 4 Personen

für die Gnocchi

1 kg Hokkaido-Kürbis, entkernt, in grobe Würfel geschnitten

2 Eier

4 Dotter

300 g Hartweizengrieß

200 g griffiges Weizenmehl

Salz

für die Spinatsauce

1 kleine Zwiebel, in feine Würfel geschnitten

50 g Butter

1 Knoblauchzehe, blättrig geschnitten

150 g Erdäpfel, in Stücke geschnitten

500 ml Gemüsefond (S. 156) oder Wasser

300 g TK-Spinat, passiert und aufgetaut

1,5 TL Salz

etwas Muskatnuss, gerieben

für die Salbeibutter

100 g Butter

ein paar Salbeiblätter, in feine Streifen geschnitten

außerdem

150 g geräucherter Schafkäse (ersatzweise anderer geräucherter Käse oder geräucherter Ricotta, im Spätsommer auch Almschotten)

..... T!PP ....

Auf unserem Instagram-Account gibt es ein Video zur Gnocchiproduktion aus dem Spritzsack. #daberergnocchihack

STEINPILZ-KRAUTROULADEN, APFELPÜREE, ROTE-RÜBEN-SAUCE

DIESES GERICHT RUFT GANZ LAUT: HERBST! ES IST HERBST! ES IST WÄRMEND UND VIELSCHICHTIG. UND MACHT AUCH NOCH RICHTIG WAS HER AM TELLER.

Getrocknete Steinpilze für 30 Minuten in 150 ml heißem Wasser einweichen. Anschließend abseihen und hacken. Das Einweichwasser beiseitestellen.

Krautblätter in gut gesalzenem Wasser für 5 Minuten blanchieren. Abschrecken, trockenlegen und die Stiele mit einem Schnitzelklopfer weich klopfen.

In einem Topf Zwiebel in Butter anschwitzen, Steinpilze zufügen. Mit Milch aufgießen und erhitzen. Die Steinpilz-Milch mit Salz, Kümmel und Muskat würzen und über die Semmelwürfel gießen.

Die Eier trennen. Dotter mit Sauerrahm verrühren und zu den etwas abgekühlten Semmelwürfeln geben. Eiweiß mit 1 Prise Salz zu Schnee schlagen und vorsichtig unter die Semmelmasse heben. Die gehackte Petersilie zufügen. Die Masse abschmecken.

Die Krautblätter flach auflegen. Die Knödelmasse mittig auf die Krautblätter platzieren. Dann die linke und rechte Seite über die Fülle schlagen und eng zusammenrollen. Die fertigen Rouladen eng aneinander liegend in eine gebutterte Auflaufform legen. Auf der Oberseite mit zerlassener Butter bestreichen. Das Einweichwasser der Steinpilze leicht salzen und in die Form gießen.

Die Rouladen im vorgeheizten Backrohr bei 170 °C Heißluft für ca. 50 Minuten garen. Immer wieder mit dem Bratensaft übergießen. Die fertigen Rouladen sollten auf der Oberseite gut gebräunt sein.

Für das Apfelpüree die Äpfel vierteln, entkernen und in grobe Stücke schneiden. Mit Wasser und Zitronensaft zugedeckt am Herd weich dünsten. Mixen und nach Wunsch durch ein feines Sieb passieren.

Für die Rote-Rüben-Sauce den Rote-Rüben-Saft in einem Topf bei mittlerer Hitze um die Hälfte reduzieren. Mit Apfelessig und Sojasauce abschmecken, mit Stärke binden. Mit einem Schneebesen die Sauce mit der kalten Butter montieren. Dabei darf sie nicht mehr kochen.

Die Rouladen mit warmem Apfelpüree und Rote-Rüben-Sauce auf Tellern anrichten.

Zutaten für 4 Personen (12 Rouladen)

für die Rouladen

25 g Steinpilze, getrocknet

12 große Weißkrautblätter (vorzugsweise Braunschweiger Kraut)

1 kleine Zwiebel, in feine Würfel geschnitten

50 g Butter

120 ml Milch

Salz

etwas Kümmel, gemahlen

etwas Muskat, gerieben

250 g Semmeln vom Vortag, in Würfel geschnitten

2 Eier

100 g Sauerrahm

1 EL Petersilie, gehackt

50 g Butter, zerlassen

für das Apfelpüree

500 g säuerliche Äpfel

100 ml Wasser

Saft von 1/2 Zitrone

für die Rote-Rüben-Sauce

300 ml Rote-Rüben-Saft

2 EL Apfelessig

1 EL Sojasauce

etwas Erdäpfel- oder Maisstärke, in Wasser angerührt

30 g kalte Butter

VEGETARISCH

OFENKARFIOL, POLENTA, KAPERN, GRÜNE OLIVEN, SALZZITRONE

OFENGEMÜSE HAT EINEN ENTSCHEIDENDEN VORTEIL. ES KOCHT SICH QUASI VON ALLEIN. DA KANN MAN SICH IN DER ZWISCHENZEIT MIT HINGABE DEM TOPPING WIDMEN.

Das Backrohr auf 180 °C Ober-/Unterhitze vorheizen. Vom Karfiol die Deckblätter entfernen und den Karfiol waschen. Miso mit Ahornsirup und bei Bedarf etwas Wasser glattrühren. Den Karfiol damit bestreichen. Karotte, Zwiebel und Knoblauch in einen Schmortopf geben. Karfiol daraufsetzen und die Butter auf den Karfiol geben. Mit Gemüsefond oder Wasser angießen. Den Topf mit Deckel für ca. 50 Minuten in das vorgeheizte Backrohr stellen. Den Karfiol hin und wieder kontrollieren und mit dem Bratensaft übergießen.

In der Zwischenzeit alle Zutaten für das Topping vermischen und beiseitestellen.

Für die Polenta 1 l Wasser aufkochen und salzen. Den Maisgrieß einrieseln lassen, dabei mit einem Schneebesen kräftig rühren. Aufkochen und dabei immer wieder umrühren. Die Hitze auf die niedrigste Stufe reduzieren und einen Deckel auf den Topf geben. Die Polenta für mindestens 15 Minuten quellen lassen. Gelegentlich umrühren.

Für die Maisbutter die Butter in einem kleinen Topf erhitzen und aufschäumen lassen. Den Maisgrieß zufügen. Bei mittlerer Hitze langsam rösten, bis die Butter leicht braun ist und nach Popcorn duftet. Salzen und beiseitestellen.

Nach 50 Minuten beim Karfiol eine Garprobe machen. Dafür mit einem kleinen Messer anstechen: Wenn sich das Messer leicht wieder herausziehen lässt, ist der Karfiol fertig. Er soll auf keinen Fall zu bissfest sein. Um ihn noch etwas zu bräunen, das Backrohr auf 250 °C Oberhitze einstellen. Karfiol im Topf ohne Deckel ein paar Minuten bräunen, bis er die gewünschte Farbe hat.

Den fertigen Karfiol aus dem Topf heben und warmstellen. Den Saucenansatz im Topf auf dem Herd etwas reduzieren. Die Sauce durch ein Sieb in einen kleinen Topf passieren. Mit Salz, Pfeffer, Sojasauce und Essig abschmecken.

Polenta auf Tellern anrichten. Den Karfiol in Spalten schneiden und auf die Polenta setzen. Mit dem Topping bestreuen und etwas Sauce sowie Maisbutter auf und um den Karfiol gießen.

Zutaten für 4 Personen

für den Karfiol

1 großer Karfiol

2 EL helles Miso

1 EL Ahornsirup

1 Karotte, in Scheiben geschnitten

1 Zwiebel, in größere Stücke geschnitten

2 Knoblauchzehen, angedrückt

40 g Butter, zerlassen

250 ml Gemüsefond (S. 156) oder Wasser

Salz

Pfeffer

1 EL Sojasauce

1 Spritzer Essig

für das Topping

40 g grüne Oliven, entkernt und grob gehackt

20 g Kapern, grob gehackt

1/2 Salzzitrone (S. 59), fein gehackt

1/2 TL Sambal Oelek (alternativ frischer Chili)

1 kleiner Bund Petersilie, gehackt

für die Polenta

Salz

200 g Maisgrieß

für die Maisbutter

60 g Butter

25 g Maisgrieß

Salz

VEGETARISCH

OFENSELLERIE, GRANATAPFEL, FETA, WALNÜSSE, ORANGENMARINADE

LANGE GESCHMORTER SELLERIE IST EINE GEHEIMZUTAT DER VEGETARISCHEN KÜCHE. ER VERLEIHT SAUCEN EINE UNGLAUBLICHE TIEFE UND WIRD WIE HIER ALS VEGETARISCHES SELLERIEFLEISCH ZU EINER DELIKATESSE.

Zutaten für 4 Personen

1 Knollensellerie

etwas Öl zum Bestreichen

Salz

150 g Feta

1/2 Bund Petersilie, gehackt

50 g Walnusskerne, grob gehackt

Saft und Abrieb von 1 Orange

1 TL scharfer Senf

1 MS Cayennepfeffer

4 EL Olivenöl

50 g Granatapfelkerne

Das Backrohr auf 170 °C Heißluft vorheizen. Den Sellerie gut waschen. Zwischen den Wurzeln die Erde mit einer kleinen Bürste oder einem kleinen Messer entfernen.

Sellerie in einen Bräter legen. Mit Öl bestreichen und gut salzen. Je nach Größe 2–3 Stunden im Ofen garen. Hin und wieder wenden, damit er von allen Seiten gleichmäßig gegart wird. Als Garprobe mit einer Gabel anstechen: Wenn sie sich leicht wieder herausziehen lässt, ist der Sellerie fertig. Lieber etwas zu lang im Ofen lassen als zu kurz.

Den Feta zerbröseln. Mit gehackter Petersilie und gehackten Walnüssen mischen.

Für die Marinade Orangensaft und -abrieb, Senf, Cayennepfeffer und Salz verrühren. Olivenöl nach und nach hinzufügen.

Den fertigen Sellerie etwas abkühlen lassen. In fingerdicke Scheiben schneiden und auf Tellern anrichten. Die Marinade auf den Selleriescheiben verteilen. So kann sie von oben in den Sellerie einziehen. Zum Schluss die Fetamischung und die Granatapfelkerne über den Sellerie streuen.

..... T!PP ....

Reste vom Ofensellerie lassen sich wunderbar für viele andere Gerichte verwenden. Zum Beispiel als Suppeneinlage, Salat oder Selleriepüree.

Kalt und dünn aufgeschnitten schmeckt Ofensellerie mit etwas Zitrone und Olivenöl ausgezeichnet.

VEGETARISCH, VEGAN MÖGLICH

GEFÜLLTE SÜSSERDÄPFEL, LINSEN-DAL, ERDNUSS

GEMÜSEKÜCHE FÜR DEN ALLTAG.
SO STELLEN WIR UNS DAS VOR.
DIESES GERICHT WÄRMT WUNDERBAR
VON INNEN, ES SÄTTIGT UND
ES MACHT GLÜCKLICH.

Die Süßerdäpfel gut waschen. Das grobe Salz in eine feuerfeste Form geben. Die Süßerdäpfel daraufsetzen. Bei 170 °C Heißluft ca. 1 Stunde im Backrohr garen. Als Garprobe mit einem Messer anstechen: Wenn es sich ganz leicht wieder herausziehen lässt, sind sie fertig.

In der Zwischenzeit für das Linsen-Dal Ghee, Butterschmalz oder Kokosöl in einem Topf erhitzen. Zwiebel, Knoblauch und Ingwer bei mittlerer Hitze farblos anschwitzen. Braune Senfkörner dazugeben und für ca. 3 Minuten mitrösten. Koriander, Kreuzkümmel, Garam Masala und Paprikapulver hinzufügen und kurz rösten, damit sie ihr volles Aroma entfalten. Linsen in ein Sieb geben. Unter fließendem kaltem Wasser abspülen. Abtropfen lassen und in den Topf geben. Mit Gemüsefond oder Wasser aufgießen und zum Kochen bringen. Zugedeckt rund 10 Minuten köcheln lassen, bis die Linsen einen Großteil der Flüssigkeit aufgenommen haben. Die passierten Tomaten und das Erdnussmus zufügen. Weitere 5–10 Minuten köcheln lassen. Wenn die Sauce zu dickflüssig ist, etwas Gemüsefond oder Wasser hinzufügen. Mit Salz, Kokosblütenzucker und Zitronensaft abschmecken.

Die Süßerdäpfel mit einem kleinen Messer der Länge nach einschneiden und aufklappen. Mit Linsen-Dal füllen und mit Joghurt, gehackten Kräutern, Sesam und Frühlingszwiebel garnieren.

..... T!PP ....

Durch das Garen auf Salz verlieren die Süßerdäpfel etwas an Flüssigkeit und der Eigengeschmack nimmt dadurch zu. Das Salz kann mehrmals verwendet werden.

Zutaten für 4 Personen

für die Süßerdäpfel

4 mittelgroße Süßerdäpfel

ca. 300 g grobes Salz

für das Linsen-Dal

1 EL Ghee, Butterschmalz oder Kokosöl

1 Zwiebel, in feine Würfel geschnitten

2 Knoblauchzehen, gehackt

1 TL Ingwer, gerieben

1/2 TL braune Senfkörner

1/2 TL Koriander, gemahlen

1/2 TL Kreuzkümmel, gemahlen

1/2 TL Garam Masala

1/2 TL edelsüßes Paprikapulver

150 g rote Linsen

ca. 450 ml Gemüsefond (S. 156) oder Wasser

150 g passierte Tomaten

2 EL Erdnussmus

Salz

1 TL Kokosblütenzucker

Saft von 1/2 Zitrone

4 EL Joghurt (oder veganes Joghurt)

etwas Petersilie oder Koriander, gehackt

1 EL Sesam, geröstet

1 Frühlingszwiebel, in feine Ringe geschnitten

VEGETARISCH

FLAMMKUCHEN MIT ZIEGENFRISCHKÄSE, KÜRBIS, BIRNE UND WALNÜSSEN

FLAMMKUCHEN IST DIE KLEINE SCHWESTER DER PIZZA. DA DER TEIG NUR KURZ RUHEN MUSS, IST MAN AUCH FLEXIBLER. DIESE VARIANTE HIER IST DER HERBSTKLASSIKER SCHLECHTHIN.

Für den Teig Mehl, Wasser, Salz und Öl im Rührwerk 5 Minuten langsam und 2 Minuten schneller kneten. Am Ende sollen keine Teigreste mehr am Rand der Schüssel kleben.

Den Teig in 4 Stücke teilen. Auf einer bemehlten Arbeitsfläche zu runden Kugeln schleifen. Die Teigkugeln in eine bemehlte Vorratsdose legen, verschließen und bei Raumtemperatur mindestens 30 Minuten rasten lassen.

In der Zwischenzeit Ziegenfrischkäse, Sauerrahm, Salz, Pfeffer und Muskat verrühren. Kürbis, Birnen und rote Zwiebeln mit Hilfe eines Gemüsehobels in ca. 2 mm dicke Scheiben schneiden. Das Backrohr auf 220 °C Heißluft vorheizen.

Den Teig auf einer bemehlten Arbeitsfläche mit einem Nudelholz sehr dünn ausrollen. Je 2 Flammkuchen auf ein Backblech mit Backpapier legen, mit der Ziegenfrischkäsemasse bestreichen und mit Gemüse belegen. Mit Rosmarin, Salbei und gehackten Walnüssen bestreuen.

Flammkuchen für 12–15 Minuten backen, bis die Teigränder eine schöne Bräunung haben und das Gemüse leicht gebräunte Spitzen bekommt.

Die fertigen Flammkuchen aufschneiden. Mit Salz bestreuen und mit Olivenöl beträufeln.

..... T!PP ....

Dazu passen Herbstsalate mit Kernöldressing.

Wer für sein Backrohr einen Pizzastein hat, kann die Flammkuchen darauf perfekt backen.

Beliebte Flammkuchen-Varianten:

- Klassisch mit Sauerrahm, Speck und Zwiebel
- Sauerrahm, Räucherfisch, gekochte Rote Rübe und nach dem Backen mit frisch geriebenem Kren bestreuen
- Sauerrahm mit Ziegenfrischkäse, mit Balsamico marinierte gebratene Pilze, Zwiebel und Thymian
- Sauerrahm mit Ziegenfrischkäse, Zucchini, getrocknete Tomaten und Oliven

Zutaten für 4 Flammkuchen

für den Teig

330 g glattes Weizen- oder Dinkelmehl plus Mehl zum Arbeiten

200 ml Wasser

1 TL Salz

3 EL Olivenöl

zum Belegen

150 g Ziegenfrischkäse

150 g Sauerrahm

Salz

Pfeffer

Muskat

200 g Hokkaido-Kürbis, entkernt

2 kleine festfleischige Birnen

2 kleine rote Zwiebeln

80 g Walnüsse, grob gehackt

Rosmarin und Salbei, gezupft

Rauchsalz oder Fleur de Sel

etwas Olivenöl

FORELLEN, PARASOLBUTTER, SPARGEL, RADIESCHEN

GANZ FRISCHE BIOFORELLEN, DIE GIBT ES BEIM DABERER SEIT JEHER. DIREKT HINTER DEM HAUS LIEGEN UNSERE TEICHE. GEFÜLLT MIT KRISTALLKLAREM GEBIRGSWASSER. KÜRZER KÖNNTEN DIE LIEFERWEGE NICHT SEIN. UND DAS SCHMECKT MAN.

Forellenfilets in gewünschter Größe portionieren und beiseitestellen. Spargel schälen und die holzigen Enden abbrechen. Radieschen von den Blättern trennen und je nach Größe vierteln oder halbieren. Die Radieschenblätter von den dicken Stielen zupfen und beiseitestellen.

Spargel in einer Pfanne bei mittlerer Hitze in Olivenöl anbraten. Radieschenstücke dazugeben und für ca. 2 Minuten mitbraten. Salzen und mit Essig ablöschen. Wenn der Essig so gut wie verkocht ist, die Pfanne vom Herd nehmen.

In eine heiße Pfanne etwas Öl geben und erhitzen. Die Forellenfilets auf der Fleischseite leicht salzen. Mit der Hautseite in die Mehl-Brösel-Mischung tauchen, etwas abklopfen. Auf der Hautseite in die Pfanne legen und langsam braten. Wenn die Ränder der Fischstücke einen weißen Rand bekommen und die Haut schon etwas knusprig ist, Butter und Pilzpulver zugeben. Die Butter aufschäumen lassen. Fischstücke immer wieder damit übergießen, bis sie in der Mitte noch leicht glasig sind. Kurz auf der Fleischseite fertig braten.

Spargel-Radieschen-Gemüse nochmals erwärmen. Die Radieschenblätter zufügen und mitschwenken, bis sie leicht zusammenfallen. Das Gemüse auf Tellern anrichten.

Die Fischstücke darauf platzieren und mit der heißen Pilzbutter übergießen.

Zutaten für 4 Personen

für die Forellen mit Parasolbutter

4 Forellenfilets, zugeputzt und entgrätet

etwas neutrales Öl zum Braten

Salz

etwas griffiges Mehl, mit Semmelbröseln gemischt

100 g Butter

1 EL getrockneter und gemahlener Parasol oder Pulver aus Steinpilzen, Kräuterseitlingen oder Shiitake

für das Radieschen-Spargel-Gemüse

1 Bund weißer Spargel (eher dünne Stangen)

etwas Olivenöl zum Braten

1 Bund Radieschen mit Blättern

Salz

40 ml Himbeeressig oder weißer Balsamico

WOLFSBARSCH IM SALZTEIG, SELLERIEPÜREE, ZUCKERSCHOTENSALAT

WOLFSBARSCH IM SALZTEIG IST GESCHMACKLICH UNUMSTRITTEN. SCHON GAR, WENN WIR DEN FISCH GANZ FRISCH VON UNSEREM BESTEN EDELGREISSLER GELIEFERT BEKOMMEN.

Zutaten für 4 Personen

für den Fisch

1 Wolfsbarsch à 1,1–1,5 kg, küchenfertig

1 Zweig Dill

1 Zweig Petersilie

1 Zweig Zitronenverbene

Für den Salzteig Salz, Mehl, Öl und Eiweiß in der Küchenmaschine mit dem Knethaken zu einem glatten Teig verkneten. Dabei das Wasser in kleinen Mengen zufügen, bis der Teig glatt und nicht mehr brüchig ist. Den fertigen Teig zu einer Kugel formen, in Frischhaltefolie einwickeln und bei Raumtemperatur ca. 30 Minuten rasten lassen.

In der Zwischenzeit für das Selleriepüree die Selleriewürfel in einen Topf geben. Mit Wasser bedecken, salzen und weich kochen. Abgießen und das Kochwasser auffangen. Anschließend die Selleriewürfel mit brauner Butter in einem Standmixer sehr fein pürieren. Wenn das Püree zu fest ist, etwas vom Sellerie-Kochwasser dazugeben, bis die gewünschte Konsistenz erreicht ist. Evtl. das Püree nochmals nachsalzen.

Für den Zuckerschotensalat alle Zutaten in eine Schüssel geben und miteinander vermengen.

Das Backrohr auf 180 °C Umluft vorheizen.

Mithilfe einer Schere bis auf die Schwanzflosse alle Flossen vom Wolfsbarsch abschneiden. Den Fisch kalt abwaschen, mit einem Stück Küchenrolle trockentupfen und mit den Kräuterzweigen füllen.

Den Salzteig auf einer bemehlten Arbeitsfläche mit einem Nudelholz 5 mm dick ausrollen. Den Wolfsbarsch im unteren Drittel daraufsetzen und mit dem restlichen Teig eindecken. Den Teig rund um den Fisch in Form bringen und zurechtschneiden.

Ein umgedrehtes Backblech mit Backpapier belegen und darauf den Fisch platzieren. So kann der Fisch im Salzteig nach dem Backen vom Blech gleiten, ohne dass der Teig bricht. Wenn man das Blech wie üblich verwendet und den Fisch nach dem Backen herausheben muss, bricht die Kruste gern.

Ei mit Milch verquirlen und den Salzteig damit bepinseln. Mit Hilfe eines Holzspießes und eines kleinen runden Keksausstechers den Fisch nach Wunsch dekorieren und z.B. Mund, Kiemen, Schuppen und Flossen nachzeichnen.

Den Fisch für 30 Minuten im Ofen backen. Vor dem Servieren 3–4 Minuten rasten lassen.

Die Salzteigkruste mit Hilfe eines Messers aufschneiden und abheben. Sie ist nicht zum Verzehr geeignet. Die Fischhaut abziehen und das Fischfleisch mit Messer und Löffel von der Gräte lösen.

Das Selleriepüree nochmals erwärmen und mit dem Zuckerschotensalat zum Wolfsbarsch servieren.

für die Salzteigkruste

750 g unbehandeltes feines Stein- oder Meersalz

225 g griffiges Weizenmehl plus Mehl zum Arbeiten

5 EL Öl

3 Eiweiß (ca. 120 g)

3–6 EL Wasser

1 Ei

1 EL Milch

für das Selleriepüree

1 Sellerie à ca. 1 kg, in ca. 2 x 2 cm große Würfel geschnitten

Salz

60 g braune Butter

für den Zuckerschotensalat

320 g Zuckerschoten, der Länge nach in sehr feine Streifen geschnitten

2 säuerliche Äpfel, in sehr feine Würfel geschnitten

Saft und Abrieb von 2 Limetten

3 EL Hollerblütensirup

4 EL Zitronen-Olivenöl

1 TL Minze, fein geschnitten

Salz

SAIBLING, FENCHEL, ERDÄPFEL, MANDELN, SAFRAN-ORANGEN-FOND

FISCHFOND SCHNELL UND EINFACH SELBST MACHEN. UND ANSCHLIESSEND EIN WUNDERBAR SÄMIGES FISCHGERICHT ZAUBERN. ALLES KEINE HEXEREI. DAS IST KOCHEN, WIE WIR ES LIEBEN.

Zutaten für 4 Personen

für den Saibling

4 Saiblingsfilets à ca. 120 g

500 ml Wasser oder Fischfond (siehe Tipp)

Salz

Fleur de Sel

Die Saiblingsfilets unter kaltem Wasser abspülen, trockentupfen und entgräten. Portionieren und beiseitestellen.

Olivenöl in einen heißen Topf geben. Zwiebel, Knoblauch, Fenchelsamen und Anis darin anschwitzen, bis die Zwiebel schön glasig ist. Safranfäden, Erdäpfelspalten und Mandeln zufügen und kurz anschwitzen. Mit Anisschnaps und Weißwein ablöschen. Den Alkohol gut verkochen lassen. Mit Wasser oder Gemüsefond aufgießen und bei mittlerer Hitze für 10 Minuten zugedeckt köcheln. Fenchelspalten hinzufügen und für weitere 8–10 Minuten zugedeckt köcheln.

In der Zwischenzeit von den Orangen etwas Schale abreiben und beiseitestellen. Die Orangen filetieren. Die Filets beiseitestellen. Die Orangenreste mit der Hand ausdrücken und den Saft auffangen. Wenn die Erdäpfel- und Fenchelstücke gar sind, die Sauce mit Salz, Orangen- und Zitronensaft sowie Orangen- und Zitronenabrieb abschmecken. Nach Bedarf leicht mit Stärke binden.

Für die Saiblingsfilets Fischfond oder Wasser in einer Pfanne bis knapp unter den Siedepunkt erhitzen und leicht salzen. Die Filetstücke mit der Hautseite nach oben in die Flüssigkeit legen und je nach Dicke 3–5 Minuten ziehen lassen. Die Flüssigkeit darf dabei auf keinen Fall kochen. Wenn sich die Haut leicht abziehen lässt, ist der Fisch fertig. In der Mitte sollte er noch leicht glasig sein.

Den Safran-Orangen-Fond mit dem Gemüse in tiefen Tellern anrichten. Die Orangenfilets darauf verteilen, mit gehacktem Fenchelgrün bestreuen. Die Fischfilets aus der Flüssigkeit heben. Die Haut abziehen, Filets mit etwas Fleur de Sel würzen und auf dem Gemüse anrichten. Mit etwas Zitronen-Olivenöl beträufeln.

..... T!PP ....

Um für dieses Gericht einen schnellen Fischfond zum Pochieren herzustellen, nimmt man die Abschnitte und Gräten von den Saiblingen. Wenn man sie nicht selbst zerlegt hat, kann man den Fischhändler nach ein paar Abschnitten fragen. Die Fischabschnitte mit ein paar Fenchelabschnitten in einen Topf geben, mit 1 Schuss Weißwein und kaltem Wasser aufgießen. Aufkochen und bei schwacher Hitze ca. 20 Minuten ziehen lassen. Abseihen und verwenden.

für den Safran-Orangen-Fond mit Gemüseeinlage

3 EL Olivenöl

1 Zwiebel, in feine Würfel geschnitten

2 Knoblauchzehen, gehackt

1/2 TL Fenchelsamen, grob gemörsert

1/2 TL Anis, grob gemörsert

ca. 15 Safranfäden

300 g festkochende Erdäpfel (bevorzugt Laura oder Dita), in Spalten geschnitten

40 g Mandeln, blanchiert

50 ml Anisschnaps (z.B. Pernod oder Ouzo)

250 ml Weißwein, trocken

600 ml Gemüsefond (S. 156) oder Wasser

1 Fenchelknolle mit Fenchelgrün, in Spalten geschnitten, das Grün gehackt

2 Orangen

Saft und Abrieb von 1/2 Zitrone

Salz

evtl. etwas Erdäpfel- oder Maisstärke, mit Wasser angerührt

etwas Zitronen-Olivenöl zum Beträufeln

ORECCHIETTE, SARDELLEN, KOHL, FENCHEL-PANGRATTATO

PANGRATTATO. PANGRATTATO. PANGRATTATO. WIE SO OFT SIND ES DIE EINFACHEN DINGE, DIE IM GESCHMACK ÜBERZEUGEN. NOCH DAZU IST ES EIN PERFEKTER BROTRESTEVERWERTER. ZERO WASTE AT ITS BEST.

Für das Pangrattato Olivenöl in einer Pfanne erwärmen. Fenchelsamen zufügen und kurz im Öl rösten. Brotbrösel hinzufügen. Bei mittlerer Hitze rösten, bis sie knusprig und leicht gebräunt sind. Mit Salz würzen und beiseitestellen.

Einen großen Topf mit gut gesalzenem Wasser zum Kochen bringen und den Kohl darin für ca. 4 Minuten blanchieren. Mit kaltem Wasser abkühlen und abtropfen lassen. Im gleichen Topf die Orecchiette al dente kochen.

Währenddessen eine Pfanne erhitzen, Olivenöl hineingeben. Knoblauch und Sardellen darin kurz anbraten. Kohl, Kapern und Rosinen dazugeben und unter Rühren erhitzen. Mit Salz, Pfeffer, Zitronensaft und -abrieb würzen.

Die Orecchiette abgießen. Dabei etwas vom Nudelwasser auffangen und zum Kohl in die Pfanne geben. Orecchiette ebenfalls zum Kohl geben. Immer wieder umrühren und schwenken, bis die Pasta die Flüssigkeit gut aufgenommen hat. Zum Schluss gehackte Petersilie, geröstete Pinienkerne und Olivenöl unter die Pasta mischen. Auf Tellern anrichten und mit Fenchel-Pangrattato bestreuen.

Zutaten für 4 Personen

Salz

250 g Kohl (Wirsing), in ca. 1 cm große Quadrate geschnitten

400 g Orecchiette

3–4 EL Olivenöl

3 Knoblauchzehen, angedrückt

6 Sardellenfilets

1 EL Kapern

40 g Rosinen, 1 Stunde in Wasser eingeweicht

Pfeffer

Saft und Abrieb von 1/2 Zitrone

etwas Pasta-Kochwasser

etwas Petersilie, gehackt

40 g Pinienkerne, geröstet

für das Fenchel-Pangrattato

2 EL Olivenöl

1 TL Fenchelsamen

50 g trockenes Roggenbrot, gerieben

Salz

..... T!PP ....

Pangrattato kommt aus der „Cucina povera“, einer Küche der armen Leute, die schlicht und reduziert, aber dennoch schmackhaft ist. Früher war es eine Art Ersatzprodukt für Parmesan und wurde gerne über Pasta oder gekochtes Gemüse gestreut.

TOPFEN-HALUSKA
DINKELSPÄTZLE, SPECK, BRÖSELTOPFEN, SCHNITTLAUCH

EIN LIEBLINGSMITTAGESSEN DER FAMILIE UND DES TEAMS. SCHMECKT KLEINEN UND GROSSEN GLEICHERMASSEN. ES KOMMT URSPRÜNGLICH AUS DEM BÖHMISCHEN.

Für die Spätzle einen großen Topf mit gut gesalzenem Wasser zum Kochen bringen. Beide Mehle mit Buttermilch oder Wasser, Eiern und 1,5 TL Salz in eine Schüssel geben und mit einem Kochlöffel zu einem glatten Teig verarbeiten. Den Teig mittels Spätzlehobel oder Spätzlesieb und Teigkarte ins Wasser einkochen. Umrühren, damit keine Klumpen entstehen können. Wenn die Spätzle an der Oberfläche schwimmen, aus dem Wasser heben (geht am besten mit einem Schaumlöffel). Die Spätzle gleich weiterverarbeiten oder kalt abschrecken und beiseitestellen.

Öl oder Schmalz in einer Pfanne erhitzen und darin bei sanfter Hitze die Zwiebelwürfel anrösten. Den Speck zufügen und rösten, bis er leicht knusprig wird. Wenn er sehr viel Fett verliert, einen Teil davon abgießen. Spätzle hinzufügen, schwenken und in der Pfanne erwärmen. Mit Salz und Pfeffer würzen.

Spätzle auf Tellern oder direkt in der Pfanne großzügig mit Bröseltopfen und Schnittlauch bestreuen. Pfeffer darübermahlen und die Spätzle servieren.

Zutaten für 4 Personen

für die Dinkelspätzle

Salz

200 g Dinkelvollkornmehl

200 g glattes Dinkelmehl

200 ml Buttermilch oder Wasser

4 Eier

außerdem

2 EL Öl oder Schmalz

2 Zwiebeln, in feine Würfel geschnitten

ca. 200 g Räucherspeck, in kleine Würfel geschnitten

Salz

Pfeffer

ca. 250 g Bröseltopfen

1 kleiner Bund Schnittlauch, in feine Ringe geschnitten

REISFLEISCH

MARIANNES MANN HERWIG IST ES ZU VERDANKEN, DASS ES DIESES GERICHT INS KOCHBUCH GESCHAFFT HAT. HERWIG LIEBT REISFLEISCH. MARIANNE LIEBT HERWIG. ALSO DANN, LIEBEN WIR NICHT ALLE GUTES REISFLEISCH?

..... T!PP ....

Die Kochzeit von Naturreis kann je nach Sorte etwas variieren. Wenn die Gesamtkochzeit 40 Minuten beträgt, sollte man ihn nach 30 Minuten abseihen, da der Reis im Schmorsaft noch fertiggekocht wird.

Zum Reisfleisch passt hervorragend Rahmgurkensalat oder grüner Salat.

Einen Schmortopf am Herd erhitzen und 3 EL Öl hineingeben. Das Schweinefleisch salzen und scharf anbraten. Das Fleisch herausnehmen, sobald es rundherum angebraten ist. Im selben Topf die Zwiebeln bei schwacher Hitze langsam rösten. Dabei immer wieder gut umrühren. Das dauert ca. 30 Minuten. Die Zwiebeln sollten sehr weich und gleichmäßig gebräunt sein, dürfen aber nicht bitter schmecken.

In der Zwischenzeit das Backrohr auf 200 °C Ober-/Unterhitze vorheizen. Tomatenmark zu den Zwiebeln geben und kurz mitrösten. Den Majoran zwischen den Fingern zerkleinern und mit dem Kümmel zum Ansatz in den Topf geben. Ebenfalls kurz mitrösten. Dann die beiden Paprikapulver hinzufügen und mit Essig ablöschen. Das Fleisch wieder in den Topf geben. Mit Fond, Suppe oder Wasser aufgießen. Aufkochen, zudecken und den Topf auf den Boden des Backrohrs stellen. Das Fleisch 1–1,5 Stunden weich schmoren.

In der Zwischenzeit einen Topf mit Wasser zum Kochen bringen. Den Reis in ein Sieb geben und unter kaltem, fließendem Wasser abspülen. In den Topf geben und zugedeckt bei schwacher Hitze leicht köcheln lassen. Dabei nicht umrühren. Nach rund 30 Minuten den noch bissfesten Reis abseihen.

Das geschmorte Fleisch aus dem Schmorsaft heben und beiseitestellen. Den Reis in den Schmorsaft geben und zugedeckt am Herd bei mittlerer Hitze für mindestens weitere 10 Minuten fertig kochen. Bei Bedarf immer wieder etwas Gemüsefond, Suppe oder Wasser zugießen.

In der Zwischenzeit eine Pfanne erhitzen. Das restliche Öl hineingeben. Paprika und Knoblauch langsam braten. Mit dem Fleisch zum fertig gekochten Reis geben. Das Reisfleisch mit Salz, Pfeffer und Zitronenabrieb abschmecken. Es soll schön saftig sein, bei Bedarf nochmals Flüssigkeit zufügen. Anrichten und mit Bergkäse bestreut servieren.

Zutaten für 4 Personen

5 EL Öl

600 g Schweinefleisch (Schulter oder Schopf), in ca. 2 x 2 cm große Würfel geschnitten

Salz

350 g Zwiebeln, in feine Würfel geschnitten

2 EL Tomatenmark

2 EL Majoran

1/2 EL Kümmel, gemahlen

3 EL edelsüßes Paprikapulver

3/4 EL rosenscharfes Paprikapulver

2 EL Essig

700–900 ml Gemüsefond (S. 156), Rindssuppe oder Wasser

250 g Langkorn-Naturreis

500 ml Wasser

1 roter Spitzpaprika, in kleine Würfel geschnitten

4 Knoblauchzehen, gehackt

Pfeffer

etwas Zitronenabrieb

etwas Bergkäse, gerieben

POLPETTE MIT TOMATENSAUCE

WENN ES DIE POLPETTE BEI UNS ZUHAUSE GIBT, BLEIBT UNS ERWACHSENEN NUR NOCH EIN HAUCH TOMATENSAUCE ÜBRIG. ABER AUCH DIE IST KÖSTLICH.

Für die Tomatensauce Olivenöl in einem Topf bei mittlerer Hitze erwärmen. Knoblauch hineingeben und das Öl damit aromatisieren. Basilikum zufügen und sofort mit den passierten Tomaten aufgießen. Die Tomatensauce aufkochen und bei schwacher Hitze für rund 20 Minuten einkochen lassen. Mit Salz und Zucker abschmecken.

Für die Polpette Zwiebel und Knoblauch in Olivenöl anschwitzen. Das eingeweichte Weißbrot gut ausdrücken. Das faschierte Kalbfleisch in eine weite Schüssel geben und mit allen Zutaten sehr gut vermengen.

Das Backrohr auf 200 °C Heißluft vorheizen. Eine feuerfeste Form mit Olivenöl einfetten. Das Faschierte mit nassen Händen zu golfballgroßen Kugeln formen und mit ca. 5 mm großen Abständen in die Form legen. Die Polpette für 10 Minuten im Ofen braten. Aus dem Ofen holen und auf jedes Stück etwas Tomatensauce geben, sodass alle Polpette gut bedeckt sind. Für weitere 10 Minuten bei 150 °C im Ofen fertig schmoren und sofort servieren.

..... T!PP ....

Dazu passt hervorragend eine frisch gebackene Focaccia (S. 82).

Falls die Fleischmasse etwas zu weich geworden ist und sich schwer formen lässt, kann man etwas Semmelbrösel dazugeben.

Wenn man die Polpette etwas kleiner formt, passen sie auch wunderbar zu Spaghetti. Dafür nach dem Schmoren die Pasta mit Tomatensauce schwenken und anschließend mit Polpette servieren.

Zutaten für 4 Personen

für die Tomatensauce

3 EL Olivenöl

2 Knoblauchzehen, angedrückt

12 Basilikumblätter, in Streifen geschnitten

700 g passierte Tomaten

Salz

1 Prise Zucker

für die Polpette

1 Zwiebel, in feine Würfel geschnitten

2 Knoblauchzehen, gehackt

2 EL Olivenöl plus Öl für die Form

60 g Weißbrot vom Vortag, in Wasser eingeweicht

500 g Kalbfleisch, faschiert

2 Eier

1 TL Kapern, gehackt

3 EL Petersilie, gehackt

2 TL scharfer Senf

Salz

Pfeffer

1 MS Cayennepfeffer

Abrieb von 1/2 Zitrone

GEGRILLTE LAMMSPIESSE MIT JOGHURTMARINADE, ZUCCHINI

LAMM, JOGHURT, ZUCCHINI UND EIN GRILL. DAS KLINGT NACH SOMMER. LASST UNS DEN TISCH DECKEN.

Den Lammrücken in ca. 3 cm dicke Medaillons schneiden und in eine Schüssel geben.

Naturjoghurt mit Salzzitrone, Koriander, Kreuzkümmel, Fenchel, Kardamom, Piment und Pfeffer verrühren. Die Marinade zum Fleisch in die Schüssel geben und vermischen. Abdecken und für mindestens 6 Stunden oder besser über Nacht kühl marinieren lassen.

Die Holzspieße für ca. 30 Minuten in Wasser legen, so verbrennen sie später am heißen Grill nicht zu schnell.

Die Lammmedaillons abwechselnd mit den Zucchinischeiben auf die Holzspieße stecken oder das Fleisch vor dem Aufspießen mit den längs geschnittenen Zucchinisstreifen umwickeln.

Die Spieße salzen, mit Olivenöl beträufeln und auf den heißen Grill legen. Von allen Seiten gut angrillen, bis die Spieße die gewünschte Garstufe erreicht haben.

Vor dem Servieren das Fleisch 5 Minuten an einem warmen Platz rasten lassen.

Zutaten für 4 Personen

800 g Lammrücken, ausgelöst und zugeputzt

200 g Naturjoghurt

1 Spalte Salzzitrone (S. 59), vom Fruchtfleisch befreit und in kleine Würfel geschnitten

1 TL Koriander, gemahlen

1 TL Kreuzkümmel, gemahlen

1 TL Fenchelsamen, gemahlen

1/2 KL Kardamom, gemahlen

1 MS Piment, gemahlen

Pfeffer

1 kleine grüne Zucchini, in Scheiben oder der Länge nach in 2 mm dicke Streifen geschnitten

1 kleine gelbe Zucchini, in Scheiben oder der Länge nach in 2 mm dicke Streifen geschnitten

Salz

etwas Olivenöl zum Grillen

außerdem

4 Holzspieße

..... T!PP ....

Als Beilage passen wunderbar gegrilltes Gemüse, Polenta, Rosmarinerdäpfel oder Rosmarin-Focaccia (S. 82).

Durch die im Joghurt enthaltene Milchsäure wird das Fleisch zarter und mürber. Obendrein verleiht sie dem Fleisch einen sehr angenehmen Geschmack. Neben Lamm passt die Marinade auch zu Huhn und Wild sehr gut.

Alternativ die Spieße in einer Grillpfanne zubereiten.

..... T!PPS SAISONKALENDER

FRÜHLING MÄRZ BIS MAI

Gemüse Frischware: Artischocken (Import), Bittersalate, Blattsalate, Chicorée, Chinakohl, Erbsen, Fenchel, Frühlingszwiebeln, Grünkohl, Karfiol, Karotten, Kohlrabi, Kohlsprossen, Kräuter und Blüten, Mairüben, Mangold, Morcheln, Pak Choi, Radicchio (Import), Radieschen, Rhabarber, Rucola, Spargel, Spinat, Stangensellerie, Vogerlsalat, Weißkraut, Wildkräuter (Brennnesseln, Brunnenkresse, Bärlauch), Winterportulak, Zuchtpilze, Zuckerschoten

Gemüse Lagerware: Chinakohl, Erdäpfel, Fermentiertes (Sauerkraut, Kimchi ...), Knoblauch, Knollensellerie, Kohl, Kohlgemüse, Lauch, Pastinaken, Petersilienwurzeln, Rettich, Rote Rüben, Rotkraut, Steckrüben, Topinambur, Zwiebeln

Obst: Äpfel (Lagerware), Birnen (Lagerware), erste Erdbeeren, Zitrusfrüchte (Import)

SOMMER JUNI BIS MITTE AUGUST

Gemüse Frischware: Asiasalate, Artischocken, Brokkoli, Chili/Pfefferoni, Erdäpfel, Erbsen, Fenchel, Fisolen, Frühlingszwiebeln, Gurken, Karfiol, Karotten, frischer Knoblauch, Knollensellerie, Kohlrabi, Kräuter, Lauch, Mais, Mangold, Melanzani, Paprika, Petersilienwurzeln, Pilze (gezüchtet und gesammelt), Rettich, Rote Rüben, Salate, Sommerkürbis, Stangensellerie, Tomaten, Weißkraut, Zucchini und Zucchiniblüten, Zuckerschoten, Zwiebeln

Obst: Brombeeren, Erdbeeren, Himbeeren, Holunderbeeren, Kirschen, Klaräpfel, Kulturheidelbeeren, Marillen, Nektarinen, Pfirsiche, Ribiseln, Ringlotten, Schwarzbeeren, Stachelbeeren, Wassermelonen, Zucker-/Honigmelonen, Zwetschken

UNSERE LIEBLINGSKOMBINATIONEN ZU JEDER JAHRESZEIT

Frühling

grüner Spargel + Ei + Parmesan + Weißbrotbrösel + Olivenöl / Rhabarber + Erdbeeren + Joghurt + Vanille / Kohlrabi + Erdäpfel + Liebstöckel / Radieschen + Roggenbrot + Butter + Schnittlauch + Salz

Sommer

Tomaten + Nektarinen + Basilikum + Chili + Frühlingszwiebeln / Gurke + Melonen + Gartenkräuter / Zucchini + Ricotta + Zitronenschale + Minze

HERBST ENDE AUGUST BIS MITTE OKTOBER

Gemüse Frischware: Artischocken, Asiasalate, Bittersalate, Bohnen, Brokkoli, Chicorée, Chili/Pfefferoni, Erdäpfel, Fenchel, Frühlingszwiebeln, Grünkohl, Haferwurzeln, Herbstrüben, Karfiol, Karotten, Knoblauch, Knollensellerie, Kohl (Wirsing), Kohlgemüse, Kohlrabi, Kräuter, Kürbis, Lauch, Mangold, Melanzani, Pak Choi, Paprika, Pastinaken, Petersilienwurzeln, Pilze (gezüchtet und gesammelt), Radicchio, Rettich, Rote Rüben, Salate, Schwarzwurzeln, Spinat, Stangensellerie, Steckrüben, Süßerdäpfel, Tomaten, Topinambur, Weißkraut, Zucchini, Zwiebeln

Obst: Äpfel, Birnen, Dirndln, Maroni, Nüsse, Physalis, Pflaumen, Quitten, Schlehen, Vogelbeeren, Wassermelonen, Weintrauben, Zucker-/Honigmelonen, Zwetschken

WINTER ENDE OKTOBER BIS FEBRUAR

Gemüse Frischware: Artischocken (Import), Asiasalate, Bittersalate, Brunnenkresse (bis zu den ersten Dauerfrösten), Chicorée, Chinakohl, Fenchel (teilweise Import), Grünkohl, Haferwurzeln, Kohl (Wirsing), Kohlsprossen, Lauch, Mangold, Pak Choi, Radicchio tardivo (Import), Rucola, Schwarzwurzeln, Topinambur, Vogerlsalat, Winterkresse, Winterportulak, Yaconwurzeln, Zuchtpilze

Gemüse Lagerware: Erdäpfel, Fermentiertes (Sauerkraut, Kimchi ...), Knoblauch, Knollensellerie, Kürbis, Pastinaken, Petersilienwurzeln, Rettich, Rote Rüben, Rotkraut, Süßerdäpfel, Weißkraut, Zwiebeln

Obst: Äpfel (Lagerware), Birnen (Lagerware), Nüsse (Lagerware), Quitten (Lagerware), Zitrusfrüchte (Import)

Herbst

Kürbis + Salbei + Spinat + Walnüsse / Steinpilze + Polenta + Käse / Weißkraut + Kümmel + Apfelessig + Distelöl / Rote Rüben + Granatapfel + Kürbiskernöl + Kren

Winter

Schwarzwurzeln + Petersilie + Winterkresse + Grapefruit / Topinambur + Birne + Walnuss / Radicchio tardivo + Apfel + Bergkäse + Kren / Knollensellerie + Pilze + Miso / Zuckerschoten + Apfel + Hollerblüten + Minze + Zitrone

DIE SCHNECKE UND DER VOGEL.
ODER WARUM UNS SCHNECKEN LIEBER SIND ALS UNKEN.

Herbst 2014. Im Gasthof Grünwald. Ein paar Gleichgesinnte treffen sich. Fast kommt es mir vor wie ein Verschwörungstreffen. Die üblichen Verdächtigen. Der Edelgreißler, die Krendel-Königinnen, die Haubenköchin, die Biohotelière, der Käser. Mit dabei ist auch Slow-Food-Botschafterin Barbara van Melle. Sie erzählt uns von Slow Food. Vom Piemont, von Carlo Petrini und von der Philosophie „gut, sauber, fair". Einiges kennen wir bereits. Einige von uns sind schon seit Jahrzehnten unterstützende Slow-Food-Mitglieder. Einige Gedanken sind uns neu.

Wir plaudern, wir diskutieren, wir überlegen. Ein Satz, von jemanden aus der Runde, klingt mir heute noch im Ohr. „Hier im hintersten Gailtal fährt nicht so oft ein Zug vorbei. Und wenn, dann sollte man sich gut überlegen, ob man mitfahren will oder nicht." Dabei ist der Zug keine Metapher für die Flucht aus dem Gailtal ohne jede Wiederkehr. Es ist ein Sinnbild für eine sich bietende Chance. Eine Chance, die auf der kontinuierlichen Arbeit einiger Pioniere aufbaut. Eine Chance, die Sinn verspricht und Mehrwert.

Man könnte sagen, in jenem Herbst wurde aus einem Funken ein kleines Feuer. Um das gesellige Lagerfeuer sitzen viele Akteure. Die Tourismusorganisationen, die Slow-Food-Organisation, die Gemeinden und vor allem einige gute, regionale Produzenten, Landwirte und Unternehmer. Eine Gemeinschaft entsteht. Ein Leuchtturm-Produkt wird entwickelt. Slow Food Travel.

Mit Slow Food Travel wird die Region rund um den Daberer die weltweit erste Slow-Food-Reiseregion der Welt. Wahnsinn! Wir können richtig stolz sein auf das, was da entstanden ist. Dabei geht es darum, die Küchen, Selchkammern und Reifekeller zu öffnen. Es geht darum, den Produzenten über die Schulter zu schauen. Aber auch um mehr als das. Es geht um ein Reiseangebot, bei dem man selbst Hand anlegen darf und soll, beim Käsen, beim Butterrühren oder beim Brotkneten. Durch diesen unmittelbaren Kontakt zum Produzenten und zum Produkt hallt das Erleben nach. Lange. Und das Verständnis für das gute Produkt kann damit weiter reifen.

Slow Food Travel ist ein Schritt nach vorne, aber es ist auch ein Schritt zurück. Es ist ein Schritt zu handwerklicher Produktion. Ein Schritt weg von der Industrialisierung unserer Nahrung und vom globalen Wachstum. Ein Schritt zu den kleinen Kreisläufen.

Und dann kommen natürlich auch die unvermeidlichen Unkenrufe. Slow Food. Ja, die Idee mag ja ganz nett sein, aber warum muss das denn Englisch benannt sein? Ganz einfach. Weil es eine Marke ist. Und weil man eine Marke nicht einfach umtextet. Die unkenden Kritiker buchen dann keinen Workshop. Täten sie es, würden sie besser verstehen, worum es geht.

»Wir können richtig stolz sein auf das, was da entstanden ist.

Slow Food Travel ist auch ein Lernprozess. Es gibt viele großartige Produzenten und Betriebe, die mit dabei sind. Bei vielen ist das Verständnis gefestigt, andere sind motiviert durch das Miteinander, durch das Vorbild anderer und wollen selbst besser werden. Einige wenige sind dabei, weil sie meinen, das sei ein kluger Marketing-Schachzug. Dass sie da am Holzweg sind, erkennen sie meist nach kurzer Zeit von selbst. Slow Food ohne Überzeugung kann man vergessen. Das funktioniert hinter einer guten Fassade eine gewisse Zeit, aber auf Dauer braucht es weniger die rote Schnecke vor jeder Haustüre als dauerhafte Qualität, Ehrenhaftigkeit und Überzeugung.

Ich selbst bin seit einigen Jahren Vorsitzende der ARGE Slow Food Travel. Ich war von Beginn an mit dabei. Am Tisch in der Gaststube, am Lagerfeuer, bei Diskussionen, bei Vorwärts- und bei Rückwärtsbewegungen. Slow Food ist mein Herzensthema. Ich freue mich über jeden Gast, der bei uns wohnt und an einem oder an mehr Slow-Food-Workshops teilnimmt. Weil es mehr ist als nur ein Reiseangebot. Es ist ein Weg zu Reflexion und Selbsterkenntnis.

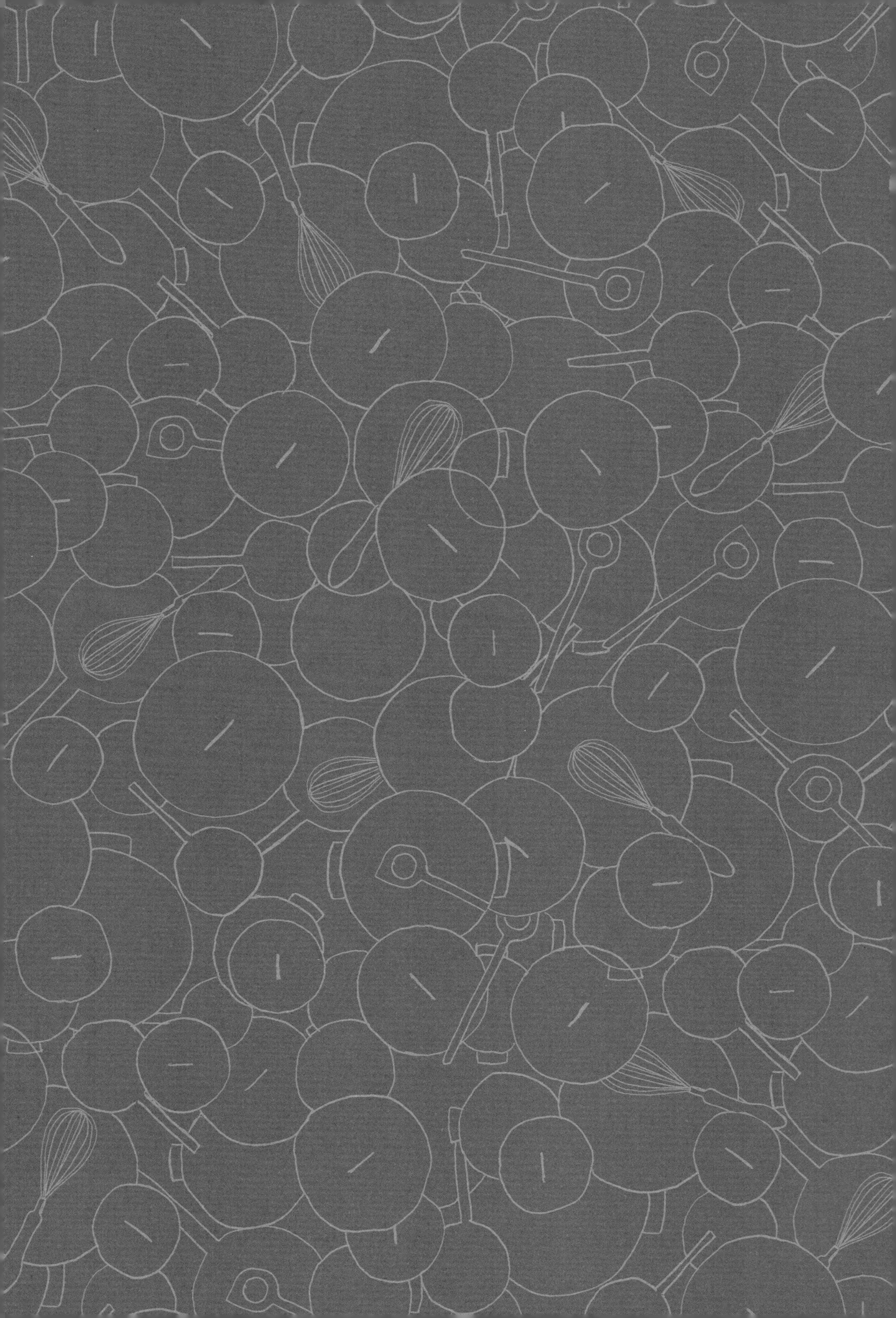

SÜSSES

VEGAN

SCHWARZBEER-TÖRTCHEN

DIE ALMBÖDEN IM GAILTAL SIND IM AUGUST OFT VOLLER SCHWARZBEEREN. ABER AUCH MIT HEIDELBEEREN GELINGT DAS REZEPT SUPERGUT.

Die Tarteförmchen bzw. die Tarteform mit Backpapier auslegen. Dafür am besten das Backpapier gleich in der entsprechenden Größe zurechtschneiden.

Für den Boden alle Zutaten mischen. Den Teig zwischen 2 Backpapierbögen auf ca. 4 mm ausrollen.

Anschließend die Böden mit einem Keksausstecher etwas größer als die Tarteförmchen ausstechen und die Tarteförmchen damit auslegen. Dabei darauf achten, dass ein wenig Teig nach oben wegsteht, damit die Creme nicht herausrinnen kann. Die Böden für 30 Minuten kühl stellen.

Für die Füllung alle Zutaten außer Agar-Agar mixen. In einen Topf geben, Agar-Agar hinzufügen und aufkochen lassen. Die Füllung auf die Böden in den Formen geben und die Tartes nochmals für 20 Minuten kühl stellen.

..... T!PP ....

Die Böden für die Törtchen können auch bei 160 °C Heißluft für 10 Minuten gebacken werden, dann bleiben sie etwas fester. Durch das Backen bekommen die Böden leichte Röstaromen.

Zutaten für 6 Törtchen (Durchmesser 12 cm) oder 1 Tarteform (Durchmesser 22 cm)

für den Boden

100 g Haferflocken, gemahlen

100 g Erdmandelmehl

100 g Dattelpaste

100 g flüssiges Kokosöl

1 EL Tamari

1 EL Kokosmus

für die Füllung

150 g Schwarzbeeren

125 g Kokosmus

125 ml Mandeldrink

1 TL Ahornsirup

3 g Agar-Agar

VEGAN

SCHOKO-KOKOS-MUFFINS

GANZ EINFACH SIND DIESE MUFFINS. UND SCHNELL GEMACHT SIND SIE AUCH. VERFEINERN KANN MAN SIE MIT DER EINFACHEN KOKOSGLASUR ODER AUCH MIT DER KOKOS-CREME.

Zutaten für 6 Muffins

130 g Haferflocken, gemahlen

80 g Buchweizenmehl

30 g Rohkakaopulver

60 g Kokosblütenzucker

50 g Kokosraspel

50 ml flüssiges Kokosöl

250 ml Mandeldrink

außerdem

6 Muffin-Papierförmchen

Ofen auf 160 °C Umluft vorheizen. Die trockenen Zutaten miteinander vermischen. Das Kokosöl und die Mandelmilch hinzufügen und gut untermischen. Den Teig in die in ein Muffinblech gesetzten Papierförmchen füllen und für 15 Minuten backen.

VEGAN

EINFACHE KOKOSGLASUR
DIE SCHOKO-KOKOS-MUFFINS BEKOMMEN AUCH NOCH EINE PASSENDE GLASUR.

Kokosmus und Kokosöl erwärmen. Reissirup hinzufügen und gut verrühren. Vor dem Glasieren der Muffins abkühlen lassen, bis die gewünschte Konsistenz erreicht ist.

Zutaten für 6 Muffins

2 EL Kokosmus

1 EL Kokosöl

1 TL Reissirup

..... T!PP ....

Man kann den Teig auch sehr gut in einer mit Backpapier ausgelegten Kuchenform (ca. 21 x 33 cm) backen und dann den Kuchen mit der Kokosglasur glasieren. Die Backzeit beträgt bei 170 °C Heißluft ca. 25–30 Minuten.

VEGAN

KOKOS-CREME
EIN SCHNELLES UND GESUNDES MUFFIN-TOPPING.

Alle Zutaten vermischen und auf die Muffins spritzen.

Zutaten für 6 Muffins

4 EL Kokosmus

1 EL Zitronensaft

1 EL Kokosjoghurt

1 EL Wasser

..... T!PP ....

Die Muffins abschließend mit gerösteten Kokosflocken verzieren.

VEGAN

KARDAMOMBIRNE, SCHOKOLADEN-MOUSSE, AMARANTPOPS

DER KNALLER IST DAS SCHOKOLADEN-MOUSSE. ES KOMMT GANZ OHNE EI UND SCHLAGOBERS AUS. UND AUCH BEI DER SÜSSE GREIFEN WIR AUF DATTELSIRUP ZURÜCK. MAGISCH.

Die Birnen schälen. Die Stiele dranlassen. Die unteren Enden kappen, sodass die Birnen gut stehen. Die Birnen an der Stelle, wo sie bauchiger werden, quer halbieren. Das Kerngehäuse mit Hilfe eines Kugelausstechers oder eines Löffels entfernen.

Wasser, Birnensaft, Zitronensaft und Kardamomkapseln im Topf aufkochen. Die Birnen einlegen und die Hitze reduzieren. Die Birnen unter dem Siedepunkt pochieren. Sie sollen bissfest bleiben. Die fertigen Birnen aus der Flüssigkeit heben und auskühlen lassen. Die Flüssigkeit langsam einkochen, bis sie sirupartig wird. Als Probe ein paar Tropfen auf einen kleinen Teller geben und den Teller leicht kippen. Wenn er beim Abkühlen zähflüssig wird, ist der Sirup fertig.

Für die Amarantpops einen weiten Topf stark erhitzen. Den Amarant in den Topf geben und den Topf rütteln. Der Amarant platzt innerhalb weniger Sekunden wie kleines Popcorn auf. Die fertigen Pops sofort in eine Schüssel geben. Den Topf etwas abkühlen lassen, dann den Ahornsirup darin aufkochen. Amarantpops zufügen. Mit einem Kochlöffel gut verrühren, damit sich der Ahornsirup gleichmäßig verteilt und karamellisiert. Topfinhalt auf ein Stück Backpapier schütten. Mit dem Kochlöffel flach drücken. Auskühlen lassen und anschließend mit den Fingern zerbröseln.

Für das Schokoladen-Mousse Wasser mit Dattelsirup in einem Topf aufkochen. Vom Herd nehmen. Schokolade in Stücke brechen. In den Topf geben und rühren, bis die Masse homogen ist. Mit Fleur de Sel würzen. In eine Rührschüssel umfüllen. Die Rührschüssel auf einen mit sehr kaltem Wasser und Eiswürfeln befüllten Topf stellen. Sie soll mit der Unterseite einige Zentimeter ins Eiswasser eintauchen. Mit einem Schneebesen kräftig rühren, bis die Masse anzieht und luftig wird. Das dauert 5–10 Minuten. Wenn das Schokoladen-Mousse am Schneebesen hängenbleibt, zähflüssiger und schön cremig wird, ist es fertig. Mit Hilfe eines Teigschabers in eine Vorratsdose umfüllen und mindestens 1 Stunde im Kühlschrank durchkühlen lassen.

Die Birnenstücke kurz vor dem Anrichten in Amarantpops wälzen. Etwas Sirup auf Teller verteilen. Die unteren Teile der Birnen daraufstellen. Einen Esslöffel in warmes Wasser tauchen. Damit Nocken aus dem Schokoladenmousse stechen und auf die Birnen setzen. Mit den oberen Birnenhälften abschließen.

..... T!PP ....

Wenn man den perfekten Zeitpunkt zum Abfüllen verpasst hat und das Schokoladen-Mousse zu fest ist bzw. sich Wasser und Schokolade getrennt haben, kann man die Masse nochmals erwärmen und wieder kalt aufschlagen.

Zutaten für 4 Personen

für die Birnen

4 eher kleine, reife, aber festfleischige Birnen

500 ml Wasser

500 ml Birnensaft

Saft von 1 Zitrone

12 Kardamomkapseln, angedrückt

für das Schokoladen-Mousse

175 ml Wasser

25 g Dattelsirup

200 g Schokolade (mind. 70 % Kakaoanteil)

1 Prise Fleur de Sel

einige Eiswürfel

für die Amarantpops

20 g Amarant (oder bereits gepuffter Amarant)

30 g Ahornsirup

VEGAN

SALTY RAW HIMBEER BITES

KÖNNEN WIR EINEN ENGLISCH-DEUTSCHEN MISCHTITEL IM KOCHBUCH LASSEN? JA! DIESE BITES SIND DAS MIT ABSTAND BELIEBTESTE REZEPT AUF MARIANNES INSTAGRAM-ACCCOUNT. DAHER BLEIBT DER NAME AS IT IS.

Haferflocken, Datteln, Cashewkerne, Mandeln, Ahornsirup und Rohkakaopulver in der Küchenmaschine fein mixen. Die weiche, klebrige Masse zwischen 2 Blättern Backpapier mit dem Nudelholz zu einem Rechteck oder Quadrat ausrollen.

Die Masse gut festdrücken, damit sie kompakt zusammenhält und die Bites nicht zerfallen. Die Kuvertüre im Wasserbad schmelzen. Über die ausgerollte Masse streichen. Gleich im Anschluss mit Fleur de Sel und Himbeeren bestreuen.

Die Masse für 1–2 Stunden im Kühlschrank fest werden lassen. Anschließend in kleine Würfel schneiden.

Zutaten

100 g Haferflocken

100 g Datteln, entkernt

80 g Cashewkerne

80 g Mandeln

50 g Ahornsirup

1 gehäufter EL Rohkakaopulver

80–100 g Kuvertüre (mind. 70 % Kakaoanteil, nach Geschmack auch mehr)

gefriergetrocknete Himbeeren

Fleur de Sel

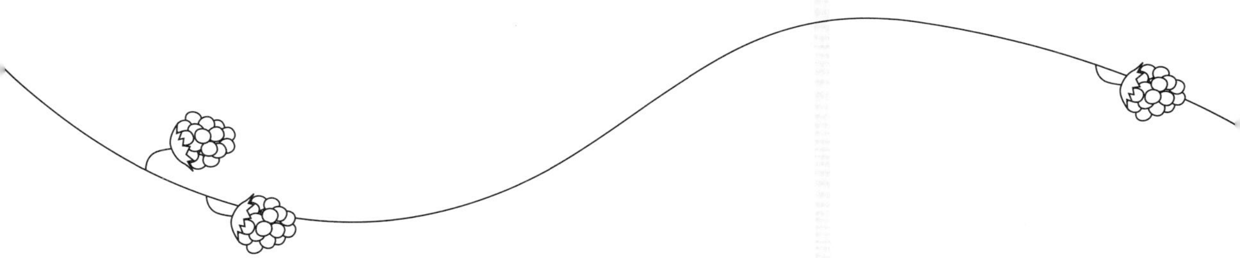

..... T!PP ....

Es lohnt sich, nach gefriergetrockneten Himbeeren Ausschau zu halten. So bekommen die Bites den gewünschten Knuspereffekt. Idealerweise bewahrt man sie im Kühlschrank in einer verschließbaren Vorratsdose auf.

RHABARBER-CRUMBLE, ROSMARIN

ALLES, WO CRUMBLE DRAUF IST, SCHMECKT SCHON MAL MMMMH! MIT DER SÄURE VOM RHABARBER WIRD DER SÜSSE CRUMBLE GLEICH NOCHMAL SPANNENDER. DER I-PUNKT IST UND BLEIBT ABER DER ROSMARIN.

Den Rhabarber mit Saft, Zucker, Stärke und den Gewürzen in einer Schüssel vermischen. Für 10 Minuten stehen lassen, bis der Rhabarber etwas Wasser verliert.

In der Zwischenzeit die Zutaten für die Streusel rasch vermischen.

Rhabarber mit dem Saft in eine große feuerfeste Form (oder in 4 Portionsförmchen) geben und die Streusel darüber verteilen. Bei 180 °C Heißluft ca. 30 Minuten backen. Vor dem Portionieren etwas abkühlen lassen. Mit Vanilleeis servieren, mit Rosmarin garnieren.

Zutaten für 4 Personen

300 g Rhabarber, abgezogen und in 1 cm große Würfel geschnitten

Saft von 1/2 Orange
oder etwas Apfelsaft

1 EL Rohrzucker

1 EL Stärke

1 Prise Vanille, gemahlen

1/4 TL Zimt

Vanilleeis

etwas frischer Rosmarin, gehackt

für die Streusel

80 g feine Haferflocken

80 g griffiges Weizenmehl

25 g Mandeln, gerieben

70 g Butter

70 g Rohrzucker

1 Prise Salz

1 Prise Vanille, gemahlen

Abrieb von 1/2 Zitrone

..... T!PP ....

Die Streusel bei der Zubereitung nicht zu lange kneten. Sonst werden sie zu groß und klumpig. Am besten gelingt das, wenn man die Zutaten in den Rührkessel einer Küchenmaschine gibt und rasch mit dem Knethaken vermischt.

SAUERTEIG-CRÊPES, ERDBEEREN, RICOTTA, MAIWIPFERLSIRUP

EIN PERFEKTES REZEPT AUS DER ZERO-WASTE-KÜCHE. AUS DEM ÜBRIGEN SAUERTEIGANSATZ ENTSTEHEN DIESE HERRLICHEN CRÊPES.

Für die Crêpes den Weizensauerteig in eine Schüssel geben. Braune Butter, Eier, Zucker und Salz zufügen und verrühren. Milch nach und nach dazugeben, die benötigte Menge hängt von der Festigkeit des Sauerteiges ab. Der Teig soll leicht cremig sein und sich beim Backen der Crêpes leicht in der Pfanne verteilen.

Eine flache Pfanne bei mittlerer Hitze gut erhitzen, mit Öl bepinseln. 1 Schöpfer Teig mit einer Schwenkbewegung rasch und dünn in der Pfanne verteilen. Auf beiden Seiten backen, bis das Crêpe eine schöne Farbe bekommt. Es sollte nicht zu blass sein. Der Teig reicht für ca. 10 Crêpes, die fertig gebackenen Crêpes abdecken und warmhalten.

Für die Creme den Ricotta mit Zitronensaft und -abrieb sowie Vanillezucker glattrühren. Schlagobers cremig aufschlagen und unter den Ricotta heben. Die fertige Creme vor dem Servieren nochmals kühl stellen.

Die Erdbeeren mit dem Zitronensaft marinieren.

Die Crêpes zusammenfalten. Auf Tellern anrichten und mit je ca. 1 EL Maiwipferlsirup oder Ahornsirup gut beträufeln. Mit einem nassen Esslöffel Nocken aus der Ricottacreme stechen und auf die Crêpes setzen. Mit marinierten Erdbeeren, frischer Minze oder Zitronenmelisse und evtl. noch etwas mehr Sirup vollenden.

Zutaten für 4 Personen

für die Crêpes

300 g Weizensauerteig

30 g braune Butter

3 Eier

15 g Zucker

1 Prise Salz

100–150 ml Milch

etwas Öl zum Backen

für die Ricottacreme

250 g Ricotta

Saft und Abrieb von 1/2 Zitrone

1 EL Vanillezucker

150 ml Schlagobers

für die Erdbeeren

500 g Erdbeeren, entstielt und in Spalten geschnitten

Saft von 1/2 Zitrone

außerdem

ca. 100 ml Maiwipferlsirup (S. 17) oder Ahornsirup

ein paar Blätter Minze oder Zitronenmelisse

..... !NFO ....

Wenn man Sauerteig mehrmals anfüttert, damit er vor dem Brotbacken richtig aktiv ist, bleibt des Öfteren Sauerteig übrig. Dieses Rezept bietet die ideale Resteverwertung. Für eine pikante Variante kann auch Roggensauerteig verwendet werden.

VEGETARISCH

WALDMEISTER-JOGHURT-EIS AM STIEL

EIS AM STIEL SELBST MACHEN. DAS IST GAR NICHT SCHWIERIG. UND BEIM DEKORIEREN KANN MAN SICH DANN RICHTIG AUSTOBEN. DAS MACHT SPASS! UND SCHMECKT.

Zutaten für ca. 8 Stück

für die Eismasse

200 ml Schlagobers

1 kleines Sträußchen Waldmeister, gefroren oder verwelkt (siehe Info)

130 g Naturjoghurt

65 g Staubzucker

35 g Dextrose (reiner Traubenzucker)

Saft und Abrieb von 1/2 Limette

für die Glasur

150 g weiße oder dunkle Kuvertüre

15 g natives Kokosöl

zum Dekorieren (nach Wunsch)

Fruchtkuvertüre (z.B. von Zotter)

Quinoapops

Nüsse, gehackt

Pistazien, gehackt

Mandelstifte, geröstet

gefriergetrocknete Früchte

außerdem

Eis-am-Stiel-Förmchen

Schlagobers in einem Topf erwärmen. Den Waldmeister darin 10 Minuten ziehen lassen. Das aromatisierte Schlagobers durch ein Sieb passieren. Mindestens 4 Stunden im Kühlschrank auskühlen lassen.

Joghurt mit Staubzucker, Dextrose, Limettensaft und -abrieb verrühren. Das gekühlte Waldmeister-Schlagobers aufschlagen und unterheben. Die Masse in Eis-am-Stiel-Förmchen füllen. 12 Stunden tiefkühlen.

Am nächsten Tag die Kuvertüre über einem Wasserbad schmelzen. Das Kokosöl zufügen und gut verrühren. Eis aus den Förmchen geben und mit der Schokoladenglasur überziehen. Nach Wunsch dekorieren (siehe auch Tipp).

Das fertig dekorierte Eis vor dem Vernaschen nochmals für 20 Minuten in den Tiefkühler geben.

..... !NFO ....

Waldmeister wächst im Frühling besonders gerne in Laubwäldern. Am besten schmeckt das Kraut kurz vor der Blüte. Das typische Waldmeisteraroma erinnert an Vanille, Tonkabohne und Heu. Um es bestmöglich aus dem Kraut zu holen, gibt es 2 Möglichkeiten: den Waldmeister einfrieren oder ihn auflegen und 1 Tag lang verwelken lassen. Dadurch platzen die Zellwände auf und das in den Blättern enthaltene Cumarin wird freigesetzt. Cumarin verursacht in größeren Dosen Benommenheit, Kopfschmerzen und Leberschäden. Daher sollte man Waldmeister sparsam verwenden und nach dem Aromatisieren der Speisen wieder entfernen. Cumarin ist auch in Zimt oder in Tonkabohnen enthalten.

Waldmeister passt gut als Sirup in einem Glas Sekt, zu Erdbeeren, Himbeeren, Kirschen, Joghurt, aber auch zu Spargel oder Wildgerichten.

..... T!PP ....

Wenn man die Glasur noch bestreuen will, muss man schnell sein, da sie am Eis sehr schnell hart wird. Auch eine Dekoration mit Fruchtkuvertüre passt sehr gut zum Joghurt-Waldmeister-Eis.

Zucker dient im Speiseeis nicht nur der Süße. Er ist auch eine Art Frostschutz. Je mehr Zucker im Eis ist, desto weicher wird es. Wir verwenden für unser hausgemachtes Eis unter anderem Dextrose. Durch die Zugabe von Dextrose wird der Gefrierpunkt der Eismasse weiter abgesenkt. Durch die langkettigen Zuckermoleküle bilden sich in der Eismasse kleinere Eiskristalle beim Tiefkühlen. Ein weiterer Vorteil ist, dass Dextrose im Vergleich zu Saccharose (Kristallzucker) weniger süßt. Das Ergebnis ist ein cremiges, weiches und nicht zu süß schmeckendes Eis.

Wenn man das fertig dekorierte Eis länger lagern möchte, vorsichtig einzeln in Butterpapier einschlagen und in Vorratsdosen verpackt in den Tiefkühler geben.

Statt Waldmeister kann man die Eismasse auch mit Minze, Basilikum oder Hollerblüten aromatisieren. Wer lieber fruchtiges Eis mag, kann ein paar zerstoßene Tiefkühl-Himbeeren unter die Eismasse mischen.

MARILLENKNÖDEL

MARILLENKNÖDEL MIT FAMILIEN-GESCHICHTE. DIESES REZEPT STAMMT VON SISSY SONNLEITNER – STEFANIES MUM, MARIANNES TANTE UND FLORIANS EHEMALIGER KÜCHENCHEFIN.

Topfen, Butter, Mehl, Ei, Vanillezucker und Salz in der Küchenmaschine rasch zu einem Teig kneten. Teig zu einer Rolle formen. In Frischhaltefolie gewickelt im Kühlschrank mindestens 1 Stunde rasten lassen.

Die Marillen so entkernen, dass die beiden Hälften nicht ganz auseinanderbrechen. Den Zuckerwürfel statt des Kerns in die Mitte der Frucht stecken.

15 Teigstücke mit einer Teigkarte abtrennen. Flach drücken, um die Marillen legen und Knödel formen. Die Knödel in leicht gesalzenem, sanft köchelndem Wasser ohne Deckel für 15 Minuten garen.

Währenddessen 100 g Butter in einer Pfanne aufschäumen lassen. Die Semmelbrösel darin rösten. Zum Schluss den Zucker dazugeben und gut vermischen. Die restliche Butter in einen kleinen Topf geben. Bei mittlerer Hitze rösten, bis sie leicht braun wird und einen nussigen Geschmack hat.

Die fertigen Knödel vorsichtig mit einem Lochschöpfer aus dem Wasser heben. In den Bröseln wälzen. Mit Staubzucker bestreuen, mit brauner Butter und evtl. etwas Marillenröster servieren.

Zutaten für ca. 15 Knödel

15 Marillen

15 Stk. Würfelzucker

für den Knödelteig

500 g Magertopfen

125 g Butter, zimmertemperiert

250 g griffiges Weizenmehl

1 Ei

1 Prise Vanillezucker

1 Prise Salz

für die Butterbrösel

100 g Butter

250 g Semmelbrösel

100 g Zucker

außerdem

50 g braune Butter

Staubzucker zum Bestreuen

evtl. etwas Marillenröster

..... T!PP ....

Im Herbst kann man die Knödel statt mit Marillen mit Zwetschken füllen und statt Würfelzucker ein kleines Stück Nougat in die Mitte der Frucht geben.

VEGETARISCH

TOPFENKNÖDEL, HIMBEERSAUCE, VEILCHENZUCKER, KOKOSBRÖSEL

UNSERE TOPFENKNÖDEL SIND ZUCKERREDUZIERT, ABER IMMER NOCH SÜSS GENUG, UM IM 7. MEHLSPEIS-HIMMEL ZU SCHWEBEN. VIELLEICHT LIEGT DAS AUCH AN DER KOMBINATION VON HIMBEEREN UND KOKOS.

Für die Knödel alle Zutaten mit einer Teigspachtel oder einem Schneebesen vermischen und mindestens 1 Stunde abgedeckt im Kühlschrank rasten lassen.

In einem weiten Topf leicht gesalzenes Wasser zum Kochen bringen. Die Masse (z.B. mit Hilfe eines Eisportionierers) zu Knödeln formen und ins leicht kochende Wasser geben. Bei schwacher Hitze für 20 Minuten im Wasser ziehen lassen, das Wasser darf nicht mehr kochen.

In der Zwischenzeit Butter und/oder Kokosöl in einer Pfanne schmelzen. Brösel und Kokosflocken darin rösten. Gegen Ende den Zucker dazugeben.

Himbeeren aufkochen, mixen und durch ein Sieb streichen. Mit Vanillezucker und Zitronensaft abschmecken.

Die fertigen Knödel mit einem Lochschöpfer vorsichtig aus dem Wasser heben. In den Kokosbröseln wälzen. Mit Himbeersauce anrichten und mit Veilchenzucker bestäuben.

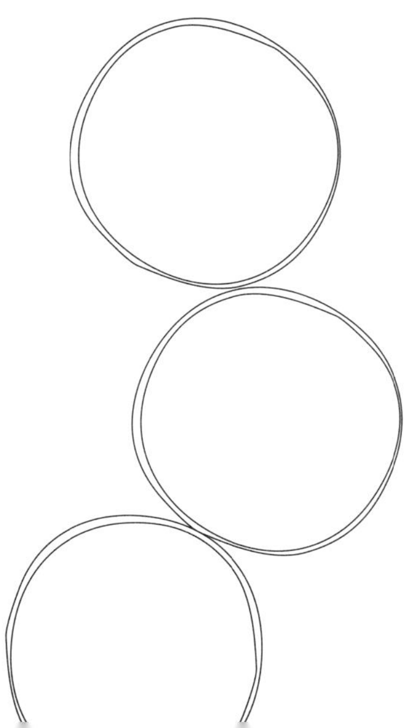

Zutaten für ca. 12 Knödel

für die Topfenknödel

500 g Magertopfen

80 g Grieß (vorzugsweise Dinkel-Vollkorngrieß)

20 g Zucker

2 Dotter

1 Prise Salz

Abrieb von 1/2 Zitrone

für die Kokosbrösel

100 g Butter oder natives Kokosöl bzw. eine Mischung aus beidem

100 g Semmelbrösel

30 g Kokosflocken

20 g Kokosblütenzucker oder Zucker

für die Himbeersauce

250 g Himbeeren, TK oder frisch

1 TL Vanillezucker

Saft von 1/2 Zitrone

außerdem

Veilchenzucker (S. 35), fein gemahlen

HONIG-PINIENKERN-TARTE

WER SAGT, ES BRINGT NICHTS, SICH ETWAS ZU WÜNSCHEN? DIESES REZEPT HAT ES DURCH EINEN GÄSTEWUNSCH AUF INSTAGRAM INS BUCH GESCHAFFT. SO HABEN WIR JETZT ALLE WAS DAVON.

Für den Mürbteig alle Zutaten vermischen und rasch zu einem Teig kneten. Teig zu einer Kugel formen. In Frischhaltefolie einschlagen. Mindestens 30 Minuten im Kühlschrank rasten lassen.

Für die Honig-Vanille-Creme die Dotter mit Honig, Staub- und Vanillezucker sowie Zitronenabrieb zu einer hellen Creme aufschlagen, bis der Zucker gänzlich aufgelöst ist und nicht mehr knirscht. Das Mehl dazusieben und unterrühren. Milch und Obers bis knapp unter den Siedepunkt erhitzen und nach und nach gut unter die Eiermasse rühren. Die Honig-Vanille-Creme über Dampf (oder in einem Topf mit schwerem Boden) mit Hilfe eines Schneebesens zu einer dicken, gebundenen Creme abziehen. Dabei ständig rühren und darauf achten, dass die Masse nicht über den Siedepunkt erhitzt wird. Anschließend unter gelegentlichem Rühren im Kühlschrank vollständig auskühlen lassen.

Den Mürbteig ca. 3 mm dick etwas größer als die Form rund ausrollen. Die gefettete Tarteform damit auslegen. Dabei einen ca. 1 cm hohen Rand hochziehen. Überstehende Teigränder abschneiden. Den Boden mit einer Gabel ein paar Mal einstechen, damit er später beim Backen gleichmäßig aufgeht. Die Tarteform für etwa 30 Minuten in den Kühlschrank stellen. Boden im vorgeheizten Ofen bei 180 °C Heißluft blindbacken. Abkühlen lassen. Die ebenfalls abgekühlte Honig-Vanille-Creme auftragen. Die Tarte im vorgeheizten Ofen bei 160 °C Heißluft für 10 Minuten backen, bis die Oberfläche fester wird.

Die Pinienkerne auf die Oberfläche streuen und die Tarte weitere 8 Minuten backen, bis die Kerne und die Honigmasse leicht gebräunt sind. Vor dem Anschneiden etwas abkühlen lassen.

Zutaten für 1 Tarte (28 cm Durchmesser)

für den Mürbteig

300 g glattes Weizen- oder Dinkelmehl, Type 700

200 g kalte Butter, in kleine Würfel geschnitten

100 g Staubzucker

1 Dotter

Abrieb von 1 Zitrone

für die Honig-Vanille-Creme

4 Dotter

40 g Honig

60 g Staubzucker

2 EL Vanillezucker

Abrieb von 1 Zitrone

2 EL glattes Weizen- oder Dinkelmehl

250 ml Milch

250 ml Schlagobers

außerdem

Butter oder Öl zum Ausstreichen der Form

2 EL Pinienkerne

..... T!PP ....

Aus den Teigresten kann man z.B. Kekse machen. Wir servieren die Honig-Pinienkern-Tarte mit einer Sauce aus Brombeeren und Lavendel sowie Honigeis. Statt Brombeeren passen auch Erdbeeren, Pfirsiche, Marillen oder Zitrusfrüchte.

VEGETARISCH, VEGAN MÖGLICH

APFELSTRUDEL

EINEN STRUDELTEIG AUSZIEHEN.
DAS ENTSPANNT. BEI SCHLECHTER LAUNE,
STRESS UND AN TAGEN WIE DIESEN EINFACH
MAL VERSUCHEN. DER DUFT DES FERTIGEN
APFELSTRUDELS TUT DANN SEIN ÜBRIGES.

TAFEL FREUNDE

DAS KOCHBUCH LEBT. NOTIZEN MACHEN.
LIEBLINGSREZEPTE KENNZEICHNEN.
DAFÜR GIBT ES UNSERE LIEBLINGSVÖGEL.

Für den Teig Mehl, Wasser, Öl und Salz zu einem glatten Teig verkneten. Den Teig mit Öl bestreichen und abgedeckt mindestens 30 Minuten rasten lassen.

Ein sauberes, geruchsneutrales Geschirr- oder Tischtuch auf einem Tisch ausbreiten und mit Mehl bestäuben.

Äpfel und Rosinen mit Zucker, Vanillezucker, Zimt und evtl. Rum vermischen. 80 g Butter in einer Pfanne erhitzen. Die Semmelbrösel darin goldgelb rösten. Die restliche Butter zerlassen.

Den Teig mit Mehl bestäuben und auf dem Tuch fingerdick ausrollen. Mit zerlassener Butter bestreichen. Nochmals für ein paar Minuten abgedeckt rasten lassen. Dadurch entspannt sich der Teig vor dem Ausziehen. Den Teig mit beiden Händen vorsichtig von unten ausziehen. Die dicken Teigränder mit einem kleinen Messer abschneiden.

Den ausgezogenen Teig nochmals gut mit zerlassener Butter bestreichen. Die Semmelbrösel darauf verteilen. Äpfel im unteren Drittel gruppieren. Anschließend mit Hilfe des Tuchs den Strudel eng und vom Körper weg einrollen. Die Enden verschließen. Den Strudel auf ein mit Backpapier ausgelegtes Blech heben. Nochmals gut mit zerlassener Butter einstreichen. Im vorgeheizten Backrohr bei 220 °C Umluft für ca. 40 Minuten braun backen. Etwas abkühlen lassen. Mit Staubzucker bestreuen und am besten lauwarm servieren.

..... T!PP ....

Apfelstrudel ist wahrscheinlich der einzige österreichische Mehlspeisklassiker, der problemlos auch ohne Zucker auskommt. Dafür eignet sich z.B. die Apfelsorte Topaz besonders gut. Sie bringt sowohl Säure als auch so viel Süße mit, dass man auf die Zugabe von Zucker verzichten kann.

Apfelstrudel kann ohne Weiteres vegan abgewandelt werden. Statt Butter nimmt man einfach natives Kokosöl oder eine hochwertige vegane Butter.

Zum Strudel passt geschlagenes Obers oder Vanillesauce (S. 255).

Zutaten für 1 Strudel

für den Teig

200 g glattes Weizenmehl, Type 700, plus Mehl zum Arbeiten

125 ml Wasser

1 EL Öl

1 Prise Salz

Öl zum Bestreichen

für die Fülle

1,5 kg säuerliche Äpfel, geschält, entkernt, blättrig geschnitten

80 g Rosinen

ca. 100 g Zucker (siehe Tipp)

etwas Vanillezucker

etwas Zimt, gemahlen

evtl. 20 ml Rum

200 g Butter

150 g Semmelbrösel

außerdem

Staubzucker zum Bestreuen

VEGETARISCH

APFEL-WALNUSS-SCHMARREN

DA HABEN WIR DEN SCHMARREN.
NOCH DAZU MIT ÄPFELN UND WALNÜSSEN.
WIE GUT. HOFFENTLICH IST GENUG
DAVON DA.

Mehl, Milch, Salz, Vanillezucker und Zimt glattrühren und für 20 Minuten quellen lassen. Anschließend die Eier nur flüchtig unterziehen und nicht ganz verschlagen, sodass man noch Schlieren sieht. Nur dann wird der Schmarren flaumig und geht beim Backen auf.

In einer beschichteten Pfanne 30 g Butter erhitzen und die Apfelspalten kurz darin andünsten. Den Teig eingießen und die Pfanne mit einem Deckel abdecken. Den Schmarren anbacken und anschließend wenden. Auf dem Herd oder im Backrohr bei 190 °C Heißluft ohne Deckel fertig backen. Mit 2 Gabeln zerteilen. Aus der Pfanne geben und beiseitestellen.

In der Pfanne den Zucker karamellisieren. Walnüsse und restliche Butter zufügen. Schmarren wieder in die Pfanne geben und mit den karamellisierten Nüssen vermischen. Auf Tellern anrichten und mit Staubzucker bestreuen.

Zutaten für 4 Personen

120 g glattes Dinkelmehl, Type 700

250 ml Milch

1 Prise Salz

1 TL Vanillezucker

1/2 TL Zimt, gemahlen

5 Eier

70 g Butter

1 säuerlicher Apfel (z.B. Topaz, Boskop oder Braeburn), geschält, entkernt und in dünne Spalten geschnitten

50 g Zucker

60 g Walnüsse, grob gehackt

Staubzucker zum Bestreuen

..... T!PP ....

Dazu passt Apfelmus, Preiselbeerkompott oder Kompott aus schwarzen Ribiseln (S. 34).

VEGETARISCH

POWIDLBUCHTELN MIT VANILLESAUCE

DIESE BUCHTELN KOMMEN MIT WENIGER ZUCKER DAHER. UND POWIDL IST SOWIESO EIN WUNDERWERK DER ZUCKERFREI-FRAKTION. 100 % ZWETSCHKE UND SONST NIX.
EIN REZEPT FÜR SONNTAG, MONTAG, DIENSTAG ...

..... T!PP ....

Durch die Kombination aus Dotter und Stärke kann das Ei in der Vanillesauce kaum ausflocken und sie lässt sich auch gut ein zweites Mal erwärmen. Beim Erwärmen noch etwas Milch dazugeben, falls die Sauce zu dick wird.

Die Buchteln können mit jeder Marmelade gefüllt werden. Klassisch wird Powidl oder Marillenmarmelade verwendet.

Eine Alternative sind Dukatenbuchteln. Darunter versteht man besonders kleine Buchteln ohne Fülle, die nach dem Backen auf der Oberseite mit aufgekochter Marillenmarmelade bestrichen werden. Dadurch bekommen sie einen schönen Glanz und erinnern an Golddukaten.

Für den Teig die Milch leicht erwärmen. Butter und Zucker darin auflösen. Die Flüssigkeit in den Rührkessel einer Küchenmaschine geben. Dotter darin verrühren. Mehl, Salz, Zitronenabrieb, Vanillezucker und Germ zufügen. Den Teig 6 Minuten langsam und 4 Minuten schnell in der Maschine kneten. Er soll sich danach gut vom Rand des Rührkessels lösen. Für 1 Stunde abgedeckt bei Zimmertemperatur gehen lassen.

Das Backrohr auf 160 °C Heißluft vorheizen. Den Teig auf eine bemehlte Arbeitsfläche geben und mit einem Nudelholz ca. 2 cm dick ausrollen. Mit einem scharfen Messer in ca. 6 x 6 cm große Quadrate schneiden. In die Mitte je 1 TL Powidl setzen. Die 4 Teigenden zur Mitte ziehen und verschließen, sodass eine Art Beutel entsteht. Die Teignähte gut zusammendrücken. Die Buchteln durch zerlassene Butter ziehen. Mit dem Schluss nach unten dicht nebeneinander in eine mit zerlassener Butter ausgestrichene Auflaufform setzen. Noch einmal 15 Minuten gehen lassen. Mit der restlichen zerlassenen Butter einpinseln. 45 Minuten im vorgeheizten Ofen backen.

Währenddessen für die Vanillesauce 350 ml Milch, Schlagobers, Salz, Vanillemark und -schote in einen Topf geben und aufkochen. Restliche 50 ml Milch mit Dotter, Zucker und Stärke glattrühren. Unter ständigem Rühren zur kochenden Milch geben. Die Sauce gut durchkochen, damit die Stärke ausquellen kann. Abschließend mit einem Pürierstab aufmixen, dadurch wird die Sauce wieder etwas dünner und schaumiger.

Buchteln mit Staubzucker bestreuen und mit warmer Vanillesauce servieren.

Zutaten für 16 Buchteln

für den Teig

250 ml Milch

80 g Butter

40 g Zucker

4 Dotter

500 g griffiges Weizenmehl, Type 480, plus Mehl zum Arbeiten

1 Prise Salz

etwas Zitronenabrieb

1 TL Vanillezucker

21 g frischer Germ (oder 1 Päckchen Trockengerm)

ca. 180 g Powidl (im Idealfall ohne Zucker)

150 g Butter, zerlassen

für die Vanillesauce

400 ml Milch

50 ml Schlagobers

1 Prise Salz

1/2 Vanilleschote, aufgeschnitten und ausgekratzt

4 Dotter

50 g Zucker

15 g Speisestärke

außerdem

etwas Staubzucker zum Bestreuen

..... T!PPS ZUCKER IM VERGLEICH

Alternative Süßungsmittel vermitteln uns oft den Eindruck, sie seien gesünder als herkömmlicher Zucker. Das trifft allerdings nicht zu. Jedes Süßungsmittel sollte wohlbedacht und mit Blick auf seine Vor- und Nachteile eingesetzt werden. Es gibt nur Süßigkeiten mit weniger Reue, keine ohne.

Haushaltszucker
Pros: Billig. Überall erhältlich und einfach zu verwenden.
Cons: Verursacht starke Blutzuckerschwankungen.
Der Körper will immer mehr davon.

Rohrzucker
Pros: Billig. Überall erhältlich und einfach zu verwenden.
Cons: Verursacht starke Blutzuckerschwankungen. Der Körper will immer mehr davon. Die braune Farbe gaukelt uns vor, dass er gesünder sei.

Kokosblütenzucker
Pros: Einfach zu verwenden.
Cons: Verursacht starke Blutzuckerschwankungen. Sehr kalorienreich. Fructose-Glucose-Verhältnis sogar etwas ungünstiger als bei Haushaltszucker.

Agavendicksaft
Pros: Höhere Süßkraft bei weniger Kalorien. Im Gegensatz zu anderen Sirupen weitgehend geschmacksneutral.
Cons: Große Monokulturen. Hoher Energieaufwand in der Produktion.
Weite Transportwege und hoher Fructoseanteil.

Dattelzucker
Pros: Enthält viel Vitamin B6, Eisen und Magnesium.
Kann in Gebäck Zucker 1:1 ersetzen.
Cons: Teurer. Löst sich nicht in Flüssigkeiten auf.

Ahornsirup
Pros: Naturbelassen. Kalorienarm. Fülle an Vitalstoffen.
Cons: Hoher Energieaufwand in der Herstellung. Weite Transportwege.

Rübensirup
Pros: Regionale Alternative zu Agavendicksaft.
Beachtliche Mengen an Magnesium und besonders Eisen.
Cons: Teurer. Ist nicht geschmacksneutral.

Honig
Pros: Mehr Nähr- und Mineralstoffe als Haushaltszucker. Kann nicht verderben.
Cons: Qualität hängt stark von den Pflanzen und der landwirtschaftlichen Nutzung in der Umgebung ab (z.B. Verwendung von Pestiziden). Auf Bioqualität achten.

Erdmandeln
Pros: Bestehen nur zu 10 % aus Zucker. Enthalten außerdem Fett, Eiweiß und in der Schale Ballaststoffe und sind daher deutlich sättigender als Haushaltszucker.
Cons: Können nicht überall eingesetzt werden.

Stevia
Pros: Kaum Blutzuckeranstieg. Kein Karies.
Cons: Hochverarbeitet. Weite Transportwege. Zur Verwendung mit anderen Süßstoffen gestreckt. Eindeutiger Geschmack.

Birkenzucker
Pros: Zahnpflegend. Ähnliche Süßkraft, aber nur 60 % der Kalorien von Haushaltszucker.
Cons: Teurer. Hochverarbeitet. Häufig aus Gentechnik-Mais hergestellt. Für Tiere toxisch. Kann blähend und abführend wirken.

Erythrit
Pros: 20 mal weniger Kalorien als die gleiche Menge Zucker. Für Diabetiker geeignet. Kann bei Fructoseintoleranz verwendet werden.
Cons: Teurer. Kann blähend und abführend wirken. Unbedingt auf Bioqualität achten – sonst wird oft Mais aus Monokulturen verwendet.

Reissirup
Pros: Erinnert in der Konsistenz an Honig und kann diesen ersetzen. Günstiger als andere Zuckeralternativen. Fructosefrei.
Cons: Hoher glykämischer Index. Niedrige Süßkraft (d.h. wir konsumieren in der Regel mehr davon).

Apfeldicksaft
Pros: Geringe Auswirkung auf den Blutzuckerspiegel.
Cons: Hoher Fructoseanteil – kann bei übermäßigem Genuss ungünstige Auswirkungen auf die Leber haben.

Zuckerrohrmelasse
Pros: Große Mengen an Eisen, Kalzium, Kalium, Magnesium und Selen sowie viel Vitamin B.
Cons: Sehr eindeutiger Geschmack.

FUN FACTS AUS UNSERER KÜCHE

Das essen unsere Gäste am liebsten.
Oh, let's say ... Erdäpfelsalat, Bananenbrot, Zimtschnecken, Schweinsbraten, Kärntner Nudl, Sachertorte, Polpette, Pulled Pork, gefüllte Paprika, Erdäpfelgnocchi.

Diese Menge Erdäpfel brauchen wir in einem Jahr.
Ganze 2.300 kg verarbeitet die Küche zu verschiedenen tollen Gerichten.

So viele Hände werkeln an einem Tag in der Küche.
14 Hände kreieren Handwerkskunst am Teller.

Im Topf blubbern ...
sehr oft Tomatensauce oder Sugo, aber natürlich auch Gemüsefond, Polenta und tolle Fleischsaucen ...

Ein basisches Menü kochen wir ...
so gut wie jeden Tag. Es gibt kaum einen Tag bzw. eine Woche, in der wir keine BasenfasterInnen im Haus haben.

Unser Lieblingsöl ist ...
definitiv Olivenöl. Mindestens 10 l pro Woche brauchen wir in unserer Hotelküche.

An so vielen Tagen im Jahr wird in der Küche gekocht.
An mindestens 320 Tagen.

Die meistgebrauchten Lebensmittel sind ...
Zwiebeln, Erdäpfel und auf jeden Fall Mehl.

Gute Laune gibt es ...
beim Arbeiten fast immer. Besonders wenn es Pulled Pork gibt.

Am wärmsten ist unser Ofen, wenn wir ...
Pilz-Shawarma oder Focaccia zubereiten.

Das ist das Schönste in unserer Küche.
Die neue Küche ist der Hammer. Die bunten Fliesen sind ein Hit und absoluter Luxus. Die Ausstattung ist super und wir fühlen uns sehr wohl. Schönstes Eck könnten wir da keines definieren.

Ein Nicht-Bio-Produkt, auf das wir nicht verzichten können ...
Wildgesammeltes wie Pilze, Wildfrüchte z.B. Vogelbeeren, Hollerblüten und Maiwipfel sowie Wild wie Reh und Hirsch.

Zusammen im Küchenteam kommen wir auf ein Alter von ...
307 Jahren.

Am lautesten ist es in der Küche, wenn ...
alle Mixer laufen und wir etwas besprechen.

Dieser lustige Küchen-Moment fällt uns als erster ein.
Als Daniel, einer unserer Küchenlehrlinge, im ersten Lehrjahr war, hat Florian mit ihm gemeinsam Rotkraut eingekocht. Im Zuge dessen hat Florian Daniel an die Bar geschickt, um Apfelsaft fürs Einkochen zu holen. Er hat sich dabei wohl nicht klar genug ausgedrückt. Denn Daniel kommt mit einem Glas gespritztem Apfelsaft zurück. Er trinkt einen großen Schluck und fragt: „Und, was machen wir jetzt?"

Das sagt unser Seniorchef Willi Daberer in der Küche am liebsten.
Um 19:00 Uhr: „Ja, sehr gut, jetzt sind wir schon bald durch."

Staubig ist es bei uns nur ...
bei der Mühle nach dem Kornmahlen – also mehlstaubig.

Der schönste Moment täglich in der Küche ist, ...
wenn am Abend alle Gäste glücklich, satt und zufrieden sind und der Abendservice reibungslos gelaufen ist.

Das bleibt unvergessen.
Der erste Lockdown. Den wird sicher keiner von uns so schnell vergessen. Wir mussten von einem Tag auf den anderen zusperren – mit vollen Kühlhäusern. Das bedeutete für die Küche, dass sehr, sehr viele Lebensmittel zu verarbeiten waren. Also hieß es einkochen, einlegen, einrexen ... . Das war eine mentale und logistische Herausforderung.

NACHSCHLAG

MITEINANDER ARBEITEN WIR BESSER.
DANKE FÜR DIE UNTERSTÜTZUNG. IN UNSERER TAGTÄGLICHEN ARBEIT. UND IN AUSSERGEWÖHNLICHEN PROJEKTEN.

Lohberger Küchentechnik
Seit Dezember 2019 kochen Florian, Stefanie und das Küchenteam in unserer neuen Daberer-Küche. Sowohl für die Planung als auch für die Ausführung zeichnet die Firma Lohberger verantwortlich. Modernste Küchentechnik gepaart mit außergewöhnlicher Qualität bildet jetzt die Basis, damit unser Team Tag für Tag mit kulinarischen Höchstleistungen verzaubern kann.

LOHBERGER

Biohof Achleitner
Der Biohof Achleitner hat ein besonderes ökologisches Gewissen. Die Bioleidenschaft, die Familie Achleitner seit 1990 lebt, ist ansteckend. Am Biohof selbst werden 40 Obst- und Gemüsesorten angebaut. Gemeinsam mit achtsam gewählten Biopartnern beliefert uns der Biohof mit herausragender Qualität. Privaten Haushalten von Oberösterreich bis Salzburg können wir die Biokiste wärmstens ans Herz legen.

Biohof Achleitner

Kärnten Taufrisch
Frische Kräuter, Salate, saisonales Gemüse, Pilze und Gemüseraritäten kommen von Kärnten Taufrisch direkt aus dem gerade einmal 35 km entfernten Greifenburg zu uns. Kurze Wege, taufrisch vom Feld und in bester Bioqualität, das sind Parameter, die wir als Biohotel sehr schätzen. Auch das partnerschaftliche Miteinander und das Eingehen auf unsere Wunschsorten sind wertvoll für uns.

Kärnten Taufrisch

Biogast
Als Biohotel beziehen wir ausschließlich biozertifizierte Lebensmittel. Neben unseren regionalen Lieferanten haben wir mit Biogast den verlässlichen Bio-Großhändler Österreichs mit an Bord. Hier können wir auf ein hochwertiges Bio-Vollsortiment von über 14.000 Produkten zugreifen und uns auf eine schnelle und unkomplizierte Lieferung verlassen.

Tauernlamm
Fleisch beziehen wir besonders selektiv. Und da könnten wir keinen besseren Partner als die Tauernlamm Genossenschaft finden. Seit Jahrzehnten. Artgerechte, naturverbundene und biozertifizierte Tierhaltung, Zeit als Qualitätsfaktor und stressfreie Schlachtung sind wesentliche Faktoren. Hinzu kommen die regionale Verwurzelung von Tauernlamm und die gleichbleibende Top-Qualität.

Ölmühle Fandler
Seit unseren Bioanfängen beziehen wir die Bio-Öle der Ölmühle Fandler in Pöllau. Uns verbinden ein achtsames Wachstum und ein unbedingtes Bekenntnis zur Qualität. Alle Öle sind 100 % sortenrein und kaltgepresst. Die Pressung erfolgt nach wie vor im aufwändigen Stempelpressverfahren. So gelingen unverfälschter Geschmack, natürliche Farbe und typischer Duft. Die Qualität schmeckt man in all unseren Gerichten.

REZEPTREGISTER

Enthält alle Rezepte und Teilrezepte alphabetisch gereiht sowie zusätzlich nach Hauptzutaten geordnet. Rezeptnamen, die mit einer Hauptzutat beginnen, finden Sie unter dieser.

L

M

N

O

P

Q

R

S

T

HINWEISE ZU DEN REZEPTEN

Backofen immer vorheizen. Bei den Rezepten ist stets die am besten passende Heizart angegeben. Zum Umrechnen: Ober-/Unterhitze benötigt durchschnittlich 20 °C mehr als Umluft und Heißluft.

Wir empfehlen Lebensmittel aus biologischer Produktion. Zitrusfrüchte, deren Schale verwendet wird, sollten immer aus Bio-Anbau stammen, da nur diese weder vor noch nach der Ernte behandelt werden.

Eier können in Größe M und L verwendet werden.

Pfeffer, sofern nicht anders angegeben, meint schwarzen Pfeffer frisch aus der Mühle.

ÖSTERREICHISCHES DEUTSCH

Almschotten • aus Molke (= Schotten) gewonnener Frischkäse, traditionell auf Almen handwerklich hergestellt und geräuchert; am besten durch geräucherten Ricotta zu ersetzen

Aranzini • Orangeat

Backrohr • Backofen

Bröseltopfen • hochwertiger Quark mit geringem Wasseranteil

Dirndln • Kornelkirschen

Dotter • Eigelb

Eierschwammerl • Pfifferlinge

Einbrenn • dunkle Mehlschwitze

Erdäpfel • Kartoffeln

Extrawurst • Aufschnitt-Brühwurst, am ehesten mit Gelbwurst oder Lyoner zu vergleichen

Faschieren • durch den Wolf drehen

Faschiertes • Hackfleisch

Fisolen • grüne Bohnen

Fülle • Füllung

Gelbe Rübe • Die in Österreich verwendeten gelben Rüben sind in Deutschland kaum bekannt und nicht zu verwechseln mit den in Teilen Deutschlands als gelbe Rüben bezeichneten Karotten/Möhren.

Germ • Hefe

Glattes Mehl • in Österreich viel verwendetes, fein ausgemahlenes Mehl, siehe auch S. 88

Greißler • kleines Lebensmittel-Geschäft

Griffiges Mehl • etwas gröber ausgemahlenes Mehl, siehe auch S. 88

Holler • Holunder

Jause • kleine Mahlzeit, Brotzeit

Karfiol • Blumenkohl

Karotte • Möhre

Kas • Käse

Kessel • Schüssel

Kletze • getrocknete Birne

Kohl • Wirsing

Kohlsprossen • Rosenkohl

Köndl • Körner

Kraut • Kohl

Kren • Meerrettich

Lauch • Porree

Lochschöpfer • Schaumlöffel

Marillen • Aprikosen

Maroni • Esskastanien

Melanzani • Auberginen

Nockerl • (meist mit einem Löffel) aus einer weichen Masse ausgestochene Form

Obers • Sahne

Palatschinken • Pfannkuchen, Eierkuchen

Pfefferoni • Peperone

Powidl • Zwetschgenmus

Rahm • Sahne

Rasten • ruhen, bei Teigen: gehen lassen

Ribiseln • Johannisbeeren

Ringlotten • Reneclauden

Rohr • Ofen

Röster • ähnlich wie Kompott, etwas dickflüssiger mit weicheren, zerfallenden Früchten

Rote Rübe • Rote Bete

Rotkraut • Rotkohl

Sackerl • Tüte, Beutel

Sauerrahm • saure Sahne

Schlagobers • Sahne

Schlagobershaube • Sahnehäubchen

Schopf • Kamm

Schöpfer • Suppenkelle; auch: Maßangabe für die in eine Suppenkelle passende Menge an Flüssigkeit

Schwarzbeeren • wild wachsende Blaubeeren

Selchkammer • Räucherkammer

Staubzucker • Puderzucker

Topfen • Quark

Überkühlen • kurz abkühlen lassen

Verheben (das Lachen) • verbeißen

Vogerlsalat • Rapunzel, Feldsalat

Weckerl • Brötchen

Weichseln • Sauerkirschen

Weißkraut • Weißkohl

Wipferl • junge Triebspitzen von Nadelbäumen, Wipfel

Zwetschke • Zwetschge, Zwetsche

DAS TEAM UND DAS DANKE.

WIR TAFELFREUNDE FREUEN UNS, DASS DAS KOCHBUCH ENDLICH FERTIG GEDRUCKT VOR UNS LIEGT UND SAGEN DANKE. DANKE ANS TEAM UND DANKE ANS DRUMHERUM.

Marianne Daberer, Texte und Konzeption
Marianne liebt es Neues anzugehen und vor Herausforderungen zu stehen. Beim Daberer ist sie die Strategin, die Verwalterin, die Ideengeberin. Sie mag Sprache und wollte schon als Kind immer ein Buch schreiben. Wer hätte gedacht, dass es ein Kochbuch wird?

Florian Bucar, Rezepte und Tipps
Danke an den besten und engagiertesten Küchenchef, dessen private Küche im Lockdown sowohl Experimentierküche als auch Fotostudio war. Danke fürs beharrliche Dabeibleiben und die unglaublich spannenden und genussvollen Gerichte. Hier in diesem Buch und beim Daberer. Tag für Tag.

Stefanie Sonnleitner, Rezepte und Tipps
Stefanie ist Souschefin beim Daberer. Es ist uns wohl nur gelungen, Florian von einem Kochbuch-Projekt zu überzeugen, weil er in Stefanie eine kongeniale Co-Autorin gefunden hat. Danke für die gute Struktur, den Teamgeist und die guten Ideen für Tipps, Küchenhacks und mehr.

Bianca Kröll, Konzeption
Bianca ist unsere Rezeptionsleiterin und Mariannes rechte Hand. Florian hat nur zugestimmt ein Kochbuch zu schreiben, weil er Stefanie mit an Bord wusste. Marianne hat nur zugestimmt, weil sie Bianca mit an Bord wusste.
Ohne Biancas Konstanz, Struktur und Qualitätsverliebtheit wäre das nichts geworden. Danke für all diese Qualitäten. Danke fürs Anstupsen und für die Geduld.

Christine Lenzhofer, Rezepte
Brot und Gebäck beim Daberer, das braucht Christines Know-how. Und so ist es auch hier. Danke für den Input und für den Brotduft im Buch und auch beim Daberer.

Herbert Janesch, Grafik
Herbert, was sollen wir sagen? Ohne Herberts Grafik hätten wir einpacken können. Die Idee, mit Handyfotos ein Kochbuch zu machen, ist schräg und mutig. Ohne Herberts einzigartige Grafik, ohne seine endlose Geduld und ohne die täglichen Telefonate wäre es nichts geworden. Danke für den außergewöhnlichen Einsatz, der uns über Gebühr freut und ehrt.

Else Rieger, Lektorat
Auch wenn unsere Herangehensweise von der klassischen Verlagsarbeitsweise doch deutlich abweicht, hat uns Else mit sicherer und geduldiger Hand durch den Wörter- und Rezepte-Dschungel manövriert. Wir hätten keine versiertere und fachkundigere Fachlektorin finden können als Else.

Danke ans Drumherum
Danke an Inge und Willi Daberer für den Pioniergeist vor so vielen Jahren und für das tief wurzelnde Innovations- und Qualitätsverständnis. Danke an Christian Daberer für das Freie-Hand-Lassen und Sich-nicht-Einmischen. Danke an das große Daberer-Team. Danke an alle im Vor- und im Hintergrund. Danke fürs Rückenfreihalten und fürs Mitdabeisein beim Daberer. Danke an Herwig Ertl, Mariannes Ehemann und Edelgreißler, für die Buchexpertise, fürs Motivieren und fürs Ertragen der Hochs und Tiefs. Danke an Florians Familie – Katharina, Jonas und Matthias – für die Geduld, fürs Verkosten, fürs Feedback und für die Fotoassistenz. Danke an Katharina Seiser für das Vorwort, in dem wir uns mehr als nur verstanden fühlen. Danke an Ingeborg Daberer für ihr Kärntner-Nudl-Rezept. Danke an Sissy Sonnleitner für das Marillenknödel-Rezept und vor allem für alles, was wir lernen durften – in der Küche und über den Tellerrand hinaus. Danke an Gert und Benjamin von der Druckerei Seebacher für die endlose fachliche Beratung und Hilfe. Danke an die Druckerei Gugler für die gute Umsetzung. Danke an alle Gäste, die unsere Küche lieben und uns damit erst die richtige Motivation für ein Kochbuch gegeben haben. Danke an unsere Instagram-Community fürs Dabeisein und Feedback-Geben. Danke an alle, die den Daberer schätzen, lieben und weiterempfehlen.

der daberer
das biohotel

St. Daniel 32 . 9635 Dellach
t. +43 (0) 4718 590
info@biohotel-daberer.at
www.biohotel-daberer.at

Impressum

1. Auflage 2021
ISBN 978-3-200-08039-3

Herausgeberin: Biohotel Daberer GmbH., St. Daniel 32, A-9635 Dellach, info@biohotel-daberer.at, www.biohotel-daberer.at

Rezepte und Tipps: Florian Bucar und Stefanie Sonnleitner

Texte: Marianne Daberer

Konzeption: Marianne Daberer, Bianca Kröll

Vorwort: Katharina Seiser

Grafik: Herbert Janesch

Fotos: Florian Bucar, Marianne Daberer, Ferdinand Neumüller, Biohof Achleitner, Tauernlamm Genossenschaft, Ölmühle Fandler, Martin Hoffmann

Lektorat: Else Rieger

Druck: gugler* print, Melk

Dieses Buch wird nach höchstem ökologischem Standard gedruckt. Es kommen ausschließlich Substanzen zum Einsatz, die wieder in den biologischen Kreislauf zurückgeführt werden können. Cradle to CradleTM – zertifiziert by gugler*. Die Produktion dieses Buchs erfolgt klimapositiv. Gedruckt wird auf Papier, das in Österreich produziert wird, und verpackt wird ohne unnötige Plastikfolie. Für uns alle.

Gedruckt nach der Richtlinie „Druckerzeugnisse" des Österreichischen Umweltzeichens.
gugler* print, Melk, UZW-Nr. 609, www.gugler.at

CERTIFIED cradletocradle SILVER
www.gugler.at

EU Ecolabel www.ecolabel.eu
EU Ecolabel AT/028/001

FSC www.fsc.org MIX Papier aus verantwortungsvollen Quellen FSC® C005108

greenprint* klimapositiv gedruckt

UW-Nr. 609